企业法律风险防范与管理丛书

知识产权战略制定与战术执行

王冰 著

企业知识产权保护与管理策略综合运用

WUHAN UNIVERSITY PRESS
武汉大学出版社

图书在版编目(CIP)数据

知识产权战略制定与战术执行/王冰著．—武汉：武汉大学出版社，2007.10
企业法律风险防范与管理丛书
ISBN 978-7-307-05862-0

Ⅰ．知…　Ⅱ．王…　Ⅲ．企业—知识产权—管理—中国　Ⅳ．D923.4

中国版本图书馆 CIP 数据核字(2007)第 149385 号

责任编辑:张　欣　　　责任校对:程小宜　　　版式设计:詹锦玲

出版发行：**武汉大学出版社**　(430072　武昌　珞珈山)
(电子邮件：wdp4@whu.edu.cn　网址：www.wdp.com.cn)
印刷：湖北恒泰印务有限公司
开本：720×1000　1/16　印张:22.375　字数:329 千字　插页:1　插图:1
版次：2007 年 10 月第 1 版　　2007 年 10 月第 1 次印刷
ISBN 978-7-307-05862-0/D·766　　定价:32.00 元

作者简介

王冰，资深执业律师，经济、民事法律事务专家。

执业以来，王律师一直致力于企业经营管理法规的研究与办理，积累了极其丰富的企业经营诉讼与非诉实战经验；同时先后担任了诸多企业常年法律顾问，深谙企业的经营运作之道，给企业经营的现实问题分析乃至解决以有效的助力。

王律师根据多年担任企业法律顾问的丰富经验，将大量经典的企业案例融入图书之中，使读者获益匪浅。

王律师在国内外培训过的企业近百家，学员上千人，学员将所学法律技能运用在了企业经营管理活动的操作中并产生了明显的效果。

王冰律师联系方式是：falvsalon625@gmail.com。

您也可以登录“公司法律风险防范沙龙”（www.falvsalon.com.cn）与王冰律师交流。

目　　录

企业知识产权战略战术训练基地地形图

第二部分 技术领先知识产权战略的战术运用

第三部分 技术追随、模仿知识产权战略的战术运用

第四部分　品牌知识产权战略的战术运用

企业知识产权战略战术训练基地地形图

"战争属于商业竞争的一部分，同时也是人类利益和活动的冲突！"
——卡尔·冯·克劳塞威茨

教官致辞

欢迎加入知识产权精英训练营！

这里的经历将帮助你成为一流的企业知识产权专家！在这里你会系统了解企业知识产权战略制定和战术执行的军事理论与实战经验，掌握不同形势下进行进攻战、防御战、侧翼战和游击战的技能，你们将成为知识经济专利化时代的弄潮儿

参加基地摸底测试，进行自我评估

"制定企业知识产权战略与执行"新兵训练营区

训练内容：为取得市场竞争优势和技术优势，运用现行的知识产权制度而进行的整体性策略安排，并作为主轴指导企业知识产权的创造、保护、利用、实施和管理全部活动。

"兵者，国之大事，死生之地，存亡之道，不可不察也。"——《孙子兵法》

一号新兵营地
知识产权战略制定
• 训练技能 •
企业战略与知识产权战略
技术领先知识产权战略
追随战略和模仿战略　品牌战略

二号新兵营地
知识产权战略管理体制
• 训练技能 •
国外企业知识产权管理体制
公司知识产权管理机构的设置
职责与工作内容

技术领先知识产权战略训练营区

训练内容：掌握两种专利战争模式，进攻战和防御战。一方面利用知识产权制度建立并扩大自己的阵地，采用积极的策略和手段，打击和削弱竞争对手，同时建立无懈可击的防线。

"善守者，藏于九地之下；善攻者，动于九天之上，故能自保而全胜。"——《孙子兵法》

战术营1：知彼知己——知识产权情报检索
• 训练技能 •
情报检索与调查　专利文献的利用
检索方法　检索应用　专利性检索
竞争对手分析　侵权分析　立项分析

战术营2：按图索骥——战略罗盘之专利地图
• 训练技能 •
地图引导我们前进　专利地图主要图表
制作步骤　专利软件与专利地图制作
专利地图制作技术要点

战术营3：上兵伐谋——权利预先分配预防技术成果归属纠纷
• 训练技能 •
著作权（软件）著作权归属和利用
技术所有权归属和权利分配
职务开发、技术委托开发、合作开发

战术营4：慎始慎终——技术开发过程法律风险管理
• 训练技能 •
项目负责人　开发记录管理
技术秘密管理　技术成果报告
技术开发中法律风险控制

战术营5：嘉谋善政——技术成果管理
• 训练技能 •
技术成果的专利实质条件审查
技术成果保护方式选择分析：选择专利还是商业秘密　计算机软件保护判断

战术营6：昭告天下——专利申请技术
• 训练技能 •
主要专利申请策略　申请专利种类
专利申请时机　专利申请文件撰写
专利申请程序、时机　申请外国专利

战术营7：铁壁铜墙——知识产权防御战
• 训练技能 •
专利网——防御战的关键武器
构筑"公开策略"防御阵地

战术营8：善贾而沽——知识产权商业化运作
• 训练技能 •
知识产权资产组合管理　专利实施
阻止他人实施　实施许可　转让专利权
专利技术入股　知识产权质押

战术营9：敲山震虎——知识产权的法律保护
• 训练技能 •
侵权调查　专利侵权判断
警告函　诉讼也是一种策略
司法保护和行政措施的运用

技术追随、模仿知识产权战略训练营区

训练内容：掌握两种专利战争模式：侧翼战和游击战。通过用"奇"，改变竞争内容、方式现状，建立新竞争规则的方式来赢得专利竞争的胜利，同时嗅觉灵敏，只要有机可乘，立即冲上去占领阵地。

"水之行，避高而趋下；兵之形，避实而击虚。"——《孙子兵法》

战术营10：以逸待劳——免费利用现有技术
• 训练技能 •
使用未在中国申报专利的外国专利技术
失效专利类型　失效专利使用注意要点

战术营11：釜底抽薪——请求宣告专利权无效
• 训练技能 •
可请求宣告专利权无效的法定情形
专利权无效宣告的提出

战术营12：无中生有——知识产权不用保护的空间
• 训练技能 •
不侵犯专利权、商业秘密权的行为
不侵犯计算机软件版权的行为

战术营13：避实就虚——寻找漏洞，避开他人知识产权
• 训练技能 •
法院判断侵权的一般规则
减除（省略）策略　非等同替代策略

战术营14：移花接木——获得他人知识产权的实施许可
• 训练技能 •
通过实施许可提升竞争力
被许可人的自我保护

战术营15：水乳交融——活用交叉许可
• 训练技能 •
专利篱笆　环绕专利战略
获得强制许可　专利池

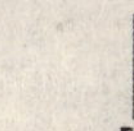

战术营16：反客为主——知识产权收购
• 训练技能 •
对目标知识产权的审查
收购注意要点　通过收购转守为攻

战术营17：防身有道——综合运用知识产权抗辩策略
• 训练技能 •
应对律师函　联合其他潜在被告
四大抗辩策略　抗辩方式选择　运用和解

品牌知识产权战略训练营区

训练内容：强化企业商标与企业识别标志意识，做好自我保护的同时，最大程度开发品牌力，靠品牌开拓市场，提高企业和产品的市场竞争力。同时谋求通过商标实施许可进行品牌知识产权运营

"师必有名，人之称斯师也者。"——《礼记·檀弓下》

战术营18：名重天下——商标申请与管理策略
• 训练技能 •
商标的价值　商标申请策略
商标日常管理　积极制止商标侵权
驰名商标的创立与保护

战术营19：独善其身——识别标志知识产权策略
• 训练技能 •
以商号进行保护　商品的装潢保护
商品外观设计专利权　域名保护
产品和服务的版权保护

战术营20：高屋建瓴——品牌经营策略
• 训练技能 •
特许经营与知识产权
怎样开始特许经营　特许合同
商标实施许可合同

制定作战方案：知识产权即刻行动计划

试用高科技武器：企业专利情报分析软件

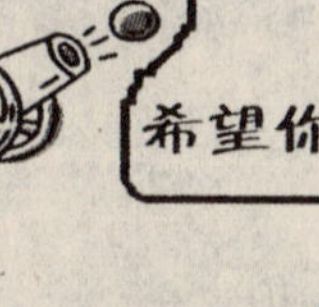

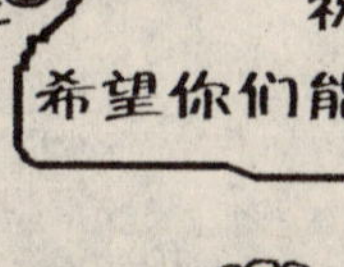

祝贺你们训练结束，

希望你们能够成为像他们一样的统帅！

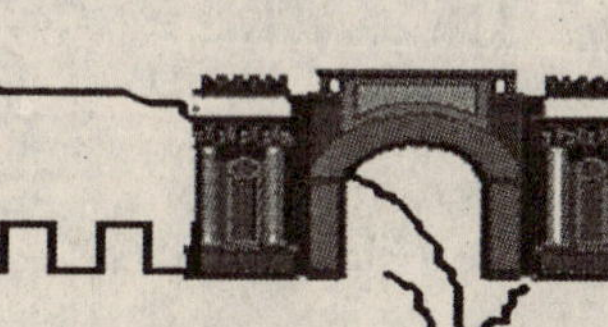

图书使用指南

1. 本 书 结 构

按本书诸多类潜在读者的不同“口味”，本书采纳模块化内容组织策略，共分成六个主要模块，以便于大家各取所需，让本书迅速为你所用。

模块一：导引。该部分除前面的本书地图和目录之外，还以较大篇幅提供了针对性的本书使用指南，以方便您更快、更容易地掌握本书主要功能、小技巧以及各种使用“快捷键”，比如本书中的主要阅读提示符、充分利用网络资源建议以及充分思考与行动建议。本书前言“从知识到财产”概要介绍了我写作本书的宏观背景和基本思考，而“企业知识产权状况自查表”更为你进入阅读的正式阶段前提供了良好的自我了解机会。希望它能让你们事半功倍，从而赢得你们的欣赏。

模块二：企业知识产权战略制定与执行。该部分介绍为取得市场竞争优势和技术优势，如何运用现行的知识产权制度而进行的整体性策略安排，并作为主轴指导企业知识产权的创造、保护、利用、实施和管理等全部活动。

模块三：技术领先知识产权战略的战术运用。让你掌握两种专利战争模式，进攻战和防御战。一方面利用知识产权制度建立并扩大自己的阵地，采用积极的策略和手段，打击和削弱竞争对手，同时建立无懈可击的知识产权防线。

模块四：技术追随、模仿知识产权战略的战术运用。帮助你掌握两种专利战争模式：侧翼战和游击战。通过用“奇”，改变竞争

内容、方式现状，以建立新竞争规则的方式来赢得专利竞争的胜利。

模块五：品牌知识产权战略的战术运用。主要阐述强化企业商标与企业识别标志意识，在做好自我保护的同时，最大程度开发品牌力，靠品牌开拓市场，提高企业和产品的市场竞争力。同时谋求通过商标实施许可进行品牌知识产权运营。

模块六：附加资源。我在这里为你制定了即刻行动计划，这部分所占内容少，但发挥重大作用，绝对不要错过，其他如“专利软件使用指南”、“公司知识产权保护总体法规框架运用指南”等是为你准备的美味点心，供您酌情选用。

下面是根据思维脑图软件制作的本书总体架构。

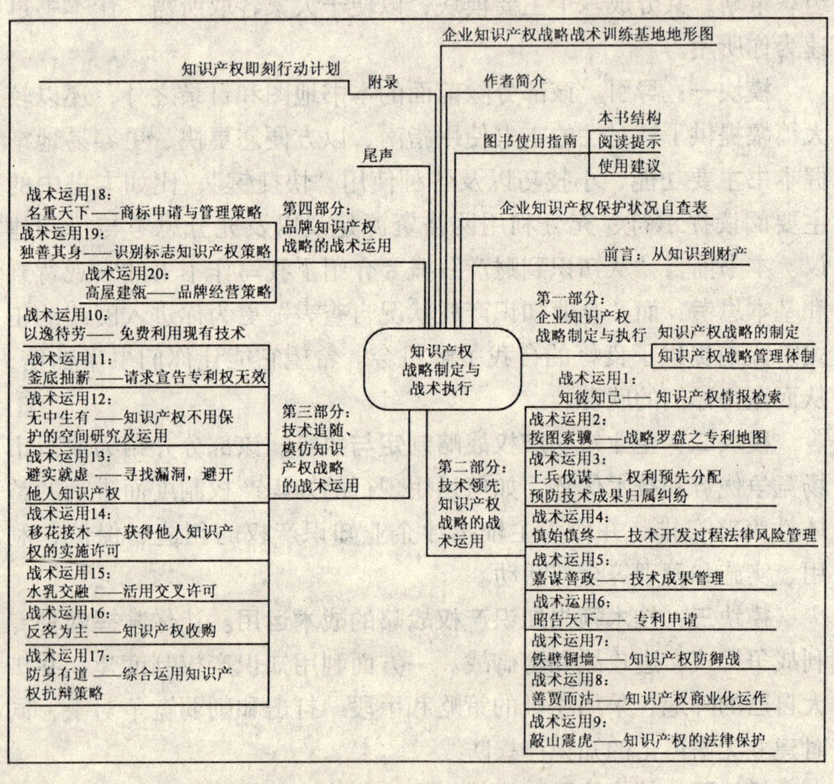

2. 阅读提示

作为对正文的辅助，为你提供丰富而有价值的成功标杆企业、法律法规知道、实战建议、警告提醒等附加内容，本书运用了阅读提示框，以及有关内容的主题专栏。

本手册阅读提示框有七类：

（1）“参考资源”阅读提示框：介绍你可能会用到的一些资源，如重要网站，好用的专利搜索工具等。

（2）“提醒”阅读提示框：让你值得警惕、关注的知识产权问题点。

（3）“小知识”阅读提示框：补充提供有关知识产权的基础知识。

（4）“实战建议”阅读提示框：提供我在企业知识产权一线的鲜活实战技巧。

（5）“关键词”阅读提示框：提供一些知识产权重要名词的解读。

（6）“法律规定”阅读提示框：与正文相关的重要法律法规的介绍。

（7）“标杆借鉴”阅读提示框：非常重要的提示框，通过它们你会了解在与你平行的世界上，一些知识产权成功者是如何运作的。鉴于“世界是平的”，里面有许多国外的案例，与国内企业的成功个案相得益彰。

阅读提示框类似于培训课上不断穿插给学员参考的资料和提醒，专栏则类似于发给学员的活页资料，如同它们活跃了培训现场一样，相信它们会让本书充满活力，这些额外的信息和资源将会进一步加快你的前进步伐。

此外，感谢德国埃·奥·卜劳恩先生（1903~1944）于1934年至1937年间创造的经典漫画《父与子》，他的漫画和他本人始终为我所深深喜爱，那一幅幅小巧精湛的画面闪烁着智慧之光，无言地流泻出纯真的赤子之情与融融的天伦之乐。这么多年里我一直在向很多培训学员推荐，你瞧，现在我又在向你“吹捧”它了。

作为对卜劳恩先生的致敬，本书使用了他的多幅漫画。如果有朋友感兴趣，可以到“公司法律风险防范沙龙”下载漫画全集欣赏，这是特意为你准备的。

3. 使用建议

◆利用网络资源

我认为，对知识产权经理而言，你应该充分利用三方面的网络工具和资源，娴熟利用各种外部工具，而非掌握呆板的知识，这才

是我的目标。毕竟授人以鱼，仅供一饭之需，授人以渔，则终生受益无穷。

（1）google、baidu、yahoo 等搜索引擎。

网络搜索引擎的运用非常重要，我一方面会就若干实战工具介绍相关的行业标杆，让你借鉴他们的成功之处，但更多我会在“思考与行动”中让你运用搜索引擎去寻找一些运用这些工具的企业，这种主动了解的知识产权实战经验对你会非常有帮助。别人喂的总不如自己找来的香，自古皆然。

（2）各种专利专业网站。

你需要为自己在网络浏览器的“收藏”工具栏里建立一些常用网站的收藏，以便随时使用。

（3）“公司法律风险防范沙龙”网站。

作为本书的“荣誉读者”，我们欢迎你随时登录本书的配套支持网站“公司法律风险防范沙龙”（www.falvsalon.com.cn），查阅各种知识产权信息和知识，并向我们提出工作中碰到的各种知识产权问题，一起探讨令人兴奋的企业知识产权工作。

也许你还有机会获得我们的幸运小礼物，赶快来吧。

◆思考与行动

我在阅读中的重要体验是：要总结，而非只画重点线。简单地画重点线只是一种消极活动，它不能让你的大脑充分动起来。当你读完一部分，你应该稍微花点时间用自己的话总结一下，比如在页边缘写下你的概述和思考关键点。

考考自己，让自己面对问题开始去思考。我决不想把它变成单向灌输，而是希望通过互动带动你去思考，特别是一些很有意义的关键问题，从而检验你对这部分内容的理解。充分的互动，无论是对于培训中的讲师和学习伙伴，或者是与面前这本书，都是迅速、彻底掌握有关学习要点的不二法门。

在培训现场，我通常会安排被分成一个个学习研讨小组的学员频繁地、不断地进行“头脑风暴”，我不仅仅让他们听取外部的成功经验，我还要求他们一起分享他们所在企业的问题和成功之处，一起来思考如何将现场学到的知识，变成马上反思和改进自己所在企业问题的工具。

不断提出的思考和行动要求，也是本书的一大特点。经验表明，如果你在使用这本手册时积极参与，你就会在今天和以后的时间里，享有更好结果和成绩。

为了强调这种互动安排，在每个思考与行动栏目标题的右侧，我们都标出了建议最低时间。请强迫自己不断思考和马上行动，这将造就你无与伦比的战略力和执行力。

所以请你务必安排时间来实施这些“思考与行动”，特别是实践训练：技能形成的真谛在于“学习——实践——再学习”循环地反复进行，你运用你的新知识越多，这些知识就会越牢固地转化为你自己的知识、技能，乃至于成为本能。这种感觉真是太好了。

我们给自己确定的目标是：让您的购书款至少达到100000%的投资回报率，让我们一起来完成它吧！

前言：从知识到财产

知识经济时代的知识产权

毫无疑问，人类已经进入知识经济时代。在这样一个以现代科学技术为基础，建立在知识和信息的生产、分配、使用和消费之上的经济时代里，谁拥有最先进的知识，谁就能引领知识经济的航向。

知识经济是以知识和信息为核心要素的经济，创新是知识经济的动力和源泉。知识产权制度通过在知识产品上建立起私人产权的方式，赋予知识生产者对其知识产品在一定期限内进行商业利用的独占权，使其不仅能够从垄断的市场中收回生产成本，而且还能获得丰厚的利润。

互联、开放、数字化是知识经济的特征，信息、知识以及掌握信息、知识的人员都处在流动之中，阻止这种流动非常困难，甚至是不可能的。不论从哪个角度看，独特的知识和认识都只有在掌控之内才能够算得上资产，一旦失去了对它们的控制，它们的竞争价值就会减少，直至消失殆尽。知识和信息是财富，但也可能因为人人都拥有而变得一文不值。

知识产权法律把握了知识产权的内涵，把以独特知识、信息或者见解为基础的创新优势“固定”下来，并把它们从一个流动、脆弱的存在形式中带入了一个明确的知识产权法律框架，从而保护了差异化的知识和技术。

知识产权把知识变成财产

与单纯的知识和创新优势不同，知识产权法律具有财产法的特点和属性，它提供了：

- 明确界定的财产范围；
- 明确界定的所有权人；
- 具有强制力的权力内容；
- 具有可执行性的救济措施。

法律对知识产权的界定与强制执行，为企业控制、管理其创新优势和进行商业化提供了一种透明而又直接的方式，知识产权比单纯的知识和创新更实在、更明确，从而为知识产权成为可以利用并能带来收益的财产奠定了法律基础。

专利、商标和版权构成了知识产权的主要形式，其中专利保护新颖的、具有创造性的技术优势，商标保护独特的品牌优势，版权保护原创的文学、戏剧、艺术和音乐作品，使其不受盗版的侵害。

企业可以通过知识产权战略性的组合，搭配各种不同的知识产权，以确保最大程度的保护。知识产权一经确立，就可与其他财产一样投入商业使用，带来不断增长的盈利机会。例如可以将知识产权作为一项财产卖断，也可以在一个持续提成的基础上将知识产权“出租”给他人使用。

知识产权在公司财产结构中的比例越来越大，在很多公司，都超过了传统实物资产的价值，即土地、厂房和设备等不动产的价值。国际上知名的一些公司，像微软、IBM、可口可乐，甚至都可以说是以知识产权构成的公司。

知识产权对企业的作用及认识误区

知识产权虽然是商标、技术等无形信息权，但基本上和所有商品相关联，它控制了世界上每年10 亿美元的贸易。知识产权是这样一种权力：它通过法律的力量，赋予了企业一种垄断权，企业通过法律的保护独占经营，排除他人的竞争。以商品为例，知识产权

排除他人对相同商品的制造、使用、销售和进口，你不能和别人做同样的事情，还谈什么竞争？企业拥有了知识产权，就能够控制市场、排除竞争，从而获得超额利润。

基于我长期与一线知识产权经理们交流的了解，我们最需要面对两个思维误区。

误区一：因为盗版，所以知识产权无用

在知识产权问题上，目前国人最大的误区是，现在中国盗版横行，搞知识产权也没什么用。

盗版，只是混沌经济中的过渡形态。

我国已经建立起系统的知识产权保护制度，但我国的知识产权保护体系并非市场经济自发产生的，而是来自于国外的压力以及与世界贸易体系接轨的需要，国民的知识产权意识并没有随着制度的建立而自然形成。"窃书不为偷"的意识仍然根深蒂固。盗版横行，知识产权制度形同虚设就是这一意识的自然结果。有人把盗版比喻成"臭豆腐"，闻起来臭，吃起来香，并对此津津乐道。

从目前看，我们似乎是盗版市场的受益者，但是从长远看，我们整个民族则是盗版市场最大的受害者。以在盗版市场上受害最大的计算机软件产业为例，由于盗版的低成本和无风险性，任何一个软件投入市场，马上盗版就会遍布整个市场，堵塞整个正版的销售空间。倾家荡产设计出一个软件，眼睁睁看着被别人免费拿走，开发投入远远不能获得回报，更不要谈赚钱了。既然无利可图甚至亏损，那么没有人再去做软件开发，于是国产软件基本不见其踪，国内聪明的软件工程师要么在为外国人打工，要么做一些小软件，大规模的或者重要的软件再无国人涉足，我国软件水平和世界的距离越来越远。中国人的聪明举世闻名，但中国的技术水平落后发达国家三四十年之久，导致这一反差的原因是什么？知识产权是在聪明头脑上燃烧以"利益之油"，而中国缺乏激励聪明头脑创新热情持续燃烧的"利益之油"。由于缺乏"利益之油"，任何聪明头脑都成为昙花一现，而不能成为熊熊燃烧的智慧之光。

严格的知识产权保护制度是我国吸引外资、引进技术的条件。引进他国先进技术是迅速改变落后的技术现状，增强国际竞争的重

要手段。但引进国外的先进技术，就必须建立完善的知识产权保护制度，对外国的先进技术提供有效的保护。如果对引进的技术不能提供有效的保护，别人就不可能提供真正先进的技术。完善的知识产权保护制度就等于给技术拥有者吃了一颗定心丸，使他们能够积极、放心地向我国转让先进技术。

如果不能建立健全有效的知识产权保护制度，提高全民知识产权保护意识，那么我们国家既不能自行创新出先进技术，又不能从国外引进先进技术，那么我们将会越来越落后，与发达国家渐行渐远，最终被时代的步伐抛弃。所以知识产权保护既是国家和政府的责任，也是每一个中国人的责任。中国政府已经认识到了这个问题，正式提出了科技创新战略和知识产权战略，知识产权的保护会越来越严格，盗版也会逐渐成为人人喊打的过街老鼠。

在可以预期的将来，知识产权执法会越来越严格，知识产权意识会越来越强烈，知识产权成为企业竞争最有效的工具。所以，我们不要被盗版的假象所迷惑，而是要未雨绸缪，提前做好准备，在未来的知识产权战争中打一场胜仗。

误区二：知识产权是大公司的事情，与小公司无关

提到知识产权，很多人认为那是虚无飘渺的东西，那是大公司的事情，是奢侈的游戏，不适合中国的公司，尤其是中小公司；知识产权是在追求长远的利益，就像空中楼阁一样看得见摸不着；知识产权战略不过是口号性的东西，没有什么实际价值。

确实，很多公司不知道如何把知识产权战略进行实实在在的落地，只做到了一些原则性的内容。由于缺少执行措施的支撑，实施知识产权战略只能务虚。知识产权战略的实施必须依靠执行措施的保障，执行不只是那些能够完成或者不能够被完成的东西，它是一整套非常具体的行为标准和技术措施，它们能帮助公司建立知识产权体系，维系公司竞争优势。本书就是对公司如何根据资源制定公司的知识产权战略，以及战略制定后如何把战略落到实处的战术执行运用手段的指导。

知识产权不仅在大公司有，小公司也可以同样有知识产权。就发明而言，大企业有大发明，但是不可能垄断所有的发明，我们也可以有小发明，只要有技术创新，发明就可以获得知识产权保护。即使没有发明，那么你的公司的经营总会有一些独特之处，这个独特之处可能是你的市场渠道，也可能是你的工艺配方，这其实就是你的核心竞争力。你可以把这些核心竞争力的要素作为商业秘密通过法律予以保护。

没有知识产权的企业，很难持续发展。就像街头的小饮食店，换一个地方，他以前的顾客就全部流失。你是要做一个小饮食店一样的企业，还是要做百年基业的公司？如果你决心建立一个百年基业的公司，那么就必须有自己的知识产权体系和战略。

企业知识产权保护状况自查表

现在，回答下面的问题，查看一下你所在企业的知识产权工作运行现状，争取带着问题和改进的愿望进入下面部分的阅读。

序	问题	是	否
1	企业是否具有明确的管理、处理知识产权信息、机密情报的规则？企业是否彻底贯彻这一规则？	□	□
2	企业对没达到申请水平的发明是否有明确的处理规定？	□	□
3	在整个企业的知识产权相关部门，开发部门是否有网络化的知识产权信息管理体系？	□	□
4	企业是否拥有计算机系统，该系统可以查询发明人向特许厅申请的状况以及其他企业的技术动向等信息？	□	□
5	企业是否拥有有助于知识产权战略决策的知识产权信息管理系统？	□	□
6	推荐发明和申请前，企业是否要求相关人员检索现有技术？	□	□
7	企业是否针对其他企业动向有计划地构筑专利网络？	□	□
8	是否在企业外挖掘有助于将来业务开展的专利？	□	□
9	上述的挖掘活动是否制度化？	□	□
10	是否对全企业的专利买入情况进行一元化管理？	□	□
11	企业在着手开发新技术时，在调查其他企业权利的同时，是否在技术开发计划中写入针对其他企业权利的对策？	□	□
12	企业在产业化和出售产品之前是否作侵权调查？	□	□
13	为开展侵权侵害其他企业权利调查和避免侵权，企业在技术开发阶段到产业化各个阶段是否明确了责任人？	□	□
14	对于其他企业的需要加以注意的申请，企业是否监视其审查情况，并在注册前向特许厅提供信息？	□	□
15	对于其他企业需要加以注意的申请，企业在其被授权后是否提出异议？	□	□

第一部分

企业知识产权战略制定与执行

“兵者，国之大事，死生之地，存亡之道，不可不察也。”

——《孙子兵法》

军事意义上的战略是指一方为实现战争目标而对总体战术的谋划和运用，它往往是重大、全局性的谋划。企业知识产权战略则是企业为取得市场竞争优势和技术优势，运用现行的知识产权制度进行的整体性策略安排，并作为主轴指导企业知识产权的创造、保护、利用、实施和管理等全部活动。

本部分着重根据目前企业在知识产权战略制定方面的情况，介绍为取得市场竞争优势和技术优势，如何运用现行的知识产权制度进行的整体性策略安排，并作为主轴指导企业知识产权的创造、保护、利用、实施和管理等全部活动。

本部分要点：

○ **企业战略与知识产权**

企业战略与知识产权战略 / 技术领先知识产权战略 / 技术追随战略和模仿战略

○ **知识产权战略管理体制**

国外企业的知识产权管理体制 / 建立适合中国法律的公司知识产权管理体制

一、知识产权战略的制定

1. 企业战略与知识产权战略

企业战略是依据企业外部环境和自身条件的状况及其变化制定战略，实施战略，并根据对实施过程与结果的评估与反馈来调整制定与实施新战略的过程。

根据与竞争者的关系和在市场中的地位，企业战略可以划分为市场领先战略、市场追随战略和与竞争者区别战略。

作为企业战略一部分的企业知识产权战略，则可以根据企业所处知识产权战场地位和法律环境、外部竞争者比较，以及企业内部技术人员水平、研发力量等资源，确定知识产权在企业资源中所处的位置，知识产权与企业核心竞争力的关系等有关知识产权的基本定位，进一步确定采用何种知识产权策略，或者交互协调运用不同的知识产权战略，提升企业创造、管理、实施和保护专利的水平，实现企业的持续发展和利益最大化。

按照同样的划分逻辑，本书将知识产权战略作如下划分。从图1中可见，技术水平及地位较低时可以较多运用技术追随与模仿战略，反之则可较多运用技术领先战略。当然，二者并非绝对区别开来，大多数企业都会综合运用这两个战略。品牌战略则是绝大多数企业都需要关注的重要战略。

相对于从工作具体职能角度的区分（创新战略、应用战略、保护战略和管理战略），或者从保护范围角度的划分（专利战略、商标战略、版权战略），我更倾向于从竞争角度进行的这种知识产权战略划分，它更加符合企业知识产权商战的情境，非常动态

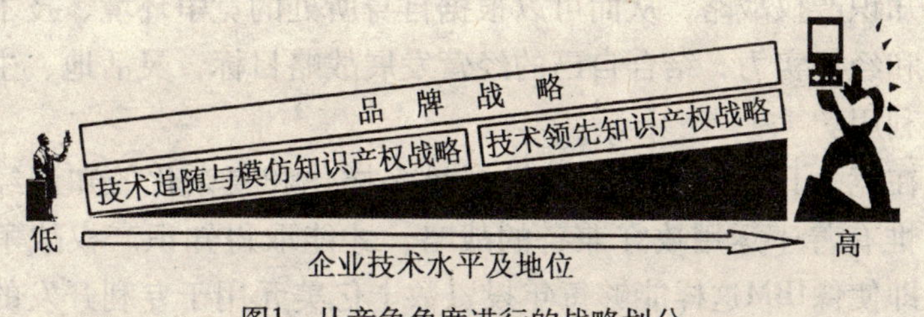

图1 从竞争角度进行的战略划分

化，便于运用。本书所有知识产权战术也正是在这个战略框架下制定的。

当然了，通常技术领先者在寻求特色优势，技术追随者则在寻求成本优势。但如果技术领先者进行的是技术和工艺等方面的创新，则可以取得成本优势；而技术追随者能够吸取领先者的经验加以不断改进，也可以取得技术优势。而这种优势地位的互换，将会在某种程度上打破技术领先战略和技术追随战略的界限，因此二者并非截然分开。

你会发现有很多企业在同时娴熟运用这两种战略，实施的是混

制定知识产权战略需要考虑的因素

- ○ 了解企业所处行业整体的知识产权发展历史，明确本企业所处地位与发展阶段；
- ○ 分析企业现有资源，充分协调各部门力量，合理制定企业近期和长期知识产权工作目标；
- ○ 分析竞争对手的知识产权战略以及可能制定的后续应对策略；
- ○ 确定企业知识产权战略的公开度，选择合适的战略发布渠道；
- ○ 参考企业相关利益者对企业知识产权战略的建议与期待。

合型知识产权战略，从而可以根据自身所处的竞争环境、技术研究能力和经济实力，结合自己的经营发展战略目标，灵活地、主动地加以利用。

在竞争日益激烈，科技发展呈多样化和复杂化的知识经济时代，惟有善于运用攻守兼备的战略，才能取得知识产权战争的胜利。即使像IBM这样能够每年投资数十亿美元用于专利开发的超大企业，在运用专利网和专利有偿转让战略的同时，也会采用交叉许可等防御型专利战略。

希望你也跟他们一样，能够在二者间游刃有余，随时根据不同的机遇点来执行相应的行动策略。

战略是执行政策的方法，而战术又是执行战略的方法。这就是说，战术为战略所用，而不是相反。同时，我们知道，战术就是在决定点上使用兵力的艺术，其目的就是要使它们在决定时机、决定的地点上，发生决定的作用。因此，在大的知识产权战略框架下，我归纳了二十个知识产权战术，希望通过你对它们的灵活运用确保战略的实现。

2. 技术领先知识产权战略

如果企业内部人力资源丰富，研发力量强大，资金丰裕，技术水平和应用在同行业中处于前列，则企业可确定其在市场上的领先地位，制定市场领先战略；在企业市场领先战略统领下，知识产权战略可相应确定为技术领先战略。

实施技术领先战略的企业条件：

- 良好的研究开发条件；
- 雄厚的研发经费与人才资源；
- 承受巨大风险的能力；
- 强大的市场开拓能力；
- 有战略眼光的管理层。

成功的索尼与失败的万燕

索尼公司始终坚定不移地采取技术领先策略，在摄像机、随身听等产品技术上处于领先地位，利用首创者的先行优势获得物质上和声誉上的巨大收益。

但万燕则是反例，20世纪90年代初，姜万勐先生在世界范围内首先研制成功VCD产品，并成立万燕公司，率先生产出VCD机进入市场，前期投入了大量的产品开发和市场培育费用。此后，VCD机进入千家万户。但是由于没有申请专利，万燕失去独占市场或者收取数亿元人民币使用费的权利，在竞争对手低成本的模仿下，倒在了行业高速成长期的前夜，就是一个惨痛的教训。

技术领先战略是指企业主动自觉地进行技术创新，在工艺、技术、市场等方面力求甩开竞争对手，寻求成为行业技术变革的创始者，以取得较大的市场份额和较高的垄断利润的战略。通常，选择采取产品差异化经营战略的企业，更愿意采取技术领先的职能战略，努力追求技术领先地位的持久性，使企业的创新速度不低于竞争对手的追随速度。

技术领先战略的好处在于可以获得竞争性优势，在对手采取反应之前就可以获得丰厚的回报，同时还可能有机会提高顾客忠诚度，从而使竞争优势得以延续。

倒在成功前夜的万燕

技术领先战略的不利之处在于：风险，包括研发风险和市场风险等；成本，技术领先所要的成本都比较高。

风险和利润成正比，风险越大，利润越

着眼长远的知识产权战略

西门子公司拥有国内外有效专利70 000余件，其知识产权的战略思想是：利用专利权垄断技术市场，使其产品在国内外市场上处于竞争优势，以保持和提高企业在国际市场中的占有份额。

IBM公司知识产权基本战略是确保其活动的最大自由，即在研究开发、原材料采购、加工制造、产品销售等活动中没有阻力。依据这一战略思想，IBM每年花费其总收入的一成以上用于技术研发活动，年申请专利六七百件；自1950年至今，IBM每月自行出版技术公报，公开未申请的发明专利达8 000件以上，以文献公开达到阻止他人申请该专利的战略目的。

大，这是颠扑不破的真理。

◆ 技术领先战略的常用策略

就技术领先战略，企业经常运用的策略主要是：

- **独占与控制策略**：自主进行知识产权研究、开发与投资，控制技术发展，防御竞争对手获取、超越或替代本企业的自主知识产权；
- **许可与转让策略**：在控制一定知识产权前提下，通过许可实施、许可使用、交叉许可和转让出售等方式获取知识产权收益；
- **投资与合作策略**：把自主知识产权作为股份参与投资，或者联合其他组织开发相关知识产权。

◆ 知识产权商业工具化

更多电视剧正在上演中……

表 1　　知识产权商业工具“电视剧”

剧名	家电狙击	恩怨纠缠的追杀	马拉松式骚扰
出场人物	飞利浦 VS 中国家电企业	华为 VS 港湾	中芯国际 VS 台积电
剧情简介	历数跨国公司在华知识产权纠纷，飞利浦对中国本土企业攻势最为凌厉。12 年的欧盟彩电反倾销案中，征收税率调至 44.6%，导致中国彩电集体出局，飞利浦是为首的指控方；DVD 专利费事件中，飞利浦率先向英、德海关起诉。	面对“出走者+海外基金成功挑战老东家”的商业模式，老东家华为主帅任正非下达对港湾的“必杀令”，成立打港办对其进行无情绞杀，以知识产权警告律师函等制造知识产权起诉态势，阻挠其上市及与西门子合作。	台积电 2003 年至 2004 年间 3 次起诉中芯侵害其专利，继 2005 年和解协议之后，2006 年再度起诉，被解读为试图减少中芯在美市场份额，并于案件审理期间，影响部分中芯客户选择，降低中芯下年度订单。中芯一个月后反诉。
大结局	采取更“实用”的知识产权战略以诱代打	别了，港湾	斗争进行中……

采取技术领先战略的跨国公司大量进行专利申请，往往暗含深意，而非仅仅局限于保护自己的技术：

首先，跨国公司数量庞大的专利技术，往往对同行业的小企业，形成专利包围之势，使其难以绕开自己精心布置的专利地雷阵，从而可以在特定市场上，压制、排斥甚至消灭这些实力薄弱的竞争对手。

其次，虽然跨国公司取得专利的数量惊人，但有的专利可能被束之高阁，永不被使用。因为取得这些专利只是为了防止被他人利用，对自己的产品构成替代性竞争。

此外，对于同行业或相关行业的大企业，跨国公司可以把自己取得的大量专利，作为交易筹码，与他们互换使用，甚至组成专利联盟，一致对外，共同阻碍和排斥其他竞争对手的市场进入。

特别是占有相对知识产权优势的跨国公司，在国内外已开始逐步加强对中国企业的知识产权侵权指控。但有些时候发起知识产权

法律规定

知识产权商业工具化中的国际典型：“337调查”

美国“337调查”源自“337条款”，因美国《1930年关税法》的第337节而得名。“337条款”规定，如果任何进口行为存在不公平行为，主要针对侵犯专利权或者商标权行为，也包括侵犯著作权、半导体芯片模板权利的行为，不正当使用商业秘密、侵犯普通法商标权及其他商业侵权行为，且对美国产业可能造成抑制或垄断，美国国际贸易委员会可应美国国内产业申请，进行调查。该条款规定，如美国国际贸易委员会认定某项进口产品侵犯美国企业专利权，则可颁布命令，禁止进口该项产品。其结果是特定企业乃至全行业的相关产品都无法进入美国市场。

几乎所有的“337调查”案件都涉及知识产权问题。据统计，2002~2005年，美国对中国发起的“337调查”占其总数的41.5%，中国成为美国“337调查”的最大受害国。“337调查”的背后都会有专利恶意诉讼。

诉讼，目的并非单纯的“为权利而斗争”。因为知识产权侵权诉讼，有时获得的远比侵权赔偿所得更多。

【思考与行动】 （2分钟）

1. 你的企业在知识产权商业工具化的浪潮中目前处于何种地位？

○ 潜在诉讼发起人　　○ 潜在诉讼攻击对象

2. 根据目前的地位，你和你的企业可以采取哪些措施来提高自己的“攻击力”或“防守力”，试着归纳一下：

○ ____________________

○ ____________________

○ ____________________

3. 技术追随战略和模仿战略

如企业人力资源贫瘠，研发理论薄弱，资金匮乏，这种情况下，除非有技术来源的特殊渠道，通常企业应避免与大公司正面交锋，知识产权战略可以确定为技术追随战略和技术模仿战略。

● **技术追随战略**

技术追随战略是跟随某一行业的主导企业开展相应的技术创新活动，目的在于对技术领先的企业作出竞争反应或者消除技术领先者的影响，针对技术领先企业的新技术或新产品进行改进和提高，以生产出在性能、质量、价格等方面富有竞争力的产品，获取尽可能多的经济效益的战略。这种战略不需要企业具有十分雄厚的研发经费，但要求企业具有敏锐的眼光、良好的情报能力、快速的反应能力以及相应的研发能力。

技术追随战略的好处是避开了技术领先的种种风险和高额成本，又拥有部分技术领先者的优势。

技术追随战略的风险在于：企业的情报获取能力和市场信息分

析能力是有差异的，这种差异决定了企业能否成功采用技术追随战略。在某些情况下，技术领先者推出的产品或技术十分复杂，技术追随者作出反应所需的时间就会相当长，伴随的风险也不小。

● **技术模仿战略**

技术模仿战略是企业不进行新技术的研究和开发，而是依靠购买技术进行仿制，走的是一条引进、消化、创新的道路，尽量缩小跟新技术和市场之间的距离的战略。这种战略投资少，获得技术的速度快，比较适合那些研发能力较弱的企业。但是，在引进技术的时候要求企业能够清楚地分析技术的前景和技术的性能，确定适当的技术目标，不能盲目引进。

追随与模仿战略可采用策略

购买他人知识产权或取得使用许可，或使用到期与失效知识产权；同时利用后发优势，提高技术类自主知识产权比重，甚至进行回输。

技术模仿战略的好处是企业不需要大量的研发投入，成本比较低，同时避免了技术领先和技术追随可能存在的风险，而且技术引进节约了研发的资金和时间，之后的模仿可以实现二次创新，有助于企业向自主创新转化。

技术模仿战略的风险在于：技术模仿型的企业往往处于被动地位，其业绩表现往往不佳，与技术领先企业的技术实力差距较大，难以与之竞争，如果不能借助技术引进实现技术追随乃至技术领先，则很难长久在市场上立足。

4. 品牌战略

在另外一些市场上，技术发展已经成熟，产品技术门槛很低或者基本没有技术含量，企业主要凭产品价格、广告、一贯的产品质

量等因素吸引消费者，企业这时应采取竞争者区分战略，把自己的产品和竞争者区分开来，建立自己忠实的客户群，实现稳定的销售。在知识产权战略上，竞争者区分战略体现为品牌战略。

品牌是一种名称、术语、标记、符号或设计，或是它们的组合运用，其目的是借以辨认某个销售者或某群销售者的产品或服务，并使之同竞争对手的产品和服务区别开来。

品牌识别指通过对产品、企业、人、符号等营销传播活动具体进行核心价值界定从而发展出区别于竞争者的品牌联想。品牌识别有效传达给消费者后就形成了实态的品牌联想。

品牌战略的本质就是差异化的竞争战略代表，它是企业在日趋激烈的竞争环境中，面临产品、技术与服务日趋同质化的形势下，谋求以品牌创造差异化的战略抉择。

名牌战略，其实就是以对商标、商号（字号）、商誉等无形资产的投入、运作，来发展经济、发展产业、发展企业的经营机制和竞争策略。具体说来就是树立名牌意识，争创名牌，以名牌推动、促进产业的发展。

品牌的核心是商标，是商号，是商誉，这些都是属于知识产权的范畴。名牌战略实质上是知识产权战略的一个组成部分。

专栏：品牌战略的常见策略

创立名牌商标策略。企业为顾客所提供的产品或服务受到广大顾客的欢迎和信任，产品或服务的商标也随之出名。当商标成为著名商标，那么企业的产品或服务就成为地区的或全国的名牌；当商标成为驰名商标，就可能成为国际名牌。

创立名牌商号策略。重点放在使企业出名上；企业出名，就是使企业的名称——商号出名。有些产品，特别是初级产品或某些中间产品不容易在顾客或用户中出名，而一旦企业出名，则容易带动产品或服务出名。

商标、商号统一的名牌战略。一些企业的产品在一定范围（如地区或全国）出名之后，随之以产品商标作为企业名称。

名牌既是指该企业产品（或服务）商标，也是指该企业的名称，即商号。商标名称和商号名称统一，可以在更大市场范围内，尤其是在世界市场范围内，创出名牌商标和名牌企业。

商标和商号共创名牌战略。企业产品（或服务）商标名称与企业名称不统一，商标是商标，商号是商号。企业在创名牌产品名牌商标的同时，也在创名牌企业即著名商号，使产品同企业，或企业同产品一起出名。

一般说来，生产消费类产品，即最终产品或整机、整车产品的企业，首先把重点放在创立和实施名牌商标战略上，待产品出名后，再选择商标、商号统一的名牌战略，或实施商标、商号共创名牌的战略。而初级产品、部分中间产品，主要提供服务的企业，则当把重点放在创立著名商号战略上。

【思考与行动】（5分钟）

1. 你所在的企业有没有制定自己的知识产权战略？

○ 有　○ 没有

2. 请试着归纳一下你们目前实际执行的知识产权策略：

○ ______

○ ______

○ ______

3. 你所在企业目前实际执行的知识产权策略有何成功之处：

○ ______

○ ______

○ ______

4. 你所在企业目前实际执行的知识产权策略有何需要改进之处：

○ ______

○ ______

○ ______

二、知识产权战略管理体制

作为保护公司重要经营资源的企业知识产权战略，它还需要依赖企业内部知识产权管理机构落实。如果企业对知识产权管理和保护没有投入，只是在发生紧急情况时才聘请律师进行处理，企业的知识产权战略就无异于一句空话。

企业知识产权管理机构，是顺应企业知识产权管理工作的需要，根据企业知识产权工作的特定对象和目的，配置一定数量的专职工作人员、资金和设备，对企业运营中不同类型、不同环节、不同层次的企业知识产权，开展相关事务处理的部门。

下面将在借鉴国外企业知识产权管理体制的基础上，提出建立符合中国法律的公司知识产权管理体制的一些具体要点。

1. 国外企业的知识产权管理体制

国外比较领先的企业通常设有专门的知识产权管理部门，并且与技术管理部门、经营管理部门一起构成企业的核心机构，其知识产权管理体制大致分为三种：以东芝公司为代表的分散管理制，以IBM公司为代表的集中管理制和以佳能公司为代表的行列管理制。

这三种企业知识产权管理体制的特点分别是：

- **分散管理体制**

其主要特征系在知识产权总部统一管理下的充分授权。分散管理是针对下属各研究部门和分支机构而言，其优点是各事业部及研究部门根据产品特性限制专利申请件数，决定知识产权的预算。但取得专利权后，如何运用知识产权处理纠纷、对外谈判、提出异议等由知识产权总部运作。

提示框中详细介绍了东芝公司知识产权管理体制，包括其总部部门划分以及下属各研究所等机构的职能。

东芝公司知识产权管理体制 TOSHIBA

其由知识产权本部和四个研究所、11个事业本部，及在各研究所和各事业部下属分别设置专利部、科、组共同构成。

本部设7个部门，具体部门名称及其职责是：

○ 策划部：负责推动中长期知识产权策略，管理知识产权行政事宜；

○ 技术法务部：负责处理知识产权诉讼事宜；

○ 软件保护部：负责软件著作权的登记、运用、补偿事宜；

○ 专利第一、二部：负责统筹管理技术契约工作；

○ 专利申请部：集中管理国内外专利申请事宜；

○ 设计商标部：负责设计和商标的申请、登记；

○ 专利信息中心：负责管理专利信息，建立电子申请系统。

各研究所和各事业部配置知识产权部，直接隶属于负责技术工作的副所长或总工程师，主要担负该研究所、事业本部的知识产权行政事务，并负责从产品研究开发初期的专利发掘、专利调查、制作专利关系图到国内外专利的申请等所有业务。

东芝海外知识产权体系分两部分，一是在华盛顿、西海岸设立专利事务所；同时在欧美子公司内设知识产权委员会，负责制定当地企业知识产权管理规则，定期讨论知识产权问题。本部则通过各委员会、研究会协调各事业部间联系，并对各事业部负责知识产权工作的人选有决定权。

知识产权集中管理体制公司代表  

IBM 公司设有知识产权管理总部，其职责是负责处理所有与 IBM 公司业务有关的知识产权事务，如专利、商标、著作权、半导体芯片、布图设计保护、商业秘密、字型及其他有关知识产权的事务；总部内设两大部：法务部和专利部。法务部门负责相关法律的事务，专利部门负责专利事务。专利部下设 5 个技术领域，每一个领域由一名专利律师担任专利经理。由于 IBM 公司是一个跨国集团公司，知识产权管理部门在美国本土主要设有研究所，在欧洲、中东、非洲地区、亚太地区设有其分支机构，若没有设置分支机构的国家，一是由该地区各国知识产权管理部门的代理人管理，一是由邻近国家的知识产权管理部门负责，如亚太地区未设知识产权管理部门的国家，由日本知识产权管理部门统筹管理。IBM 知识产权总部对全球各子公司知识产权部门要求严格，除向总部作业务报告外，世界各地子公司的知识产权分部要执行总部统一的知识产权政策，并接受总部极强的功能性管理。

三菱公司设有知识产权总部，下设专利部、涉外知识产权部和策划处三个部门：专利部与研究发展部门关系密切，负责协助研究人员和技术人员取得知识产权，保护公司权利，防止本公司侵害他人权利，并设立驻外人员，负责驻在地的专利申请与诉讼事宜；策划处负责制定公司内部与知识产权相关规定、监督知识产权的管理实施，以及分公司关于企业间知识产权的支援等事宜；涉外部负责公司知识产权的运用、对外交涉、诉讼与侵害协调的工作。

富士通公司由专利总部管理知识产权工作，下设 5 个部门：专利管理部、专利业务部、专利第一部、专利第二部和技术调查部，并在各事业本部下设专利推进部，由事业本部资深人员任部长，负责专利策划与推进。

● **集中管理体制**

它是指全公司的知识产权管理部门按照统一的知识产权政策进行运作，最大限度地保护总公司的整体利益，在开发、制造、买卖产品的活动中能够保持工作顺畅，主要体现在知识产权的移转、授权、再授权的管理方式上。也就是说研究开发的费用由总公司预付给子公司，专利权与授权后的所有事宜全部由总公司知识产权管理部门统筹负责。IBM公司、三菱公司和富士通公司均属于实施集中管理体制的代表。

● **行列管理体制**

其按技术类别、产品类别管理知识产权。它不仅可以避免重复开发技术，还能配合各事业部的产品策略对专利进行管理。

知识产权管理部门集中管理授权后的所有事宜，包括权利的运用、谈判、争讼等。它通过派本部门人员参加公司内各事业部组成的产品知识产权会议，或根据各项问题组成的作业部会议，了解技术、产品的相关情况，使知识产权体制贯串于产品开发至产品销售全程。

如佳能公司按行列管理分为产品类及技术类。产品类设有4个部门：知识产权法务策划部、知识产权法务管理部、专利业务部、专利信息部；技术类7个专利部门则是以技术分类管理专利。

● **其他管理体制**

除前面三种管理体制之外，还有许多公司根据自身情况设计了针对性的管理体制，如世界知名化工企业之一的拜耳公司，其专利部门将本公司发明人提交的专利申请文件进行修改，视情况经公司专利委员会研究确定向哪个专利局申请专利。

这种体制的优势在于保证专利授权的高成功率，同时减少了侵权和无效请求，而且专利实施在公司内部，出现专利纠纷的几率就会比较低。

但不论是集中管理、分散管理还是行列式管理，知识产权管理

部门都处于总公司管理结构的核心位置，与技术部门、经营部门密切联系，汇集授权后的全部知识产权工作统一管理，这是它们的共性所在。

Bayer

拜耳公司知识产权管理体制

它设有专利委员会和专利处，二者是平行的组织机构。专利委员会由生产、科研、技术应用和专利处联合组成，其职责是：

○ 分析判断哪些发明项目可以向国外申请专利；

○ 去哪个国家申请；

○ 对已获权的专利进行管理；

○ 根据专利项目登记表，决定哪些专利权需要维持，哪些可以放弃。

专利处受公司总部直接领导，下设两个科，一个专利科，另一个是许可合同和技术协调科。专利科的主要职责有：

○ 申请专利直至授权专利的管理；

○ 申请专利前和产品投放市场前的专利信息的调查，若发现相同技术，就设法买下他人的专利权；

○ 处理专利纠纷，一是协商解决，二是通过诉讼裁决；

○ 业务上与各级法院有联系。

许可合同和技术协调科共由8人组成，负责许可合同工作，包括专利许可、技术秘密及技术合作。日常管理工作主要有：

○ 接待技术许可询价，组织许可谈判，签订有关合同；

○ 技术合作，与需要使用拜耳公司技术的公司签订使用合同书。

【思考与行动】 （2分钟）

上面这些企业执行知识产权战略的做法有没有给你什么启示？你觉得你所在的企业可以从哪些方面借鉴他们的做法？

○ ____________________
○ ____________________
○ ____________________

2. 建立适合中国法律的公司知识产权管理体制

◆公司知识产权管理机构的设置

对以技术领先为知识产权战略的公司，应成立独立知识产权管理机构，下设不同性质的知识产权部门，例如专利部、商标部、商业秘密部等，管理不同性质的知识产权；同时以企业项目为中心，由项目知识产权负责人实施相关管理，并对有关的知识产权职能部门负责，在分类处理不同知识产权的基础上保证同一项目知识产权工作的协调和统一性。

对以技术追随和模仿为知识产权战略的公司，可以以法务兼职知识产权管理部门，当公司作出技术追随或者模仿的决策时，可由法务召集有关人员，对技术追随和模仿进行法律和市场论证，确定技术追随或者模仿的介入方式。

对以品牌作为知识产权战略的公司，应成立专门的品牌科或者企业CI系统办公室，统一管理企业的商标、品牌形象等。

◆ 公司知识产权管理机构的任务与职责

总结国内外公司知识产权管理机构的任务，其主要包括以下内容：

HUAWEI

华为公司的知识产权管理架构

华为公司知识产权组织架构由三级体系组成。第一级是知识产权管理办公室，负责战略性的研究；办公室下设知识产权部，是公司的职能部门，负责知识产权的具体管理和应用开发；各研究开发部和各产品线分别成立标准专利部，负责直接组织专利开发和项目立项审查。

华为先后制定《专利创新鼓励办法》、《国内专利申请流程》、《国外专利申请流程》、《专利国外申请指导》、《专利分析流程》等规范性文件，同时，将公司知识产权细分为专利、商标和版权三大部分，对不同技术实行不同保护措施，在实际操作中，只对那些易于仿造的实用技术申请专利，而对一些特殊核心技术采用商业秘密措施予以保护，以最大限度地提高公司竞争力。

华为的专利管理贯穿到生产的全过程，形成了自循环系统和开放创新系统。立项之初，公司专家组先对项目创新点进行事前规划，确立专利点，由技术人员进行研发。产品诞生后，测试人员对产品进行全面检测，寻找不足，同时也寻找可以改进的余地，提出新的专利再造点。产品进入市场后，公司技术人员进行现场跟踪，根据客户需求进行再创造，从而实现新的专利。

- 负责执行、实施企业知识产权战略；
- 依据企业知识产权战略，核算知识产权战略实施成本，制定并推广知识产权工作规划和管理制度；
- 统一归口，进行企业知识产权的申请、保护、应用和实施，审核管理知识产权合同与协议；
- 建立知识产权侵权行为预警机制，调节并处理相关知识产权

纠纷、诉讼与仲裁；

- 搜集、整理、分析与企业相关的知识产权文献、资料；
- 确保技术人员的自由创新；
- 协助开发具有相当数量的专利作为公司的重要资产；
- 确保公司的核心业务得到精心的保护；
- 启动推动专利的产生和保持的基本程序；
- 启动增强专利作用的基本程序；
- 加快知识产权成果的转化，利用现有知识产权提高企业效益；
- 奖励企业知识产权创造人员，鼓励企业知识产权的创新，引进先进的知识产权；
- 开展相关知识和技能宣传、培训工作，增强员工知识产权意识。

我认为在上面清单的各种职责中，知识产权管理机构特别重要的一个任务是，应花时间和该公司创新研发人员交流，了解他们有什么新的思想或正在考虑的项目。通过非正式的交谈，发掘一些可能成专利的想法，然后整合成一个排列好优先次序的清单，尤其应关注于对那些在未来5年内可能商业化的发明的申请。

标杆借鉴

国外公司知识产权管理部门的十大基本职责：

① 专利情报管理工作；② 发明挖掘工作；
③ 申请专利工作；④ 订立专利实施许可合同；
⑤ 管理专利权；⑥ 处理专利纠纷；
⑦ 发明奖励工作；⑧ 商标等其他知识产权的综合管理；
⑨ 专利教育工作；⑩ 与专利事务所或律师进行联系。

此外知识产权管理机构拥有能力鉴别能够获取专利的技术也很

重要，从而可以审查那些与公司远景和战略相悖的机会，通过保证实施专利权，加强用专利抵御入侵者的力度。

建立员工发明创造的激励机制

在那些拿步枪的士兵大众中，有许多人有发明创造才能。如果士兵们能够很自然地毫无拘束地与他们的长官谈话，则他们的智慧产物，定可用于一切事情。

——艾森豪威尔（美）

公司可以针对员工发明的奖励设首次申请奖、发明申请奖、申请补偿奖、特别功劳奖等奖项。只要知识产权被采用，发明人就能得到奖金，即使其人已故去或已离职也能得到奖励。

为激励发明创造，可以对申请专利的发明人进行计点，如发明专利计为3点，刊载在公司技术公报的发明计为1点。点数累计达12点时，公司将给予一定金额的发明业绩奖励。

作为履行以上职责的保障，公司知识产权管理机构主要需要取得以下权力，主要包括以下内容：

- 协调企业生产经营各部门有关人员和调动相关资料的权力；
- 指导和监督各部门开展知识产权工作的权力；
- 代表企业对外处理知识产权事宜的权力。

◆ 公司知识产权管理机构的具体工作内容

• 定期进行企业生产经营各环节知识产权信息的搜集、汇总与整理分析；

• 及时更新知识产权资料库，定期向有关部门提供不同保密层次的知识产权信息和决策参考；

● 负责与科研院所和高校等研发单位的联系，促进产学研合作；

● 定期与各级政府知识产权主管部门沟通，汇报本企业知识产权管理工作情况，并及时向企业传达最新政策；定期召开由企业领导和知识产权管理人员参加的例会，研究本企业知识产权管理工作的现状，讨论并拟定下一步工作计划；

● 定期进行企业各部门执行相关知识产权制度的监督与考核；

● 随时关注市场状况与新闻媒体，监视对本企业知识产权的侵权行为；

● 随时提供对企业领导层和广大职工关于知识产权基础知识、法规、信息的咨询和培训等；

朗科的国际专利之路

朗科创始人邓国顺和成晓华都曾任职于飞利浦公司，从遗传上看，进攻者朗科有更多的飞利浦基因。朗科的法律架构就是按照国际企业做法来的，朗科克隆了一套成熟的知识产权制度，在产品研发前先进行全球专利检索，找到空白领域进入；在产品进入实质研发阶段同步开始专利申请，进行专利圈地；在核心专利周围申请外围专利，建立立体保护网；专利全球范围内申请保护，将专利作为盈利手段而不是成本负担，等等。在朗科，法务部渗透到公司的每个角落，从人力资源管理到产品销售，从技术开发到商标保护。法律架构成了邓国顺不愿为外人道的朗科核心机密。

在朗科公司，一项被确定申请发明专利的建议可以获得3 000元的奖励，这样的发明建议还有积分制，年度积分最高的员工甚至可以获得一部轿车作为奖励，这大大激发了朗科员工的积极性。

● 及时应对外部个人与团体对本企业知识产权的侵权行为，按侵权程度和处理难度开展维权活动；

● 处理突发性的知识产权涉外纠纷；

● 及时有效地阻止、处理企业内部严重的侵犯知识产权的行为；

● 处理突发事件时保持与上级知识产权管理部门以及司法部门的联系；

● 及时修复企业知识产权信息系统故障，防止相关资料的泄密；

● 保存企业知识产权文献资料：

（1）知识产权相关的协议、合同、规章；

（2）知识产权产生、申请过程及其成果的记录与存档；

（3）知识产权的审查、评估、分析与预测研究等报告；

（4）知识产权诉讼的法律文件；

（5）行业相关知识产权资料库；

（6）考核、奖励、惩处等知识产权管理工作历史存档。

小知识

知识产权教育培训体系规范化

知识产权教育可以分两个层次：一是普及型，主要是面向全体新员工或不同层次员工设立的有关知识产权法律知识的课程教育，包括专利入门知识教育、专利说明书的写作知识培训、专利理念及重要性的宣讲等。在进行知识产权普及教育过程中，知识产权管理部门起着重要的作用。二是针对型，主要是针对知识产权管理部门人员的岗位培训，内容包括专利、商标、著作权、技术契约的管理，知识产权案例研究，专利情报研究等，并选派管理人员参加专利代理人资格考试或去专利事务所进行轮训和研习。

【思考与行动】 （10分钟）

1. 你所在企业更加适合于那种知识产权管理体制？

○ 集中式 ○ 分散式 ○ 行列式 ○ 综合运用 ○ 其他

2. 你认为公司目前知识产权架构中需要改进的有哪几个地方：

○ ______________________________

○ ______________________________

○ ______________________________

3. 你认为如何进一步发挥你所在的知识产权管理机构的作用：

○ ______________________________

○ ______________________________

○ ______________________________

4. 行动起来，如果你所在公司还没有知识产权管理部门或者感觉不太理想，马上绘下你理想中的知识产权管理部门架构图，包括具体职位、你理想的职位人选以及该职位的主要责任。然后给自己定个时间计划力争完成它。

知识产权管理部门目标架构图

目标完成时间：______年____月____日；距现在有____天

○ 我在本部分的收获与心得

____

____

____

____

____

第二部分

技术领先知识产权战略的战术运用

“善守者，藏于九地之下；

善攻者，动于九天之上，故能自保而全胜。”

——《孙子兵法》

技术领先知识产权战略实施者主要进行的是两种专利战争模式，进攻战和防御战。前者是指利用专利制度建立并扩大自己的专利阵地，采用积极的策略和手段，打击和削弱竞争对手，取得市场竞争主动权，包括申请基本专利，构建专利网，有偿转让、收买专利，专利商标结合，投资与产品输出时专利先行，提起诉讼等；后者则包括取消对方专利、文献公开、设置专利网等。

对于在知识产权战场整体或局部掌握优势的参与者，我建议你充分考虑下面九种保持竞争优势和地位的知识产权战术策略。每种战术的成功运用，都为企业整体性战略的100%执行作出了巨大贡献，同样，战术的失败不仅造成局部的漏洞，也将为整体知识产权安排带来巨大风险。

当然，你也许会注意到这些战术因为较多涉及具体流程的管理和保护，对于并非处于知识产权领先企业的精英们也同样会有用处。

战术运用1：知彼知己——知识产权情报检索

战术运用2：按图索骥——战略罗盘之专利地图

战术运用3：上兵伐谋——权利预先分配预防技术成果归属纠纷

战术运用4：慎始慎终——技术开发过程法律风险管理

战术运用5：嘉谋善政——技术成果管理

战术运用6：昭告天下——专利申请

战术运用7：铁壁铜墙——知识产权防御战

战术运用8：善贾而沽——知识产权商业化运作

战术运用9：敲山震虎——知识产权的法律保护

战术运用1：知彼知己

——知识产权情报检索

【本章提要】

- □ 情报检索与调查
- □ 专利文献的利用
- □ 专利检索方法
- □ 专利检索用途与应用

“知彼知己者，百战不殆；不知彼而知己，一胜一负；不知彼，不知己，每战必殆。”

——《孙子兵法·谋攻篇》

1.情报检索与调查

知彼知己是军事家所推崇的重要军事谋略，也是企业确定经营谋略的重要基础。运用知识产权情报检索手段界定技术开发起点至关重要。企业不善于利用专利信息，在技术开发前没有进行专利文献的检索，容易导致企业技术开发起点低、耗时长、费用高、效率低。善于利用已有的知识产权文献技术资料，认真分析现有专利技术在本专业所留下的空白地带，在研发技术时加以利用，查询某项技术的保护范围、专利权人、有效期、在哪国受到保护等重要信息，可以避免重复开发和被控侵权，提高创新能力。

由于专利有地域性，而且全世界绝大部分专利文献可以免费使用。比如在日本受专利保护的技术大部分可以在中国免费使用。善用专利文献，人们可以节约研发时间60%节约研发经费40%。

如国内光学镜片原为磨制，加工费时、产量低。后从专利文献中发现，国外精密压铸镜片专利文献增多，某生产厂家即上书国家经贸委，跟踪研制，完成了生产工艺的更新换代。

一个非常典型的反例则是，国内某国家级研究院，1997年在国家科委立项，研制“电晕放电脱硫脱硝技术”，历时4年，投资2500万元，终于成功。该技术对烟尘治理、环境保护作用极为明显。但在申请专利前检索时，发现日本一公司已于1988年在我国申请了同样技术的专利，使该院蒙受重大的经济损失。

企业知识产权工作者应意识到专利文献的价值，掌握相关检索方法，进而在研究技术发展趋势、技术与竞争对手分析等方面进行应用。

世界著名公司对专利情报管理工作的重视

IBM公司定期发表的技术公报，其专利经理的主要职责四项中有三项与情报有关：①收集掌握下属各公司有关的专利情报、技术情报以及各专业部门的活动情况；②依据情报决定是否申请专利、建议申请国的范围、提供有关业务咨询；③收集IBM及其他公司有关专利情报、技术动态信息，有针对性地进行知识产权方面的谈判。

日立公司的知识产权本部把专利情报管理工作列为首要任务。佳能公司负责知识产权管理工作的11个部门，专利信息部是其中之一。东芝公司知识产权本部中设有专利信息中心，三菱公司随着知识产权总部的发展，将原属于专利部管辖的专利情报中心从专利部中分离出来，成为独立的公司。

德国拜耳公司也将专利信息调查工作做在申请专利和产品投放市场前。

在整个专利战略体系中，专利调查包括下列6种：

（1）专利性调查：在专利申请前为判断该发明创造有无专利性而进行的调查。所谓“有无专利性”，对发明和实用新型而言，是指有无新颖性、创造性；对外观设计而言，是指有无新颖性。

（2）技术动向调查：指在广泛搜集过去及新近出现的技术信息的基础上，分析当代技术水平并预测今后技术发展动向而进行的调查。主要供研究、开发新产品新技术参考。如通过对一项技术专利申请量逐年变化的情况，便可以对该项技术是“朝阳技术”还是“夕阳技术”作出初步判断，并用于指导制定研究开发策略，选择研究开发课题。

（3）公知性情况调查：这里指为判断已公开或公告的发明创造专利申请，或已获得专利权的发明创造的专利性（专利可靠性）而进行的一种调查。它对新产品新技术的研究开发、回避侵权行为和专利权无效宣告请求等必不可少。

（4）监视调查：一是指对特定竞争对手专利申请动向和取得专利权的情况的监视，二是指对特定的引人注目技术的专利发展过程的监视。二者常可以相互结合，或交替使用。

（5）法律状态调查：调查内容包括某项特定技术是否专利技术、是何种专利技术、是否有效专利、专利权的期限还有多长，以及特定技术和特定专利之间的关系等情况。它对于技术和新产品进出口、技术价值评估十分重要。

（6）同族专利调查：指特定国家的特定专利是否在其他国家取得专利而进行的一项调查。它对该技术商业价值的评估、技术和产品的进出口十分重要。

2. 专利文献的利用

申请专利应向国家知识产权局提交请求书、说明书及其摘要和权利要求书等文件，知识产权局把这些专利申请文件制作成专利档案，众多的专利档案构成专利文献。专利文献就是我们知识产权情报检索的对象。

专利信息分析（专利分析）就是指从专利文献中采集专利信

息，通过科学的方法对专利信息进行加工、整理和分析，最终形成专利情报和谋略的一类活动的集合。

专利文献的特点是格式统一详尽系统、内容广泛传播迅速、情报丰富实用性强、大量重复内容繁琐。

关键词

专利说明书

专利说明书中，申请人描述了发明背景、发明目的、发明详细内容等。而且说明书应清楚、完整、充分公开发明的内容，以所属技术领域的技术人员能够实现为准；必要的时候，应当有附图。

○ 权利要求书，也称为“专利权项”，它以说明书为依据，记载申请人要求专利保护的范围。

○ 说明书摘要简要说明发明或实用新型的技术要点，内容包括名称、所属技术领域、所要解决问题、主要技术特征和用途。

○ 说明书附图用于更清楚地描述发明的内容。附图通常包括示意图、线路图、图解和工艺流程图等。

专利说明书是专利文献的主体，其主要作用一方面是公开技术信息；另一方面是限定专利权的范围。用户在检索专利文献时，最终要得到的就是这种全文出版的专利文件。中国的专利说明书采用国际上通用的专利文献编排方式，即每一件说明书单行本依次由说明书扉页、权利要求书、说明书和附图所组成。扉页上包括发明名称、申请人、专利权人、申请号、公开（公告）号、分类号等全部著录项目和摘要及附图，要求优先权的还有优先权申请日、申请号和申请国。

在这些专利文献中，蕴含着大量的技术信息、法律信息和经

济信息。

- **技术信息**：指查阅人通过专利说明书可了解到有关课题的详细技术发展情况。
- **法律信息**：指通过著录项目可了解到发明人、申请人、专利权人、申请日、优先权日、授权日等信息，通过权利要求书可了解到专利保护范围。
- **经济信息**：指通过著录项目的专利权人或申请人可了解到有关企业的专利申请情况、有效专利数量等，进一步分析研究其技术动向、产品动向和市场动向。

参考资源

记载专利文献检索的工具

中国专利文摘光盘、中国专利数据库、中国专利公报、美国专利公报、WPI（《世界专利索引》）、CPI（《中心专利索引》）、EPI（《电气专利索引》）、GMPI（《一般和机械专利索引》）以及互联网上的各种专利信息检索系统等。

【思考与行动】 （1分钟）

马上找到一份专利文献（如果手头没有，可以到国家知识产权局网站搜索一份），分析它的结构。

3. 专利检索方法

为理解检索方法，我们以发明专利为例，看《发明专利公报》所包含内容的相互关系：

当我们知道分类号、申请人名、申请号或专利号时，就可以以它们为入口，从索引中查出公开（公告）号，根据公开（公告）号就可以查到专利说明书，从而了解某项专利的全部技术内容和要求保护的权利范围。若要了解该专利的法律状态，可以通过索引查出它所刊登的公报的卷期号。如果想了解某一技术领域的现

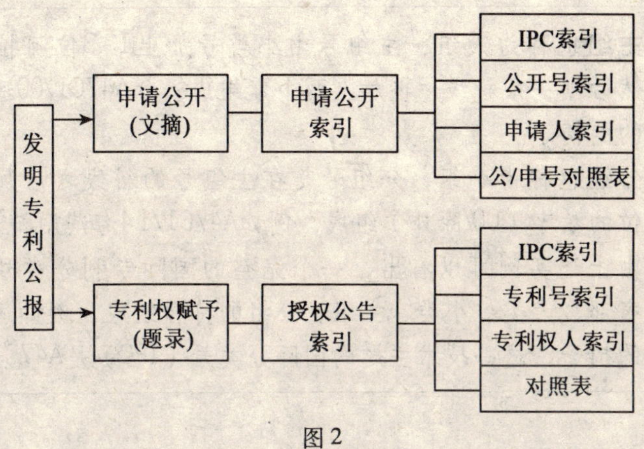

图2

有技术状况，或者说，既不知道申请人，又不知道专利号，但又想了解自己所从事的发明创造项目的专利技术状况，可以根据该项目所属技术领域或者关键词，去查阅国际专利分类表，确定其分类号，从分类索引中的专利号、申请人所申请的专利名称，进一步查阅其专利说明书。

专栏：国家分类表（IPC）的编排结构

国家分类表采用五级分类方法，即部、大类、小类、主组、分组。

部用大写英文字母A~H的一个字母表示，其中A表示生活必需品（农、轻、医），B表示技术操作和交通运输，C表示化学和冶金，D表示纺织和造纸，E表示永久性建筑物（土建、采矿），F表示机械工程、照明、加热、武器、爆破，G表示物理（仪器、原子能），H表示电学。在每个部中，包含若干个分部，分部没有分类号，只是一些类名，由一些情报性标题组成，例如A部中有4个分部，它们是农业、食品与烟草、个人与家用物品、保健与娱乐。

大类号由部类号加上两位阿拉伯数字组成，如A47家具。

小类号由大类号加大写辅音字母组成，如A47C。

主组也称为大组，主组号由小类号加上1~3位阿拉伯数字，然后划一条斜线，再加上两个零组成，如A47C1/00适于特殊目的的椅子。

分组也称为小组，分组号是在主组号的斜线之后加上至少两位的数字（00/除外）组成，例如A47C1/14海滨用椅。

由上述实例可以看出，一个完整的国际专利分类号通常由代表部、大类、小类、主组、分组的符合组成，例如适于海滨用的椅子，这一技术主题的国际分类号（IPC）是A47C1/14。

◆ 专利技术信息检索步骤

第一步：分析检索主题，确定检索主题的名称；

第二步：选择中外文主题词或关键词，找出同一主题的不同用语；

第三步：选择专利分类号（国际专利分类号或本国专利分类号），确定检索的入口；

第四步：选择检索系统，进行初步检索；

第五步：记录检索结果，包括：专利号、文件种类代码、国别代码、发明名称；

第六步：根据专利号找到专利说明书，进行阅读、筛选；

第七步：根据需要（已检索到的专利说明书的检索报告或著录项目）可进行扩大检索。

◆ 检索方法

我们通常使用到的检索方法主要包括以下一些：

追溯检索：指人们利用检索工具，由近而远地查找专利技术信息的工作。根据检索顺序追溯检索又可分为：初步检索和扩大检索。当人们进行专利技术信息的追溯检索时，利用检索工具由近而远地完成一个检索过程，再根据第一个检索过程的结果进一步检索，前一检索过程称为初步检索，后一检索过程称为扩大检索。

两种检索是相对而言的，并非在任何情况下都要进行扩大检索。

著录项目检索：指从某一专利文献的著录项目（或称某一专利信息特征）获取特定专利信息的行为，著录项目检索包括：名称检索，法律状态检索，同族专利检索。

名称检索：指从一个人或公司的名称获取特定专利信息的检索。名称检索可分为：发明人、设计人检索和申请人、专利权人检索。

法律状态检索：指对专利的时间性和地域性进行的检索，它分为：专利有效性和专利地域性检索。

同族专利检索：指对一项专利或专利申请的专利族进行的检索。按照不同的检索入口，同族专利检索可分为：专利号检索、申请号检索、优先权检索。

下面我们推荐最经常用到的网络专利检索系统。

专栏：国家知识产权局专利检索系统使用指南

推荐您使用中华人民共和国国家知识产权局专利检索系统，它的最大特点是可以免费获得中国专利说明书全文。

网址：www.sipo.gov.cn/sipo/zljs/default.htm

检索入口为：（1）申请（专利）号；（2）名称；（3）摘要；（4）申请日；（5）公开（告）日；（6）分类号；（7）主分类号；（8）申请（专利权）人；（9）发明（设计）人；（10）地址；（11）国际公布；（12）颁证日；（13）专利代理机构；（14）代理人；（15）优先权。

可得到的检索结果著录项目名称：（1）名称；（2）公开号；（3）公开日；（4）主分类号；（5）分类号；（6）申请号；（7）分类原申请号；（8）申请日；（9）颁证日；（10）优先权；（11）申请人；（12）地址；（13）发明人；（14）国际申请；（15）国际公布；（16）进入国家日期；（17）专利代理机构；（18）代理人；（19）摘要。

检索方法：

在浏览器的地址栏输入网址，打开检索页面；

检索页面的上部有一行单选项，点击“全部专利”、“发明专利”、“实用新型”、“外观设计”其中的一个选项，用来

选择检索范围，即检索何种类型的专利；

输入已知的检索词或检索式，如申请（专利）号、名称、摘要、申请日等，点击“确定”按钮执行检索，系统首先显示符合检索要求的检索结果列表页面；

点击列表中某专利名称的链接，可以调出该专利的著录项目，包括文摘；

该页面中左侧的“说明书全文”栏目下有“申请公开”及“审定授权”等链接，点击它们，可下载专利说明书全文，全文式TIF格式的图形文件。

中华人民共和国国家知识产权局
STATE INTELLECTUAL PROPERTY OFFICE OF P.R.C

专利检索

☐ 发明专利 ☐ 实用新型专利 ☐ 外观设计专利

申请（专利）号：		名　　称：	
摘　　要：		申 请 日：	
公开（公告）日：		公开（公告）号：	
分 类 号：		主 分 类 号：	
申请(专利权)人：		发明（设计）人：	
地　　址：		国 际 公 布：	
颁 证 日：		专利 代理 机构：	
代 理 人：		优 先 权：	

检索　清除

http://www.sipo.gov.cn/sipo/zljs/default.htm

图3　国家知识产权局专利检索系统

【思考与行动】　（10分钟）

1. 马上写下你所在企业关注的技术主题或技术竞争对手（至少三个）：

○ ____________________

○ ____________________

○ ____________________

2. 现在，根据上面你刚刚写下的主题或对手名称，立刻去试着检索一下，看一下有什么收获。

3. 我的检索心得：

○ ____________________

○ ____________________

○ ____________________

○ ____________________

4. 专利检索用途与应用

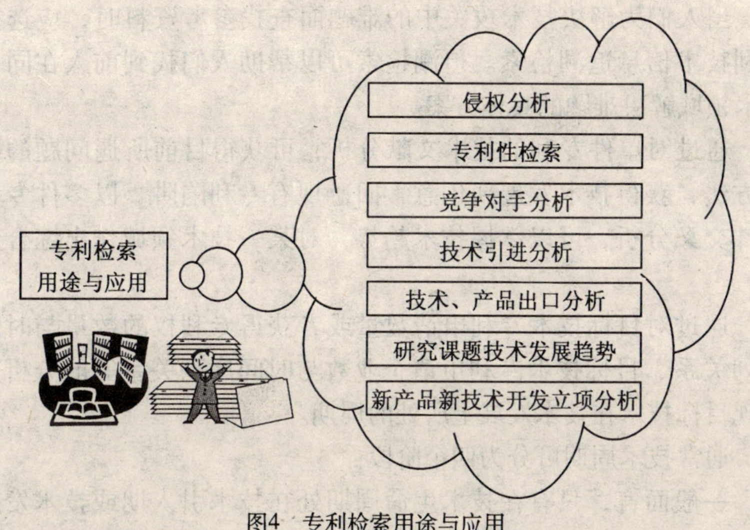

图4 专利检索用途与应用

◆ 专利文献检索用途1：研究课题技术发展趋势

专利文献记载着技术发明的详细内容，是很有价值的技术情报。

通过检索竞争对手在某一技术领域申请的专利，并对这些专利及专利文献内容进行深入分析，便能判断出竞争对手的研究与

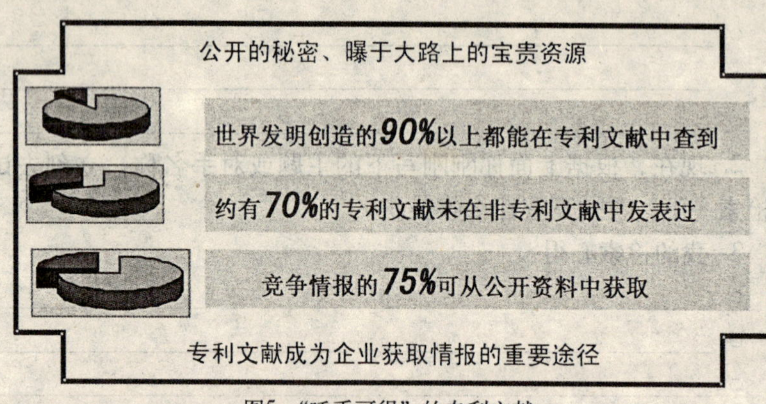

图5 “唾手可得”的专利文献

开发方向、经营战略以及产品和技术优势等。专利申请的成功就意味着竞争对手在未来几年里独占这一市场，而且利用专利文献引进最新技术也是提高企业竞争力的十分重要的途径。

当人们为解决技术攻关中的难题而查找参考资料时，应选择专利技术信息追溯检索。追溯检索可以帮助人们找到前人在同一技术领域解决难题的具体方案。

通过对单件专利的技术文献分析，可获得目前所遇问题的解决方法，获得技术发展新创意，回避现有专利陷阱。以多件专利文件交叉分析，可以掌握技术趋势，对某一技术领域作出综合判断。

通过对目标技术专利申请数量或者获得专利权的数量与时间序列关系、目标技术专利申请企业数与时间序列关系等的分析可发现目标技术在技术发展上所处的周期。

通常技术周期可分为四个阶段：

一般而言，只有在技术生命周期处在技术引入期或技术发展期时，项目计划部门才可把此项技术列入科技计划项目指南上。

在课题检索时应注意，由于专利申请的单一性原则，一项产品的全部设计和生产技术，是不可能只包括在一件专利中的。只有通过一系列的核心的和外围的专利才能完整地了解某一产品的全貌。例如，英国皮尔金顿兄弟公司对浮法玻璃生产技术申请过100多件专利。

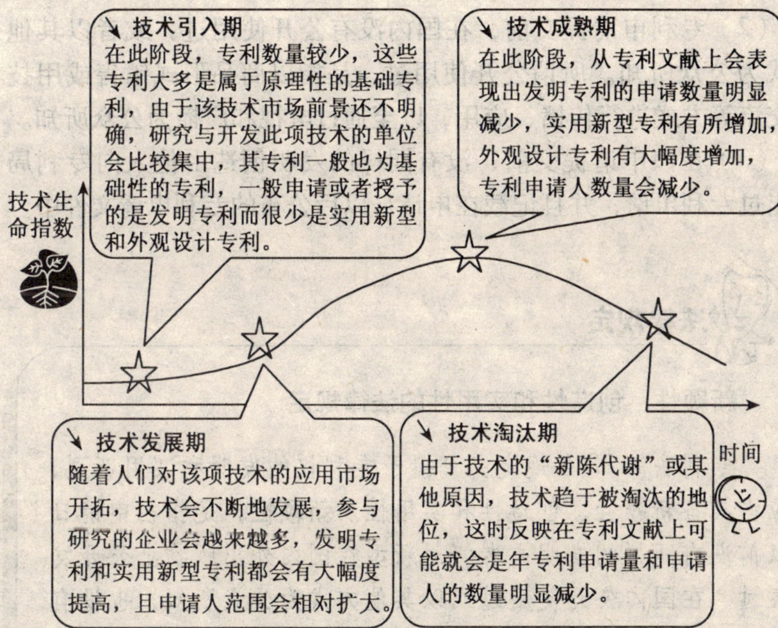

图6　技术生命周期曲线

◆ 专利文献检索用途2：专利性检索

一项新发明在申请专利之前，申请人或其代理人最好进行专利性检索，以便更清楚地了解该发明是否具有新颖性和创造性，从而对是否申请专利作出决策。

● 新颖性检索

新颖性检索是为确定申请专利的发明创造是否具备新颖性而进行的检索，它从发明创造的主题对专利文献进行检索，从而找出可进行新颖性对比的文献。

新颖性的判断要满足下列条件：

（1）在专利申请提交前，没有同样的发明创造在国内外出版物上公开发表过。这里的出版物，不但包括书籍、报刊、杂志等纸件，也包括录音带、录像带及唱片等音像件。

（2）专利申请提交前，在国内没有公开使用过，或者以其他方式为公众所知。所谓公开使用过，是指以商品形式销售或用技术交流等方式进行传播、应用，以至通过电视和广播为公众所知。

（3）在该申请提交前，没有同样的发明创造由他人向专利局提出过专利申请，并且记载在申请日以后公布的专利申请文件中。

法律规定

新颖性、创造性和实用性的法律规定

专利法第22条规定："授予专利权的发明和实用新型，应当具备新颖性、创造性和实用性。**新颖性，**是指在申请日以前没有同样的发明或者实用新型在国内外出版物上公开发表过、在国内公开使用过或以其他方式为公众所知，也没有同样的发明或者实用新型由他人向国务院专利行政部门提出过申请并且记载在申请日以后公布的专利申请文件中。**创造性，**是指同申请日以前已有的技术相比，该发明有突出实质性特点和显著的进步，该实用新型有实质性特点和进步。"

- **创造性检索**

创造性检索则是对某项新发明创造获得专利权的可能性进行判断而进行的检索，它在确定发明创造的新颖性基础上，再检出用以确定该发明的创造性的对比文献。

创造性的判断要满足下列条件：

（1）同申请日以前的已有技术相比有突出的实质性特点；

突出的实质性特点是指发明创造与已有技术相比具有明显的本质的区别。也就是说，该发明创造不是所属技术领域的普通技术人员能直接从已有技术中得出构成该发明创造的全部必要的技术特征。

（2）同申请日以前的已有技术相比有显著进步。

显著的进步是指该发明创造与最接近的已有技术相比具有长

足的进步。这种进步表现在发明创造克服了已有技术中存在的缺点和不足；或者表现在发明创造所代表的某种新技术趋势上；或者反映在该发明创造所具有的优良或意外效果之中。

法律规定

判断发明和实用新型创造性的区别所在

专利法规定，实用新型的创造性，是指同申请日以前已有技术相比，该实用新型有实质性特点和进步。这里可见发明创造的“突出的”和“显著的”就是判断发明和实用新型创造性的区别所在。

◆ 专利文献检索用途3：新产品新技术开发立项分析

实战建议

不可省略的专利文献查新检索

据世界知识产权组织统计，如能充分利用专利文献，可以节约40%的研究开发经费，少花60%的研究开发时间。因此，企业在科研立项、新技术和新产品开发前，应该进行专利文献的查新检索，弄清楚所属技术领域的状况，充分利用过期专利和有效专利的非保护内容，这样可以解决科研、生产过程中的技术难题，少走弯路，启迪科技研究和开发人员的创新思路，提高研究开发起点，避免低水平重复研究，节约新产品的开发时间和经费。

专利的新颖性和创造性要求后来开发的技术必须是非现有技术，且后来开发的技术比现有技术具有进步性（实用新型专利）或者显著的进步性（发明专利）。如后开发的技术不符合这一要求，则无法获得专利保护；如果新开发的技术落在现有的专利保

护之中，则开发人不能使用自己开发的技术，这时候，技术开发就走了一个大大的弯路，耗时耗力，浪费金钱。所以，新产品新技术开发之前，必须进行新颖性和创造性检索，确定在法律上技术开发的可行性，并为技术开发确定目标和方向。

检索目的：

- 了解现有技术，不重复开发；
- 了解本领域技术发展的最新情况，找准制高点；
- 充分认识本领域的技术发展趋势和前景。

> **提醒**
>
> 专利禁区
>
> 他人的专利是我方的禁区，只能借鉴，不能照搬。

检索目标：

- **目标课题技术领域主要专利技术的分析**

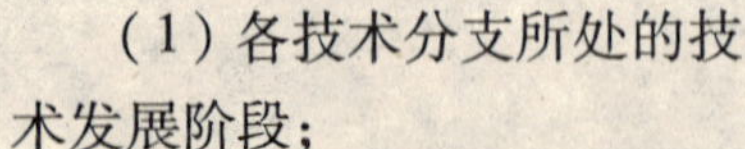

（1）各技术分支所处的技术发展阶段；

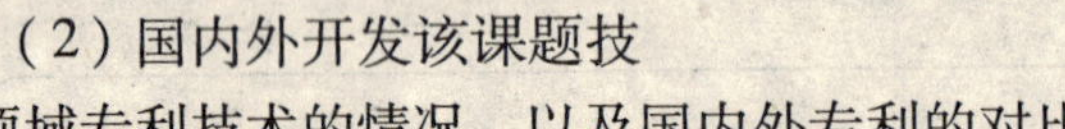

（2）国内外开发该课题技术领域专利技术的情况，以及国内外专利的对比分析；

（3）对该课题技术领域研发主体的分析；

（4）各公司向其他国家申请专利的分析及其专利进攻战略。

- **对目标课题关键技术专利情况的剖析**

（1）关键技术在各国的专利申请情况及其法律状态；

（2）对关键技术的专利内容及权利要求范围的分析；

（3）关键技术的权利稳定性分析；

（4）规避关键专利技术的可能性及途径分析。

- **对目标课题中拟申请专利的各专题技术的详细检索及分析**

（1）对各专题技术在各自领域发展过程中所处位置分析；

（2）对各专题技术现有解决方案的优劣及借鉴价值分析。

● **目标课题中“必须抢占”和“力争超越”的技术领域**

（1）该领域专利技术近年来的研究热点及今后的发展趋势；

（2）该领域国外在中国申请专利的情况及其专利战略的详细分析；

（3）该领域“必须抢占”的技术专题及其分析；

（4）该领域“力争超越”的技术专题及其分析。

一般而言，通过专利文献中检索到的相关技术方案与拟立项的技术方案相对比的表面结果有以下几种情况：一是完全相同；二是完全不同；三是表面上有相同的部分，但并不影响科研项目实质新颖性；四是实质上有相同的部分，但表面上却有许多不同之处。

通过这种具体的对比分析研究之后，对具体项目而言应存在如下几种结果：

● **予以立项**

在立项过程中，通过专利文献检索，发现自己的拟立项课题的技术方案到目前为止还没有他人的专利与之相同或相似，有可能是前所未有的，或者有可能比现有技术有较大的实质性进步，独创性非常高，对解决某一问题很有实用价值，并且具备开发该项技术条件的，应考虑予以立项。

● **重新考虑立项项目**

通过检索专利文献，发现自己所拟立项课题的技术方案已经有人获得了基础专利或者形成了专利网时，就应该考虑是否要根据情况更改所立项目技术方案，改变技术开发方向或是在现有技术基础上继续改进和发展。

（1）针对在先的基础专利，但自己有能力更进一步完善或者改进该专利技术的，则可以“站在巨人的肩膀上”去改进别人的专利技术，力争开发出更进一步的小专利技术或者是从专利技术，其目的是建立包围他人基础专利的专利网。立项开发技术的目的就是迫使基础专利的专利权人在使用自己开发的改进专利时与自己达成交换。

（2）如果在基础专利上已存在外围专利网，而自己依然认为

有实力去开发更进一步的技术方案时，就应该仔细研究相关专利的权利要求书，寻找专利网的“空隙”技术，集中力量撕破他人的专利网。这时科技项目立项要严格针对其专利网的突破口而论证技术开发策略。

- **专利技术引进**

通过检索专利文献，发现自己拟开发的技术方案已经被别人申请了专利，并且结合自己的情况，发现自己没有实力去突破别人的专利保护，或者认为突破这种保护所需要的代价太高，并不经济时，就有必要通过专利文献上的信息找到专利权人协商取得专利许可。

- **不予立项**

通过文献检索，发现已有人取得了要立项研究的技术方案的专利权，而且该项技术已进入衰退阶段，则该项目不应被批准立项。

◆ 专利文献检索用途4：竞争对手分析

通过对专利文献中的申请人、发明人及其所申请专利的相关领域等相关信息的分析，不仅可以得出相关领域的主要竞争对手和他们所拥有的核心技术及其各阶段核心技术的发展变化，而且可以得出相关专利的发明人，以便于制定本单位的人力资源战略、专利战略，使自己立于不败之地。

一般来说，同类专利的申请人、专利权人是企业的主要竞争对手。所以，只要通过同类专利的申请人或专利权人进行统计分析，可以找出技术产品上的竞争对手。而在同类专利申请中，专利申请项目越多，专利授权越多，说明这个行业的竞争力越强。

对于专利申请量和专利授权量的统计分析中的对象，有的只是技术上的对手，比如著名的研究机构或高等院校。有的是产品上的对手，具有大规模生产开发能力的企业是产品生产销售上的对手。

通过专利文献分析，可得到竞争者的如下信息：

竞争对手分析检索方法

通过专利著录事项的发明人、申请人、专利权人进行检索，随时做到知己知彼，百战不殆。

● 对手的研发活动年期分析：观察其在此期不同年份对研发活动的投入，可知各公司在其间所使用的研发资源。

● 专利的年龄分析：专利年龄等于各专利年龄总和除以专利件数。专利年龄越小，说明该公司在本领域享有较长的技术垄断优势，反之亦然。

● 专利的自我引证次数分析：自我引证越多，说明注重自我研发，与外界的技术互动有限。

● 被其他公司引证总引证次数分析和引证率分析：被引证得越多，证明该专利的价值越大，可能是该技术领域的基础或核心专利。

● 技术独立性分析：用一个系数来表示技术的独立性。独立系数越高，表明研发的独立性高，专利侵权的可能性越小；反之表明技术研发路线比较标准，侵权的可能性相对大一些。

● 主要竞争者专利相互引证分析：通过相互引证关系分析可以清楚地看到被引证最多的公司基本上是处于本技术领域的领导者地位。而引证者往往处于相对的技术从属地位。

● 重要公司的专利排行榜分析：可以看到本领域内技术上的竞争态势。

● 重要公司历年专利件数分析：可以看到在不同阶段各个公司的技术研发趋势和整个技术的发展趋势。

◆ 专利文献检索用途 5：技术引进分析

当人们进行技术贸易、引进专利技术时，应进行专利有效性检索，并判断引进技术的水平的信息。

技术有效性检索主要包括以下内容：

申请人（专利权人）、申请日期、公开日期、授权日期、授权公告日期、专利费用的缴纳情况、滞纳金的缴纳情况、丧失专利权的恢复情况、著录项目变更情况、对该专利提出撤销和无效宣告的审理情况、同属专利申请授权情况、视为撤销和专利权终止的日期等。如果是国外专利的话，还要研究通过PCT向别国申请专利的情况和授权情况。对专利的法律信息进行全面的分析研究，才能真正搞清楚该专利的法律状态。

一件专利申请一般要经历几个步骤：专利申请、初审、公开、实审、授权、授权后（撤销、无效）、终止等程序。所以，对一件专利技术的法律状态调查应包括一项专利是何时申请，何时获得专利权，何时将失效，授权后是否被撤销或无效，现在是否仍是有效专利等情况。

不应为非中国专利支付专利使用费。专利的地域性原则是指各国按照本国法律规定审批专利申请，授权的专利也仅在本国有效。对外国专利，本国法律没有保护的义务，所以只要产品不出口到该技术取得专利权的国家或地区，本国企业、公民可随意实施，为外国专利支付专利使用费是不合理的。

因此应分析准备引进技术中专利保护期限和有效性，专利保护的地域范围，以此为谈判定价提供依据。

判断专利技术水平高低的具体方法可以有以下两种：

- 通过专利信息分析了解国外同类技术的发展状况，对所要引进或合作的技术项目进行评价和预测，避免盲目引进。
- 对拟议中的候选对象在与技术项目有关的技术领域中所拥有的专利进行调查，判断各家的技术实力及其在世界技术市场上的竞争力，选择最强有力和最有前途的贸易合作伙伴。

◆ 专利文献检索用途6：技术、产品出口分析

知识产权的地域性指任何一个国家和地区所授予的知识产权，仅在那个国家和地区具有专有性，而在其他国家和地区不具有专有性，即不受到法律保护。例如，向美国申请并获得的专利权仅

在美国受到法律保护我国则不起作用。要想在我国受到专利法的保护，就必须向中国提出专利申请并得到批准。

小知识

著作权的地域性例外

地域性是知识产权的重要特征，但随着我国加入著作权《版权国际公约》和《伯尔尼公约》，著作权的地域性已有例外：著作权不须进行申请就自动受到保护，因而外国的作品不论在中国或外国第一次发表，只要是条约缔结国，都受到中国著作权的保护。

专利地域性检索是指对一项发明创造都在哪些国家和地区申请了专利进行的检索，其目的是确定该项专利申请的国家范围。

禁止平行进口原理

我国《专利法》第11条规定："发明和实用新型专利权被授予后，除本法另有规定的以外，任何单位或者个人未经专利权人许可，都不得实施其专利，即不得为生产经营目的制造、使用、许诺销售、销售、进口其专利产品，或者使用其专利方法以及使用、许诺销售、销售、进口依照该专利方法直接获得的产品。外观设计专利权被授予后，任何单位或者个人未经专利权人许可，都不得实施其专利，即不得为生产经营目的制造、销售、进口其外观设计专利产品。"根据这一规定，专利权人享有"进口权"，即未经专利权人许可，不得向中国进口其专利产品或者依照其专利方法直接获得的产品的权利，即不允许平行进口。

当决定产品出口时，应对出口国进行专利检索和专利法律分析，选择防止侵权检索和专利地域效力检索。防止侵权检索可提供所要出口的产品是否与已存在的专利申请或专利雷同，同时该国法律是否具有禁止"平行进口权"的规定；而专利地域效力检索可提供已存在的雷同的专利申请或专利保护地域信息，以避免其产品出口到专利保护地区。

平行进口

它是指同一专利权人就同一项发明创造在两个国家获得了专利权，专利权人或者其被许可人在其中一个国家售出其专利产品后，购买者将购买的专利产品进口到另一个国家。只要该进口的产品包含着一项发明，且该发明在进口国取得了专利权，属于受保护的范围，至于这种产品是从哪个国家运来的、该产品在国外是否享有专利权则可以在所不问。

专栏：中国企业DVD危机

中国在DVD领域就曾频频遭遇挫败：在2002年，6C联盟（时代华纳、日立、IBM、松下、三菱、东芝）起诉我国DVD生产厂商侵权，导致了巨额赔偿。实际上，作为世界上最大的DVD生产国，我国的DVD企业不仅要向4C交专利费，还要向1C、6C和杜比等利益集团交专利费。目前，一台DVD的40美元成本中，有20美元左右都是专利费，几乎要占到50%的比例。人们感慨道："辛辛苦苦赚来的钱，都用来交专利费了，扣去成本，根本就没多少利润。"中国的DVD产业遭到重创，产量一度占世界85%左右的中国DVD行业不得不退出世界市场，厦华、金正、创维等著名的国产品牌DVD都开始逐渐从国际市场隐退。

成本危机：专利费用占了20%~30%

"实际上，除了6C、3C、1C、杜比和DTS外，现在仍不断有国外小厂家和组织声言拥有专利技术，向我们索要专利费。"向中国索要DVD专利费用的跨国企业、组织名单已有了长长的一串，包括由日立、松下、JVC、三菱、东芝、时代华纳组成的6C（IBM也已加入6C），由索尼、先锋、飞利浦组成的3C（LG也已加入3C），以及1C汤姆逊。

这些跨国企业、组织向中国厂家征收每台DVD的专利费从1美元到10美元不等。而且这些价格，基本上都是经过有关方面出面谈判的结果，比如汤姆逊原来索要2美元，现在降到1美元左右；MPEG-LA原来索要4美元，现在降到2.5美元，但还要另外与该公司再签协议。

出口危机

受专利费征收的影响，目前包括国内最大的DVD企业新科在内，多数国内DVD企业已停止了普通DVD播放机的出口。而且，正如某国内碟机企业总经理所言，这一趋势将会越来越明显。

江苏新科电子集团新闻发言人樊文建承认，目前已停止了普通台式DVD的出口，转为主要出口移动DVD、EVD等高端产品。万利达集团有限公司营销总监吴启楠也坦言："现在我们主攻移动DVD的出口市场，普通DVD的出口基本上不再考虑了。"创维多媒体国际有限公司总裁刘辉阳也透露，创维在普通DVD方面的出口已大幅度下降，基本上处于停止状态。

而国内另一家DVD出口大户的新闻发言人称该公司以前基本上有很多2声道DVD出口，现在全部改为出口5声道的产品，普通DVD基本上停止出口，尤其是欧美市场已很少做了，除非海外客户专门有这方面的需要，才与高端产品一起"捆绑"。目前基本上就剩下东南亚市场的出口了。

之所以出现大面积的"停止出口"现象，厂家方面都声言是专利费压力太大的结果。

——改编自：《国内企业不堪巨额专利费 已停止出口普通DVD》广州日报2006年4月28日，作者卢德夫

◆ **专利文献检索用途7：侵权分析**

随着知识产权保护的不断加强，越来越多的企业在生产经营活动中遭遇专利侵权纠纷。

为避免侵权，企业在从事和知识产权相关的经营行为前，一般应进行侵权检索，确定自己的行为是否涉嫌侵犯他人的知识产权。

法律规定

对侵权行为的处理规定

《专利法》规定，对未经专利权人许可，实施其专利的侵权行为，专利权人或者利害关系人可以请求专利管理机关进行处理，也可以直接向人民法院起诉。专利管理机关处理的时候，有权责令侵权人停止侵权行为，并赔偿损失；当事人不服的，可以在收到通知之日起三个月内向人民法院起诉；期满不起诉又不履行的，专利管理机关可以请求人民法院强制执行。

侵权检索 在一般情况下是指为找出可能受到某项工业活动侵害的专利而进行的检索。根据不同的检索目的，侵权检索又可分为：防止侵权检索和被动侵权检索。

防止侵权检索 是指为避免发生专利侵权纠纷而主动对某一新技术新产品进行的专利检索。企业或者个人在从事新课题研究之前，应当查阅专利文献，了解是否有侵权的危险，避免盲目研究；当人们开发出新产品、准备投放市场时，为避免新产品侵犯别人的专利权，应选择防止侵权检索；企业向国外出口新产品时，也应检索专利文献，判断是否会造成侵权。

被动侵权检索 则是指被人指控侵权而进行的专利检索。

实战建议

接到侵权警告信或起诉状之后

有时企业会出人意料地接到专利权人的侵权警告信或起诉状，告知自己所生产的产品或采用的方法已无意中侵犯了他人的知识产权。面对此类突发事件，企业应当冷静地判断自己所采用的技术或生产的产品是否确实已经落入他人专利的保护范围之内，判断的方法就是选择被动侵权检索，对已授权专利是否确实具备专利法意义上的可专利性进行研究与分析，其目的是查找提出专利无效的依据。

【思考与行动】 （3分钟）

1. 给自己打打分，看看对哪些专利文献检索用途过去重视不够？

专利文献检索用途	忽视	1	2	3	4	5	重视
○ 研究课题技术发展趋势		□	□	□	□	□	
○ 专利性检索		□	□	□	□	□	
○ 新产品新技术开发立项		□	□	□	□	□	
○ 竞争对手分析		□	□	□	□	□	
○ 技术引进分析		□	□	□	□	□	
○ 技术、产品出口分析		□	□	□	□	□	
○ 侵权分析		□	□	□	□	□	

2. 选取你过去忽视过的最大价值搜索用途，做个下阶段进行它的行动计划，如分析对象、时间规划、目标等。

战术运用2：按图索骥
——战略罗盘之专利地图

【本章提要】

□ 专利地图指引我们前进
□ 专利地图主要图表
□ 专利地图制作步骤
□ 专利软件与专利地图制作

"地图帮助你进行战场形势判读、战略指挥、战场部署以及战略实施的全部工作，没有了它你只能束手待毙。"

——邓尼根（美）

1. 专利地图引导我们前进

"这个世界真奇妙！嗯，你瞧，我本来以为这辈子自己只能在办公室里做个向老板汇报工作的白领，可没想到现在我成了巴顿！"

我们前往一个陌生的地域，必须倚赖地图指引，确定所在位置，掌握正确方向与里程，避免摸索迷路或绕道远行，才能顺利抵达目的地。同样，企业拟投入一项崭新技术或产品的研发之前，理当先行调查掌握该特定技术产品领域的地图——究竟在您的研发领域中，有哪些区域已被他人攻占为

"专利私有地"，未经许可不得擅闯他人禁区，这些一触即发的专利地雷埋设位置何在？引爆威力范围有多广？哪里是专利地雷密布区？哪里是地广人稀的待开发区？还有哪里是可以切入研发的空间？是在兵家必争之超级战区中抢占一席之地，还是另辟战场从事密集研发，进一步布署成为自己的专利地盘？

大多数专利并不是偶然发现的，而是有目的地去设计开发的。可见，如果预先为技术研发设定一个较明确且不会触碰到别人专利'陷阱'的专利地图，就不会发生重复开发已有技术的窘境，从而节省大量的人力物力。

标杆借鉴

华为的专利地图观

"对于高科技企业，作战武器就是技术，而专利地图就是他们的作战地图。它通过对行业内竞争对手持有专利的情况进行分析，以清楚自己在整个行业里的位置：往前走的路在哪里？有山要绕路，有河要架桥，要设置拦截点阻击对手前进。如果没有专利地图，你就不知道敌人是谁、在哪里、用的是什么武器，这样怎么可能打赢战争呢？"

专利地图就是这样一种结合地图编制观念，将有关信息以地图方式陈列以供点选查寻的信息系统观念。它系统化整理专利资料，以地图性可视化的效果，可让我们一目了然地掌握许多专利资料，比如所研发领域的总申请专利获准件数，各个国家、公司、发明人及各个专利被引用情形、技术生命周期等专利统计分析信息，对其加以分解、整合，制作成各种可分析解读的图表讯息，即进行图表化归纳，将专利信息"地图化"，使其具有地图指向功能。经过整理、分析，所透露出来的专利竞争对手、专利发明人、专利技术、专利市场的分布等可贵情报。

专利地图名称来源于可能是最早进行专利信息系统化研究的日本，其是指对各种与专利相关的一次、二次、三次专利信息及资料信息进行统计分析。

专利地图在专利信息利用中起到承上启下的重要作用，承上是指将检索到的专利信息，经过整理、加工、综合和归纳，以数据的形式归入一张图表中，可供定量分析和定性分析之用；启下是指通过对专利地图的对比、分析和研究，可作出预测和判断，从而得到可利用的技术水平、动态、发展趋势等情报，为企业制定经营战略、专利战略，选定开发目标等服务。专利地图作为一种搜集、整理和利用专利信息的工具对企业有重要意义。

关键词

一次信息、二次信息、三次信息

○一次信息：完全复制专利申请书说明书及图示内容。

○二次信息：将一次信息加工，比如由说明书内容归纳出摘录，或仅看申请人，发明人等专利分类等项目，做成目录化资料。

○三次信息：将一次或二次资料就某一项目予以综合整理，如依申请人顺序排列，或依分类顺序整理成索引，或将内容作深度分析加工成为专利信息解析书。

通过专利地图的制作和分析，可以帮助企业：

● 提高专利授权率：国家专利局复审委员会每年受理的约4000件专利无效案中，大约2000多件会被宣告无效。也就是说，中国专利局签发的数百万件专利中，可能会有一半被漏检的外国专利、各国期刊论文，以及其他事实和规则予以推翻。通过深入分析可以提高自有专利的质量。

● 激发企业创造新专利的新概念和发现，调整研发方向，在技术相对密集的领域的技术发展机会点，合理部署专利，基于专利分析的技术发展路线图能够展示技术发展的脉络，指导企业选择专利部署路线。

• 密切关注竞争者的研究动态并发现新的竞争者，进而帮助制定避免专利侵权的策略或可以专利诉讼的策略和打击对象。

• 验证企业研发项目合理性，节约开发经费，同时对企业技术策略进行审慎调查，为技术投资决策提供依据。

专利地图虽然只是一个很简单的词，但是其应用确有极丰富的内涵。例如相关专利地图已经慢慢与技术道路图整合，以进一步了解技术未来发展。此外专利地图（含商标信息）也逐渐与市场信息搭配，成为监控单一企业研发与产品布局的重要工具。

实战建议

通过专利地图分析搭技术便车

国外很多发明专利申请并未同时在我国提起专利申请。相关文献记载的技术方案实际上可以在我国自由实施。很多领域中我国已经有大量的企业在使用国外的专利文献。实际上，专利地图分析的用处远不止这些。例如，对国外技术方案加以改进，我国当事人可以获得新的专利，封锁外国上游技术在市场上变现的下游技术路线等。通过专利分析，国外权利人在专利布署中的漏洞会清晰地展示出来，从而可以使用国外技术资源。

但专利地图制作亦有其限制，如：正在申请中的专利信息不易获得，取样范围若不正确也会影响分析结果，而专利数量庞大，分析起来要耗许多资源。同时专利获准如以美国而言，平均约在2年后可获证，此时公开信息，会有相当技术迟延。所以若要作短期分析，信息可能不足。

虽然如此，它对长期技术趋势走向仍有较好效果。它对此行业的技术先知或显多余，但对一般非前者的相关人员而言，极具参考价值。企业可以将其作为专利规划的重要参考，再配合产品

我国台湾地区厂商共绘专利地图

日前在一场以 LCD TV 专利经营为题的座谈会上，参会台湾地区 LCD 产业界重量级人士，就台湾 LCD TV 产业如何突破国际专利布局等议题进行了座谈。建议在国际专利布局策略方面，台湾地区厂商可采取类似画地图的方式，详细列出有关 LCD TV 的所有专利技术项目，并标明重要的“堡垒”(即关键专利)与海外竞争对手的状况；有了这张专利地图之后，即可以通过计划制定，进行重要专利堡垒进攻与所拥有专利堡垒的“护城河”布建工作。

最近 10 年台湾地区企业取经欧美，致力于专利地图制作、应用。现已成功地制作出语音辨识、多芯片模块、MPEG 视讯、碳奈米管等诸多领域的专利地图，企业就可以根据专利地图所示，针对自己目标市场中的专利布局情状，来开发业界紧缺又不会侵犯到别人专利产权的技术、产品了。

规划、研发规划、产业分析，对技术引进、企业技术研发、经营方针等，实有相辅相成、事半功倍之功效。

2. 专利地图主要图表

专利地图以其统计图表特点，大致可分成三类：专利管理图、专利技术图和专利权利图（又称为专利范围地图）。

专利管理图偏向于对专利相关信息以总申请专利获准件数为主的统计，分析各个国家、公司、发明人，相关技术占有、竞争情形，同时也对各个专利被引用情况、技术独特性、专利期限、技术生命周期等作分析。它主要显示技术的发展趋势，进行竞争企业的实力剖析和动向预测。

通过专利管理图的制作，能够发现该领域的主要竞争公司、主要技术部类、重要专利和基础专利等信息。根据这些信息，即可确定该领域的主要专利文献。制作专利技术图之前，应由企业技术人员对这些专利文献进行解读，得到每一份文献的技术目的，采用的技术手段和达到的技术功效。在主要的专利文献均得到解读以后即可开始专利技术图的制作。

表2　　专利地图主要统计图表

专利管理图	专利技术图	专利权利图
专利排行榜 各国专利占有比例图 历年专利动向图 公司发明阵容比较图 公司专利平均年龄图 主要竞争公司分析图 公司专利件数分布图 公司专利件数消长图 发明人专利件数分布图 公司定位综合分析表	专利技术功效矩阵图 技术生命周期图 挖洞技术显微图 IPC国际分类分析图 专利技术领域累计图 专利技术分布图 专利多种观点解析图	专利范围构成要件图 专利范围要点图 专利家族图 重要专利引用族谱图

专利技术图则是锁定某项技术或公司，对其进行地毯式搜索，针对专利加以详细解读，将各个专利申请的主要技术内容加以剖析转换成技术研发人员更能了解的技术语言及技术分析（有别于管理图仅对国际专利分类号（IPC）或美国专利分类（UPC）的技术分类来作技术大类分析，所以此时若能作好详尽分析，在显示技术演变、扩散状况、研发策略、回避设计、挖洞技术、技术地雷等方面，对于技术研发人员而言，是非常珍贵的参考信息，也将成为研发灵感的重要来源。

专利权利图主要剖析研发空间和市场空间。

3. 专利地图制作步骤

专利地图制作大致可分成几个重要阶段，即确定专利地图制作范围及目的（如究为何种技术类别、目的为何等）检索策略拟定（如用何种检索工具，技术关键词为何，检索国家、年代、方式等），确立经营图使用何种经营分析制作工具及其可画图种类、规划技术图要剖析至何种层次、相关所需图表为何，尤其要深入了解范围，专利信息究竟要深究至专利申请范围或仅需研读了解其主要技术内容即可等问题，都会使制作方式及内容等有不同结果，最后即为分析所获讯息，解读成研发人员及相关策略规划人员等所能了解的重要信息语言。

严格来说专利地图的制作流程为：确定专利分析主题——建立专利检索策略和分类方法——专利文献筛选、分类——专利文献阅读解析——建立专利管理图、技术图、权利图——专利地图库信息解析——重要专利全文精析——技术创新、侵权比对、回避设计——专利申请验证——专利地图更新。

- 首先应明确制作专利地图目的，以及要解决的问题，它是正确选择专利文献的基石。
- 其次要确定专利检索的主题、地区及数据库，以便确定专利地图制作及分析所涉及的范围和对象。
- 再次是据检索主题和地区，进入专利数据库输入关键字和国际分类号等检索主题进行检索。
- 又次是筛选、剔除与制作专利地图需求无关的部分，得到与研究内容相关的专利文献，利用筛选后的专利文献进行专利管理图的制作。
- 最后是整理和绘图。

我认为，基于目前中国企业专利工作投入与管理现状的限制，对于专利地图的制作，根据目的不同应该有所不同。不同目的将决定所制作专利地图的类型和内容，关键是所选择的类型和内容是否能满足使用需要。

标杆借鉴

我国台湾地区量子计算技术专利地图制作

量子计算技术尚属起步阶段，因此投入单位均属于大学和高级研究单位，并召开两次专家审查会，对项目进度与执行状况予以指导。

经由专家访谈与专利文献研究，共得到19组关键词组合。以此针对美国专利数据库中已核准专利案进行搜索（从1976年1月1日至2004年11月2日），共计过滤判读945篇专利，得到与本案有直接关系之专利184篇，并归纳出21类技术特征和10篇关键性专利。其次再以相同的关键词组合，针对美国专利数据库中早期公开专利申请案进行搜索（从2001年1月1日至2004年11月2日），共计过滤判读1186篇专利申请案，得到与本案有直接关系之专利申请案303篇，分别纳编到上述21类技术特征，并得到8篇未来可能成为关键性专利之专利申请案。研究发现……

当企业所需的专利地图要求非常完整、细致时，由于专利地图所涉及的信息量非常大，整理起来异常烦琐，如果企业自身实力不够，一般很难完成专利信息的搜集整理工作，还是交由专业的知识产权律师或咨询公司去做比较可行。尤其是进行专利侵权和有效性分析时，一定要由专业的知识产权律师来做。

4. 专利软件与专利地图制作

欧美多数专利图都是由专利地图软件制作而成，因为其拥有一些比较成熟的专利地图软件，我国台湾地区自1995年台湾“工研院”以5万新台币出售其研发的PatMap软件以后又有多款专利地图分析软件问世。

但中国内地还没有此类专业专利地图软件，因此我们可以选择在目前运用较多的专利下载、分析和管理软件基础上来完成专利地图的制作工作。

从中国内地专利分析软件的实际运用情况来看，近年来专利分析软件公司开始大规模角逐市场。国家知识产权局也发起知识产权试点企业80万大普及活动，由政府大规模、有计划地资助企业开展专利信息分析系统软件应用试点和相关培训工作，其声称“《专利信息分析系统》软件可以使企业及时、全面地了解所在行业领域技术的发展趋势和竞争态势，广泛、深入地挖掘专利文献中的战略信息，促进行业的技术升级，从而制定和实施有利于自身发展的专利战略，提高企业的自主创新能力和市场竞争能力”。

这里将可能会需要的一些国内专利软件介绍如下，供读者在实际工作中比较选择使用。

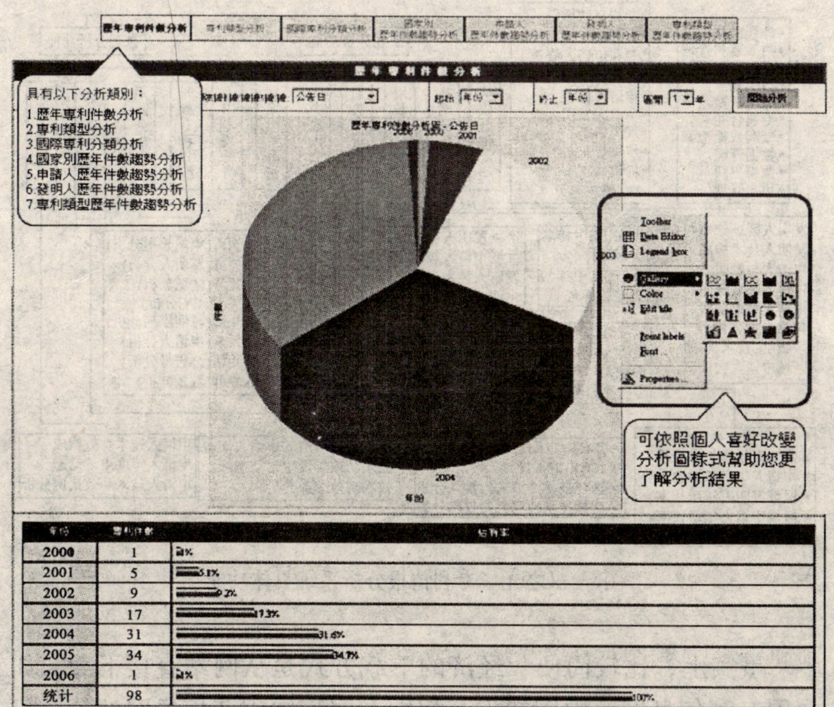

图7　台湾地区连颖专利地图软件界面示范

（1）专利申请软件：中国专利电子申请系统、国家知识产权局年费计算系统，以及一些国外软件如欧专局电子申请系统、用于将序列专利提交给美国国家专利与商标局的PatentIn软件、用来撰写美国专利文本的PatentWizard软件。

（2）专利检索与下载软件：大为PatGet专利下载分析系统，阅读国知局网站中文专利文献的IE插件，根据专利号多线程下载欧洲专利局和中国专利局的HJ专利下载器，PatentDown随愿专利下载器，香港应用科技研究院研制的firefox美国专利浏览插件Aspator、Freepat 0.88免费专利下载软件，繁体的免费美国专利全文下载工具中文专利下载助理，此外还有诸如汉之光华免费世界专利检索类公共服务平台。

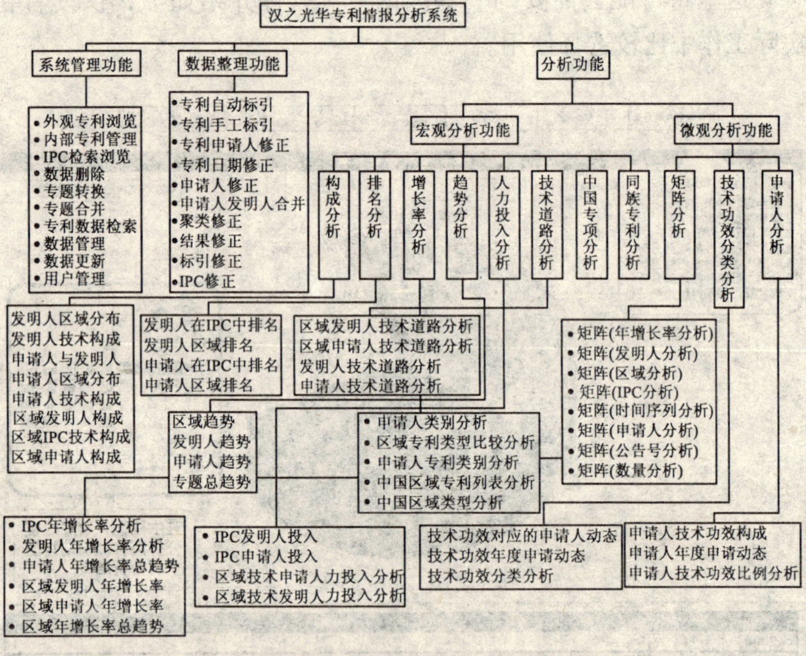

图8　汉之光华专利情报分析系统具体功能

事实上，比较简便、经济的下载方式是从网站直接下载，如中国专利信息网、中国知识产权网、国家知识产权局网站等，只是有数据更新速度、检索速度、只能一页一页下载或者下载页数限制问题。但有的网站高级用户可以使用打包下载，也可以购买专利局的光盘，能直接检索已公开的中国专利。

就国外专利而言，通常国外专利局网站都允许免费检索，只是在下载时不方便，但有较多的软件支持下载后再合并成一个文档，或者有专门数据库提供文献数据，如美国LEXISNEXIS系统提供专利文献的检索以及很多专利数据产品及服务。

要提醒您的是，检索并拥有足够专利文献当然重要，但更重要的是分析，分析与其说是使用专利软件，不如说是用你的专利智慧。

（3）专利分析软件：大为PatentEX专利信息创新平台、汉之光华专利情报分析系统、恒和顿INAS专利分析系统、国家知识产权出版社的专利分析系统、免费的美国专利分析软件PatentLab-II。

目前国内专利分析软件主要基于专利著录项目，根据著录项目的含义、著录项目搭配起来生成表格和图形，简单的专利知识入门教学加到分析软件中，辅助以简单分析报表的自动生成，这样即使没有专利应用专门人才的企业也可以使用这些软件。

下载专利软件免费试用版

您可以从我们的图书配套支持网站“公司法律风险防范沙龙”下载一些免费或试用软件，如汉之光华专利分析管理软件免费版等。

（4）专利管理软件：主要中文软件有汉之光华专利分析管理软件及科技成果与专利工作流管理软件、红苹果企业科技成果与专利管理系统、天下先专利管理软件、通大TM专利管理系统、相驰专利信息管理系统、网盈专利管理系统、大为IPLine知识产权管理系统、大为专利下载系统升级版PatentEX专利信息创新平台，也有些公司鉴于内部流程有特殊性，找软件公司定制开发内部专利管理系统。

【思考与行动】（10分钟）

1. 你目前使用了上面列出的一些软件了吗？列出你目前使用的专利软件。

○ ____________________

○ ____________________

○ ____________________

2. 专利软件能够帮助我们高效、快捷地处理专利信息，你感觉自己还需要哪些方面的软件来支持自己的工作：

○ ____________________

○ ____________________

○ ____________________

3. 马上行动，去找到你感兴趣的一些软件的试用版试试手，看到底好不好用。

从实际情况来看，许多公司面对专利地图分析都有些束手无策，主要问题在于：一是数据的获得，特别是符合专利地图分析软件格式能够无须处理直接导入的数据，二是数据二次加工和专利信息分析目前在国内存在比较大的问题，要想达到企业自己精

表3　全球主要化妆品厂商美国与日本专利布局

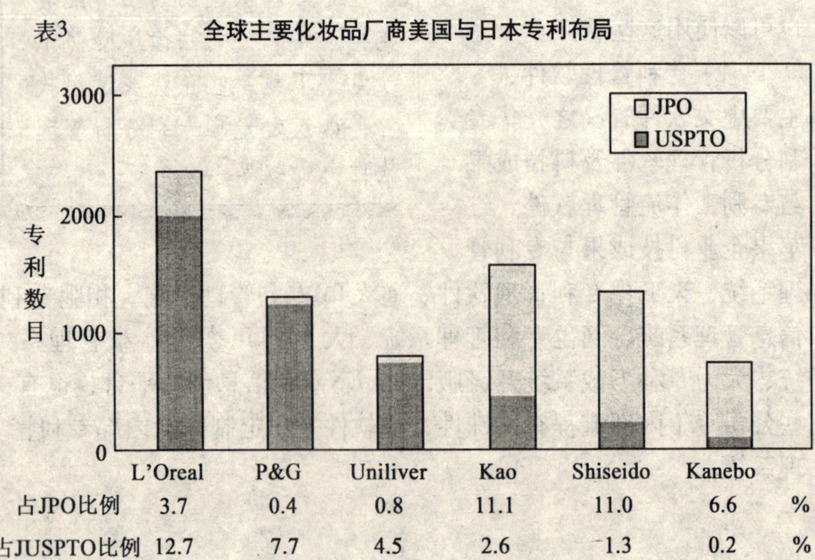

表4　　　磁性记忆体专利磁性内存技术功效矩阵图

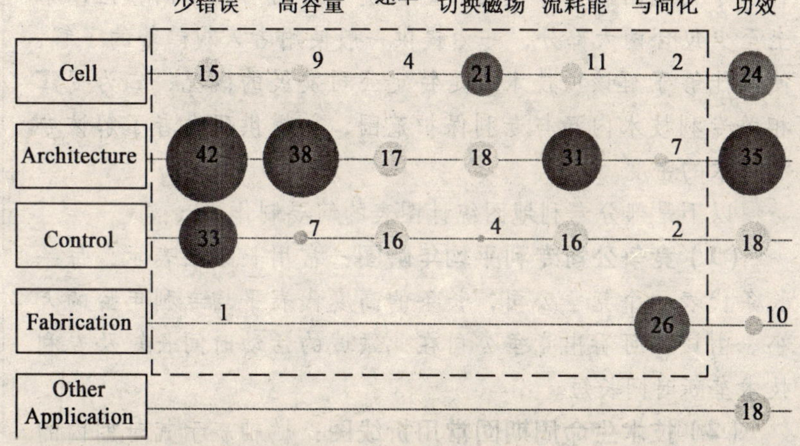

通分析并提供辅助决策这种较高程度需要你和企业都有较大投入。

在这种情况下，知识产权经理一则可以购买我国台湾地区或国外的专利地图分析软件，其投资金额相较随之可能的收益回报可谓大矣；二则可以在目前较多的专利检索软件或专利分析软件基础上，自行制作专利地图，有些公司解决这个问题的办法是，处理少量数据时，检索完毕后将数据录入EXCEL生成表格与图形，这种方式虽然看起来有些老土，但实际运用效果不错。

下面是两个专利分析统计图表的示例图。

该图探讨主轴为著名国际化妆品公司如宝洁等在美国与日本两国所进行的专利申请与核准数目调查，由图可以初步了解上述公司于美国与日本两市场布局的强弱。简单来说，这一初步宏观信息，可以作为相关公司技术与市场布局的参考，并且用于分析纳米技术与生物科技对于现有化妆品产品的技术附加值。

该图的制作过程包括，先逐一检查每篇专利的专利申请范围，宣告保护的技术，之后再由专利内容或是专家判断该技术所能达成的功效，或是可以解决的技术课题，最后将相关专利信息以矩阵方式呈现，其中圆圈内数字即是专利数目。该图可用于技术密集度上的判断，并作为研发工程师技术课题突破的参考，当然也可作为回避设计的初步依据。

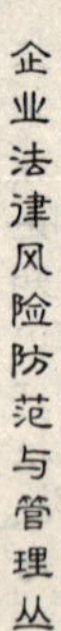

专栏：专利地图部分统计图表的制作技术要点

专利地图制作与运用目的视使用者而有所不同，但基本上至少包含两大部分，一为提供一般使用者宏观趋势的了解，使其能够了解该项技术或是特定公司发展的概况，二为揭露相关专利技术内涵与专利保护范围，并提供研发者了解该专利技术的密度。

以下是部分专利地图统计图表的简要制作要点：

（1）竞争公司专利平均年龄图：常用长条图表示，每一长条代表一个竞争公司，长条的高度代表平均专利年龄的大小。由该图可看出竞争公司在此领域的活动时间长短及专利技术垄断时间长短。

（2）技术生命周期图常用折线图：横轴表示某时期内的专利件数，纵轴表示某时期内的专利权人数（或发明人数）。通过它可发现产业所处的技术生命周期状况，如技术萌芽期、发展期、成熟期、衰退期、再发展期。该图可作为研发投入的重要参考，通常技术处于发展期公司可加大研发投入，处在衰退期则应减少研发投入。

（3）重要专利引用族谱表：常用表格表示，表格横栏第一栏表示各主要引用专利公司，纵列第一列表示专利被引用的公司，中央的空格列出各引用专利编号。由该表可发现技术发展的脉络，也可发现重要专利和基础专利。

（4）竞争专利排行榜表：常用表格表示，横栏表示各分野年前后一段时间，纵列表示分野年前后一段时间内各个竞争公司的专利数量排名顺序。分野年为该技术有重大突破或技术应用范围扩增等的重要年份。该图可看出一段时间内竞争公司实力的演变情况。

（5）历年专利件数动向图：常用折线图表示，横坐标表示申请年度（或授权年度），纵坐标表示专利件数。通过它能看出该技术领域内，历年专利申请、产出及发展情况，并由此可推测研发投入趋势和技术发展趋势。

（6）国际专利分类（IPC）分析图：常用长条图表示，每一长条表示国际专利分类号的部（类或组），长条的高度表示该技术领域该部（类或组）专利数量的多少。由该图可得知该技术主要集中在哪些部类，以及各部类在该技术领域专利中所占的比重，并进一步了解各类技术研发投入程度与取得专利保护的情形，还有助于判断哪些技术类别为技术密集区域，哪些为空白区域。

（7）专利技术分布鸟瞰表：可用件数VS技术类别表和件数VS功效类别表来表示。件数VS技术类别表中，横栏表示某一技术领域的所有技术类别，与横栏相对应的列则表示与该技术类别相对应的专利件数。该表的作用是可以看出该项技术领域的专利主要集中在哪些技术类别上，目前的科研投入主要集中在哪些技术方面，技术的发展趋势如何等。同理，件数VS功效类别，横栏表示某一技术领域的专利能达到的功效类别，与横栏相对应的列则表示达到某功效的专利件数。该表的主要作用是可大致看出目前国内外的研发投入主要用来解决哪些技术问题，以及其发展趋势等。

（8）专利技术领域累计图：常用雷达图表示，每个雷达图表示一个技术类别，雷达图的一角表示一个竞争公司，角顶相对于中心的高度表示该公司在该技术类别上拥有专利数量的多少。该图可较直观地看出每个技术类别上各竞争公司的专利数量，从而可知各竞争公司在该技术类别上的实力强弱及其技术分布。

（9）主要公司技术分布分析图：采用的也是专利技术/功效矩阵表（同上）。只是针对的不是所有公司而是某些具体竞争公司。通过该图可了解各公司在技术上实力强弱、威胁程度大小，主要技术掌握厂家，哪些公司是交叉许可谈判的适当对象等；帮助企业更精确地看出各公司专长的技术领域及研发实力，并可指导企业进行技术追踪。

（10）专利技术/功效矩阵表：常用表格表示，横栏第一栏列出专利文献中所要达到的功效种类，纵列第一列表示出专利文献中采用的技术手段种类，而在表中央列出各专利编号。将某一技术领域的专利分别按照“技术”、“功效”所作的分类，一一填入适当空格内，即成为有专利空白区、疏松区、密集区的矩阵分布表。该表的主要作用是：由矩阵表中各区域的密度分布，可看出技术密集区、地雷禁区，尚未被开发区域及有利可图的领域，分别找出这些区域所在位置，可实施挖洞技术或进行技术创新。对于地雷禁区，可进一步分析判断是否有回避设计的可能，或考虑同权利人交叉许可。此外，还可找出本身技术（或设计）所在位置，察看该项目是否有其他竞争对手已取得专利，此可作为初步侵权判断的依据。最后可根据表中侵权风险的技术区域、有利可图的区域、研发已呈饱和状态的区域等，拟定下一步的研发策略。

资料来源：本专栏内容分别部分参考《什么是专利地图》（王瑜，法律论文资料库www.law-lib.com）、《专利地图制作及解析研究》（刘平、戚昌文、吴新银，《电子知识产权》2003年第11期）、《市场竞争与专利战略》（戚昌文、邵洋，华中理工大学出版社1995年版）、《专利地图》（台湾大叶大学管理研究发展中心论文，网址http：//www.dyu.edu.tw/~msung/Research/Creat ivity/Paten/IP_Map/IPMap_1.htm）

【思考与行动】（10分钟）

1. 自我评价一下，你所在企业目前对专利地图工具的运用程度：

○ 一点问题没有，老熟人了

○ 一般般吧

○ 我们是专利地图盲

2. 现在，从上面的专栏中，选取一个类型的专利地图管理或技术统计图表，根据你所在企业的情况绘制出来（可以利用EXCEL软件的图表功能）。当然了，多多益善，如果可能你还可以按照下面的专利地图制作计划系统地完成全部工作。

3. 试着根据你所在企业的实际情况和可利用资源，起草一个简要的专利地图制作行动计划（注意，第一次不必求完美，实际上，很多企业受现实限制，都是运用非标准的专利地图，效果一样很好。关键是行动起来，不要等待），包括主题、预计专利范围、主要信息来源、所需经费或时间资源等要素。

战术运用3：上兵伐谋

——权利预先分配预防技术成果归属纠纷

【本章提要】

- ☐ 著作权法定归属和利用
- ☐ 计算机软件著作权的归属和利用
- ☐ 技术所有权的归属和权利分配
- ☐ 知识产权开发的几种典型情形

“凡事预则立，不预则废。”

——《礼记·中庸》

知识产权的背后是利益，权利是利益的来源和依据。只有享有权利，才能够享有利益；没有权利，则无法享有利益。知识产权的争议，大多是权利之争。权利的争议，极大降低了当事人利益的预期性，严重损害当事人的利益。为避免权利争议，必须预先对权利进行分配，界定权利的范围和归属，如此才能定纷止争，使当事人各得其所，互不干涉。

权利的分配，首先来源于法律的直接规定，《著作权法》、《专利法》、《合同法》等法律对知识产权的归属作出了明确的规定，不允许当事人讨价还价。权利的分配其次来源于当事人的约定，在权利法定之外，法律允许当事人对权利的归属和使用进行约定，法律认可约定的效力，当事人的约定是可以利用的操作空间。因此，在对权利预先分配、界定权利归属时，必须首先明确“法定”这个前提，在权利法定已经清晰的情况下，看还有哪些空间可以进行操作、如何操作等。

权利的分配涉及三方主体：知识产品或者技术成果的创造者、介入创造的利益相关者和社会公众。知识产品或者技术成果的创造者是知识产权产生的源泉，创造行为是知识产权的起点，我们对起点进行分析，根据参与各方的角色，判断创造者、介入者、社会公众三者在知识产权归属中的地位。

1. 著作权法定归属和利用

◆ 一般著作权的法定归属

创作是指直接产生文学、艺术和科学作品的智力活动。

为他人创作进行的组织工作，提供咨询意见、物质条件，或者进行其他辅助活动的行为，不是创作。

著作权的一般归属规则是：谁创作作品，谁享有著作权。

- 创作作品的公民是作者，除著作权法另有规定外，著作权属于作者。
- 合作创作的作品：著作权由合作作者共同享有。没有参加创作的人，不能成为合作作者。合作作品可以分割使用的，作者对各自创作的部分可以单独享有著作权。
- 委托创作的作品：受委托创作的作品，著作权的归属由委托人和受托人通过合同约定。合同未作明确约定或者没有订立合同的，著作权属于受托人（即实施创作的人）。
- 改编、翻译、注释、整理已有作品而产生的作品，其著作权由改编、翻译、注释、整理人享有。
- 汇编若干作品、作品的片段或者不构成作品的数据或者其他材料，对其内容的选择或者编排体现独创性的作品，为汇编作品，著作权由汇编人享有。
- 电影作品和以类似摄制电影的方法创作的作品的著作权由制片者享有。

创作是一种精神的、身体的行为，实施创作行为的只能是自然

人，法人等组织不能成为创作的人。

在创作者和单位具有隶属关系的情况下，创作者代表单位进行创作，对此类作品的权利归属，有两种情形：

（1）由法人或者其他组织主持，代表法人或者其他组织意志创作，并由法人或者其他组织承担责任的作品，作品著作权属于法人或者其他组织；

（2）公民为完成法人或者其他组织工作任务所创作的作品是职务作品，职务作品的著作权由创作者享有。

◆ 一般著作权内容的分配

著作权包括发表权、署名权、修改权、保护作品完整权、复制权、发行权、出租权、展览权、表演权、放映权、广播权、信息网络传播权、摄制权、改编权、翻译权、汇编权以及应当由著作权人享有的其他权利。这些权利内容都归属于著作权人享有和行使。

例外情况是：

● 电影作品

编剧、导演、摄影、作词、作曲等作者享有署名权，并有权按照与制片者签订的合同获得报酬。

● 职务作品

法人或者其他组织有权在其业务范围内优先使用；作品完成两年内，未经单位同意，作者不得许可第三人以与单位使用的相同方式使用该作品。

主要是利用法人或者其他组织的物质技术条件创作，并由法人或者其他组织承担责任的工程设计图、产品设计图、地图、计算机软件等职务作品，作者享有署名权，著作权的其他权利由法人或者其他组织享有。

- **法定许可**

社会对著作权的使用（不经著作权人许可，不向其支付报酬，但应当指明作者姓名、作品名称）：

（1）为个人学习、研究或者欣赏，使用他人已经发表的作品；

（2）为介绍、评论某一作品或者说明某一问题，在作品中适当引用他人已经发表的作品；

（3）为报道时事新闻，在报纸、期刊、广播电台、电视台等媒体中不可避免地再现或者引用已经发表的作品；

（4）报纸、期刊、广播电台、电视台等媒体刊登或者播放其他报纸、期刊、广播电台、电视台等媒体已经发表的关于政治、经济、宗教问题的时事性文章，但作者声明不许刊登、播放的除外；

（5）报纸、期刊、广播电台、电视台等媒体刊登或者播放在公众集会上发表的讲话，但作者声明不许刊登、播放的除外；

（6）为学校课堂教学或者科学研究，翻译或者少量复制已经发表的作品，供教学或者科研人员使用，但不得出版发行；

（7）国家机关为执行公务在合理范围内使用已经发表的作品；

（8）图书馆、档案馆、纪念馆、博物馆、美术馆等为陈列或者保存版本的需要，复制本馆收藏的作品；

（9）免费表演已经发表的作品，该表演未向公众收取费用，也未向表演者支付报酬；

（10）对设置或者陈列在室外公共场所的艺术作品进行临摹、绘画、摄影、录像；

（11）将中国公民、法人或者其他组织已经发表的以汉语言文字创作的作品翻译成少数民族语言文字作品在国内出版发行；

（12）将已经发表的作品改成盲文出版。

【思考与行动】　　（3分钟）

你的企业是否存在著作权权利分配的问题，如果有的话，请对照前面的阐述，记录下需要改进的几个方面：

○

○

○

2. 计算机软件著作权的归属和利用

◆ 计算机软件著作权归属的分配

软件著作权的归属原则：谁开发，谁所有。

（1）软件著作权属于软件开发者，法律另有规定的除外。

软件开发者

是指实际组织开发、直接进行开发，并对开发完成的软件承担责任的法人或者其他组织；或者依靠自己具有的条件独立完成软件开发，并对软件承担责任的自然人。

（2）由两个以上的自然人、法人或者其他组织合作开发的软件，其著作权的归属由合作开发者签订书面合同约定，无书面合同或者合同未作明确约定，合作开发的软件可以分割使用的，开发者对各自开发的部分可以单独享有著作权；合作开发的软件不能分割使用的，其著作权由各合作开发者共同享有。

（3）接受他人委托开发的软件，其著作权的归属由委托人与受托人签订书面合同约定；无书面合同或者合同未作明确约定的，其著作权由受托人享有。

由国家机关下达任务开发的软件，著作权的归属与行使由项目任务书或者合同规定；项目任务书或者合同中未作明确规定的，软件著作权由接受任务的法人或者其他组织享有。

在开发者和单位有隶属关系的情况下，职务软件的归属认定：

自然人在法人或者其他组织中任职期间所开发的软件有下列情形之一的，该软件著作权由该法人或者其他组织享有：

（1）针对本职工作中明确指定的开发目标所开发的软件；

（2）开发的软件是从事本职工作活动所预见的结果或者自然的结果；

（3）主要使用了法人或者其他组织的资金、专用设备、未公开的专门信息等物质技术条件所开发并由法人或者其他组织承担责任的软件。

◆ 软件著作权的权利内容的分配

软件著作权的权利内容包括发表权、署名权、修改权、复制权、发行权、出租权、信息网络传播权、翻译权、许可权、转让权以及应当由软件著作权人享有的其他权利。这些权利内容都由著作权人行使。

例外情况是：

● 软件的合法复制品所有人享有下列权利：

（1）根据使用的需要把该软件装入计算机等具有信息处理能力的装置内；

（2）为了防止复制品损坏而制作备份复制品，这些备份复制品不得通过任何方式提供给他人使用，并在所有人丧失该合法复制品的所有权时，负责将备份复制品销毁；

（3）为了把该软件用于实际的计算机应用环境或者改进其功能、性能而进行必要的修改，但是，除合同另有约定外，未经该软件著作权人许可，不得向任何第三方提供修改后的软件。

● 社会公众的权利（法定许可）

为了学习和研究软件内含的设计思想和原理，通过安装、显示、传输或者存储软件等方式使用软件的，可以不经软件著作权人许可，不向其支付报酬。

【思考与行动】（3分钟）

你的企业是否存在软件著作权权利分配的问题，如果有的话，请对照前面的阐述，记录下需要改进的几个方面：

○ ____________________

○ ____________________

○ ____________________

3. 技术所有权的归属和权利分配

◆ 技术所有权的归属

技术成果的创造者，即发明人或者设计人，是指对发明创造的实质性特点作出创造性贡献的人。

在完成发明创造过程中，只负责组织工作的人、为物质技术条件的利用提供方便的人或者从事其他辅助工作的人，不是发明人或者设计人。

技术成果的归属规则是：谁创造，谁享有，法律另有规定除外。

- **非职务技术成果**，创造者享有该技术成果的所有权；
- **委托开发完成的发明创造**，除当事人另有约定的以外，申请专利的权利属于研究开发人；
- **合作开发完成的发明创造**，除当事人另有约定的以外，申请专利的权利属于合作开发的当事人共有。

在创造者和单位有隶属关系的情况下，技术成果的归属认定：

职务技术成果是执行法人或者其他组织的工作任务，或者主要是利用法人或者其他组织的物质技术条件所完成的技术成果。

职务技术成果的所有权为创造者所在的单位；利用本单位的物

企业制度化的知识产权归属约定

在遵守国际公约、各国专利法的基础上，国外企业通常制定相应的规章制度来明确约定知识产权的归属。

IBM公司通过与员工签署知识产权协议，来确保员工职务成果的知识产权归公司所有；公司还拥有和集中管理来自全球各子公司的知识产权，通过再授权的方式将相关技术和商标的使用权重新提供给子公司使用，并从子公司的营业额中收取一定的知识产权使用费。

很多日本公司则是通过制定社规将知识产权归公司所有。如日立公司的社规规定，员工的职务发明和职务外发明，权利均归本公司所有，业务外发明也必须向公司报告，公司根据需要决定是否保留。若员工在岗位期间完成职务发明，而在离职后一年内取得专利权，也应通知公司，由公司决定是否使用该专利。

质技术条件（是指本单位的资金、设备、零部件、原材料或者不对外公开的技术资料等）所完成的发明创造，单位与发明人或者设计人订有合同，对申请专利的权利和专利权的归属作出约定的，从其约定。

执行本单位的任务所完成的职务发明创造

○ 在本职工作中作出的发明创造；

○ 履行本单位交付的本职工作之外的任务所作出的发明创造；

○ 退职、退休或者调动工作后1年内作出的，与其在原单位承担的本职工作或者原单位分配的任务有关的发明创造。

◆ 技术成果权利的内容分配

技术成果权利内容包括使用权、转让权、署名权、专利申请权、专利权等，这些权利内容都归属于技术成果所有权人享有和行使。

例外情况是：

（1）在委托开发情况下，研究开发人取得专利权的，委托人可以免费实施该专利；研究开发人转让专利申请权的，委托人享有以同等条件优先受让的权利。

（2）合作开发情况下，当事人一方转让其共有的专利申请权的，其他各方享有以同等条件优先受让的权利；合作开发的当事人一方声明放弃其共有的专利申请权的，可以由另一方单独申请或者由其他各方共同申请；申请人取得专利权的，放弃专利申请权的一方可以免费实施该专利；合作开发的当事人一方不同意申请专利的，另一方或者其他各方不得申请专利。

（3）委托开发或者合作开发完成的技术秘密成果的使用权、转让权以及利益的分配办法，由当事人约定。没有约定或者约定不明确，依照本法第61条的规定仍不能确定的，当事人均有使用和转让的权利，但委托开发的研究开发人不得在向委托人交付研究开发成果之前，将研究开发成果转让给第三人。

（4）被授予专利权的单位应当对职务发明创造的发明人或者设计人给予奖励；发明创造专利实施后，根据其推广应用的范围和取得的经济效益，对发明人或者设计人给予合理的报酬；发明人或者设计人有在专利文件中写明自己是发明人或者设计人的权利；法人或者其他组织应当从使用和转让该项职务技术成果所取得的收益中提取一定比例，对完成该项职务技术成果的个人给予奖励或者报酬；法人或者其他组织订立技术合同转让职务技术成果时，职务技术成果的完成人享有以同等条件优先受让的权利。

（5）社会公众的权利，下列行为不属于侵权：

A. 专利权人制造、进口或者经专利权人许可而制造、进口的专利产品或者依照专利方法直接获得的产品售出后，使用、许诺销

售或者销售该产品的；

B. 在专利申请日前已制造相同产品、使用相同方法或已作好制造、使用的必要准备，并且仅在原有范围内继续制造、使用的；

C. 临时通过中国领陆、领水、领空的外国运输工具，依其所属国同中国签订协议或者共同参加的国际条约，或依照互惠原则，为运输工具自身需要而在其装置和设备中使用有关专利的；

D. 专为科学研究和实验而使用有关专利的。

【思考与行动】 （2分钟）

你的企业是否存在著作权权利分配的问题，如果有的话，请对照前面的阐述，记录下需要改进的几个方面：

○ ______________________________

○ ______________________________

○ ______________________________

4. 知识产权开发的几种典型情形

通过对知识产权法定归属和利用进行分析，可以看出，法律对知识产权归属法定化的同时，允许当事人在技术（作品）创造之前，对技术成果（作品）的归属进行约定，约定条款拓展了我们的操作空间。

知识产权开发，有这样几种情形：自然人（公民）自行开发；法人等单位员工开发；委托他人开发；与他人合作开发。自然人（公民）自行开发不存在法律问题，自然不存在与其他主体的争议。实践中，经常引起争议的是组织、法人等单位员工开发、委托他人开发和与他人合作开发，为避免争议，在这些知识产权开发行为之前，如何操作才能够定纷止争、预先界定权利归属是控制法律风险的重点。

◆ 职务开发

职务开发最重要的特点是单位和员工之间存在劳动关系，单位对员工实施管理，员工为单位利益提供劳动并获取报酬。

员工和单位一般会签订劳动合同，劳动合同是判断劳动关系的依据。实践中也会出现员工和单位没有签订劳动合同的情形，这种情况下，只要单位对员工实施了管理，员工为单位利益提供了劳动并获取报酬，就可以认定单位和员工之间劳动关系的存在，这在劳动法上称为事实劳动关系。

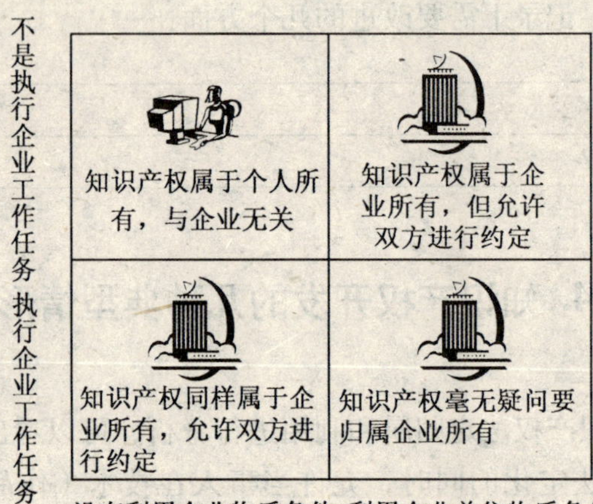

图9　企业员工知识产权开发结果归属的四种情况

单位的物质条件是否包括单位的一般设备，例如员工使用配备的电脑进行开发，员工使用单位的耗材算不算利用单位的物质条件，员工的上班时间是不是利用单位的物质条件，在实践中这些问题都可能引起争议。为避免争议，可以利用法律允许约定的条款，对这些行为的效果进行约定。例如可以在劳动合同或者知识产权协议中约定："员工在工作时间内进行的劳动，或者利用单位的设备和耗材，包括但不限于电脑、打印机、复印机、纸张等，均视为利用单位的物质条件，在此基础上的工作成果均属于单位所有。"

对员工自行开发的成果，既没有利用单位物质条件，也不是执

找到员工在执行企业工作任务的依据

执行企业工作任务的主要依据是项目任务书，企业要求员工进行某项技术（作品）的开发，会向员工下发项目任务书，明确要求员工所要完成的工作；由于管理不规范，一些公司没有向执行开发任务的员工下发项目任务书，这时可以通过员工的岗位职责进行判断，通过岗位描述确定员工的开发系履行岗位职责的行为。

在既没有项目任务书，也没有岗位职责说明的情况下，判断员工的技术成果（作品）系执行企业工作任务的结果，就需要综合判断，难度明显增大。因此从人力资源管理的角度，劳动合同中应明确员工的岗位职责范围，分配员工工作时，应下发项目任务书。

行单位工作任务的开发，法律规定属于员工个人所有。但很多单位在与员工的劳动合同或者知识产权协议中约定该成果也属于单位所有，这其实是一份霸王合同，会面临被判无效的可能。

合理的做法是：对员工的非职务成果，员工开发出来后应向单位申报；单位对该成果具有优先受让或者实施的权利；如果单位决定购买员工的非职务成果，员工负有配合办理相关手续的义务，为了便于单位申请专利，每一项技术的发明人必须签一份技术权益转让合同，把自己对该技术的所有权益转让给单位，并声明雇员有义务提供一切技术和法律文件以便单位在世界各地申请专利。

专栏：签订一份完整的知识产权合同

为明确员工和企业之间的知识产权归属，在签订劳动合同时，建议企业和员工签订知识产权协议。知识产权协议应包括以下部分：

（一）员工和企业签订劳动合同之前员工的知识产权状况申报

目的是在成果开发时间发生争议时，避免员工提出争议的开发成果系入职前就已经取得；同时可以就企业利用员工入职前已开发的成果进行约定。该部分内容可作如下约定：

（1）乙方在受雇于甲方之前，如拥有与甲方提出的业务、产品、研究开发有关且不会转让给甲方的所有发明创造、技术秘密、配方、工艺、标准、文件、记录或其他商业秘密信息（总称为“任职前知识产权”） 等须在入职时向甲方事先书面声明。如乙方未事先书面声明的，即表示乙方并无此种“任职前知识产权”。

（2） 在乙方任职于甲方期间，如乙方将其拥有或有利害关系的发明运用到甲方的产品、工艺或机器装置中，则乙方同意甲方在此将可拥有非独占的、免专利权使用费的、不可撤销的、永久的、全球的许可使用。甲方有权使用此任职前知识产权作为产品、工艺或机器中的一部分或相关联的部分而加以制造、修改、使用或销售之用。

（二）劳动合同签订后开发的知识产权成果归属和利用

这段期间包括员工任职期间及离职后一年内，对因各种情形产生的知识产权成果归属和利用进行约定。这部分可作如下约定：

（1）乙方同意于任职期间和离职后一年内所产生的发现、构想或发明创造、实用新型、外观设计、改良、著作（包括但不限于各种形态计算机程序、美术、语文、音乐、摄影、图形、视听、录音、工业设计等著作） 、专有技术、商业秘密、商标与服务徽章等所有知识产权（以下简称“知识财产”）的归属与使用，遵循以下约定：

(a) 乙方接受甲方工作任务或者指派所产生、创作或完成的知识财产，或于职务上或与职务相关所产生、创作或完成的知识财产，或全部或者部分利用甲方的设备、人力、机器、信息、仪器、材料、时间等有形、无形资源所产生、创作或完成的知识财产，无论是否于工作期间或业余期间完成，无论是否系独力或合作完成，其所有权及知识财产权均专属于甲方享有。如属著作权之创作，以甲方或者甲方指定的自然人为著作权人，由甲方或者甲方指定的自然人为著作权人时，乙方视为受聘为甲方或者甲方指定的自然人创作或完成著作。对于乙方独力创作发明，甲方可按公司相关规章制度根据该发明推广应用的范围和取得的经济效益，对乙方表扬或给予其他合理的奖金作为鼓励。

(b) 乙方于非职务上且与职务无关，并且没有利用甲方任何资源和条件所独立创作或完成的知识财产，原则属于乙方所有（但乙方应向甲方申报并负举证责任，告知创作过程及有关证明资料，于未经双方确认其事实且无争议前，推定专属甲方所有并依前款规定处理）；但甲方可给予适当奖励或报酬后主张专属实施、使用。

如乙方欲转让该知识财产所有权或其衍生有关权利，应事先通知甲方，甲方在同等条件下具有优先受让权；前述知识财产所有权或其衍生权利于任何情形下之转让，不论甲方是否被告知或主张购买，不影响甲方对该知识财产的专属实施权。

(2) 依本条规定属甲方的知识财产的所有权或者使用权，乙方应根据甲方要求，采取各种必要措施协助甲方于各国家及地区进行各项权利的申请、登记、注册、答辩、举证、保护及诉讼有关事宜，包括但不限于签署（盖章）申请书、宣誓书、让与书、具结书和其他法律文件；若乙方未签署（盖章）前述法律文件，乙方同意以本协议书授权甲方以乙方名义签署（盖章）各该必要法律文件。乙方离职后仍应遵守本条约定义务，不得借故拖延或拒绝。

（3）乙方应自离职日起一年内以书面随时将乙方创作的与甲方业务有关或与乙方职务有关的知识财产通知甲方。在此之前，乙方不得以自己或他人名义就该知识财产权提出申请、登记或注册，乙方亦不得作出对该知识产权取得、申请、登记或注册有损害的行为。如乙方不能证明该知识财产系在离职后创作，则视为系在甲方任职期间为履行职务进行的创作。

（4）乙方依职务性质应随时以书面完整、正确、流畅记录、描述所创作的知识财产，包括依甲方人事规章规定详实记载，迅速且充分地以书面向甲方报告，并根据甲方评估、裁量等要求，随时向甲方补充说明所创作知识财产。

（三）不侵犯知识产权，包括不侵犯他人的和企业的知识产权

由于员工和企业的隶属关系，员工在任职期间履行职务的行为，企业要对外承担法律责任。为避免员工在履行职务中侵犯他人知识产权，企业应和员工约定员工不得侵犯他人的知识产权。这部分可作如下约定：

（1）乙方承诺，在为甲方履行职务时，不得擅自使用任何属于他人的技术秘密或其他商业秘密信息，亦不得擅自实施可能侵犯他人知识产权的行为，否则由乙方自负其责，甲方不承担任何责任；

（2）乙方于离职后，不得使用任职期间所持有或知悉的甲方知识财产，包括乙方自己发明或创作而依本协议属于甲方所有的各种知识产权。

【思考与行动】 （10分钟）

1. 职务开发中出现的知识产权纠纷最为常见，企业稍不注意就会落入自己给自己下的套中。那么，请你反思一下，你的企业对这些问题是不是有足够认识，是否早已制定针对性的制度，能否将这方面的争议消弭于无形？请你在这里同样请对照我对职务开发的

介绍，想一下你的企业在哪几个方面可以进一步改进：

○ ________________________________

○ ________________________________

○ ________________________________

2. 你所在的企业有没有为了明确员工和企业之间的知识产权归属，在签订劳动合的同时签订知识产权协议？如果有的话，请你马上找到并浏览这份协议，审查这份协议是否完整。如果不完整，请你根据专栏内容列出它的不足之处：

○ ________________________________

○ ________________________________

○ ________________________________

◆ 技术委托开发

对公司业务发展需要的技术，由于技术力量不足或者其他原因， 这些公司不是自行开发，而是外包出去委托他人开发技术；一些技术力量强的公司，经常会接受他人的委托开发一些技术。就某项技术委托别人开发或者其他企业委托本企业开发某项技术，委托开发一般以合同的方式进行，当事人之间签订委托开发合同。一方当事人委托另一方就新技术、新产品、新工艺或者新材料及其系统的研究开发所订立的合同，被称为委托开发合同。

技术委托开发的特点是：

- 标的是研究开发方脑力劳动的创造成果，并且是订立合同时尚不存在的技术成果；
- 技术失败风险由委托方承担（技术开发一般具有高风险性）；
- 研究开发方以自己名义进行开发活动；
- 委托人一般只出资，不实际进行技术工作，技术开发工作完全由受托方（又称技术开发方）完成。

技术开发的成果归属：

- 当事人应在合同中就委托开发完成的发明创造归属进行约定，有约定按照约定，没有约定则申请专利的权利属于研究开发人。研究开发人取得专利权的，委托人可以免费实施该专利。

● 研究开发人转让专利申请权的，委托人享有以同等条件优先受让的权利；委托开发完成的技术秘密成果的使用权、转让权以及利益的分配办法，由当事人约定。没有约定或者约定不明确的，当事人均有使用和转让的权利，但委托开发的研究开发人不得在向委托人交付研究开发成果之前，将研究开发成果转让给第三人。

技术委托开发的风险承担：

技术开发的对象是未来的、未知的、不确定的东西，因此风险非常大，各种因素都可能导致开发失败。技术开发的风险，主要是在新技术成果研究开发过程中，因出现无法克服的技术困难而致技术开发工作停顿、中止、失败或部分失败所造成的技术开发损失。

对委托技术开发合同的风险承担，当事人应进行约定；合同中没有约定或者约定不明确的，按照合同有关条款或者交易习惯确定风险责任由当事人合理分担；当事人一方发现的可能致使研究开发失败或者部分失败的情形时，应当及时通知另一方并采取适当措施补救以减少损失，没有及时通知并采取补救措施减少损失致损失扩大的，应承担扩大损失部分的责任。

技术开发过程中出现的无法克服的困难

○ 研究开发的技术在现有的科学技术水平下不能满足其需要，如：研究开发的技术在国内或国际上处于领先水平。

○ 研究开发人员在主观上尽了最大努力仍不能克服的困难，研发人员在现有人力、财力、技术资源上尽了最大努力，仍无法解决的技术难题。

○ 研究开发的技术的失败，属于合理的失败，如开发的技术在某些领域内有违反客观规律的事实所造成的失败。

专栏：技术委托开发合同的内容与注意事项

一、技术委托开发合同内容

（1）委托人的义务。

第一，按约定支付研究开发经费和报酬。研究开发经费是完成研究开发工作的物质基础，除双方另有约定外，研究开发经费应由委托人提供。委托人迟延支付研究开发经费，造成研究开发工作停滞、延误的，委托人应承担违约责任。

第二，按约定提供技术资料、原始数据，并完成约定协作事项。委托人应当依据合同的约定，向研究开发人提供研究开发所需要的技术资料、原始数据，并完成约定的协作事项。委托人未按照合同约定提供技术资料、原始数据并完成协作事项或者所提供的技术资料、原始数据和完成的协作事项有重大缺陷，导致研究开发工作停滞、延误、失败的，委托人应当承担责任。委托人逾期不提供技术资料、原始数据和完成协作事项的，研究开发人有权解除合同，并要求委托人赔偿因此所造成的损失。

第三，按期接受研究开发成果。在研究开发人完成研究开发工作后，委托人应及时接受研究开发成果。委托人逾期一定期间不接受研究开发成果的，研究开发人有权处分研究开发成果，并从处分所得的收益中扣除约定的报酬、违约金及保管费用。

（2）研究开发人的义务。

第一，按照约定制定和实施研究开发计划。制定研究开发计划是进行研究开发工作的前提，委托开发人应依照约定亲自制定和实施研究开发计划。研究开发人未按计划实施研究开发工作的，委托人有权要求其实施研究开发计划并采取补救措施。研究开发人逾期不实施研究开发计划的，委托人有权解除合同，并要求开发人返还研究开发经费、赔偿因此造成的损失。

第二，合理使用研究开发经费。研究开发人对委托人提供的研究开发经费，应当合理使用、专款专用，不得浪费。研究开发人将研究开发经费用于履行合同以外的目的的，委托人有权制止并要求退还相应的经费用于研究开发工作。因此造成研究开发工作停滞、延误或者失败的，研究开发人应当支付违约金或赔偿损失，经委托人催告后，研究开发人逾期未退还经费于研究开发工作的，委托人有权解除合同。

第三，按期完成研究开发工作并交付研究开发成果。研究开发人应当按照合同的约定按时完成研究开发工作，并提供有关的技术资料和必要的技术指导，帮助委托人掌握研究开发成果。由于研究开发人的过错，造成研究开发成果不符合合同约定条件的，研究开发人应当支付违约金或者赔偿损失，造成研究开发工作失败的，研究开发人应当返还部分或者全部研究开发经费，支付违约金或者赔偿损失。

第四，研究开发人应保守委托人的技术秘密，如原始材料等，此外，也不得对第三人泄露技术开发成果的内容，也不得向第三人提供该项技术成果。这是研究开发人的后续义务，违反这些义务并造成委托人经济损失的，研究开发人应当承担赔偿责任。

二、技术委托开发合同签订与履行注意事项

（1）技术开发合同必须采用书面形式。为避免以后产生无谓的纠纷，当事人应当在合同中约定技术开发合同的性质。不同的技术开发合同，当事人的权利义务不同，特别是对于技术开发合同而言，更要明确是委托开发还是合作开发。那种虽然在开发中提供了资金、设备、人力但并未参加实质性研究开发工作的合同应当属于委托开发合同。不能以合同名称来判定合同的性质从而导致当事人对合同性质产生误解。

（2）委托技术开发合同中，根据《合同法》第331条和第332条的规定，当事人的主要义务均为法定义务。因此，即使当事人没有约定，也要履行。但是为了能够更好地履行合同，最好由双方当事人对合同义务加以细化。比如项目名称、研究开发成果的具体标准、履行期限。计划、进度、方式、地点、

当事人的保密义务、技术成果的归属和分享、验收的标准和方法、研究开发费用的支付方法和方式、开发项目中某些关键术语的解释、争议的解决方法、违约责任以及损害赔偿的计算方法等。将上述内容明确化有助于双方当事人明确各自的责任，准确地履行自己的合同义务。

（3）当事人应当特别注意开发项目失败时的判断标准。最好双方当事人在合同中明确约定在何种情况下开发项目失败属于技术风险，认定的标准是什么。如果是技术风险，则应约定如何分担损失。

（4）在合同成立后，双方当事人均应按照合同约定积极履行自己的义务。这是在日后纠纷产生时能使自己处于有利地位的最佳方式。在履行过程中要特别注意技术开发合同本身的复杂性。当事人在履行过程中因主客观原因的限制存在一些过错，只要情节显著轻微，危害不大，没有对研究开发工作造成消极影响的，当事人就不应无休止地挑剔对方履约缺陷，动辄不加区别地要求支付违约金或赔偿损失。

（5）在合同履行过程中，当开发失败的风险已经出现苗头时，当事人应当依据《合同法》第338条的规定及时通知对方并采取措施防止损失扩大。不及时通知另一方并采取补救措施，致使损失扩大，扩大的损失部分由负有责任的当事人承担。

（6）在实践中，大部分委托开发合同投入多，规模大，周期长，难度高。为了避免开发的失败和失败后的纠纷，委托人应事先做好选题工作，避免草率签约。在合同的设计上要与研究开发人友好协商，最好能够分步实施，加强中间环节的监督检查，做好阶段性成果的评估和后续科研方面的论证。

（7）履行过程中，双方当事人均应注意取得和保留相关的证据，如不可抗力的证明、对方严重违约的证明，自己履行及时通知义务的证据等，从而应对有可能出现的诉讼，维护自己的合法权益。

【思考与行动】 （10分钟）

1. 与反思职务开发知识产权问题关注是否足够一样，请你针对你所在企业的技术委托开发（如果有的话），列出可以进一步改进的关键点：

○ ________________

○ ________________

○ ________________

2. 如你所在的企业也签订了技术委托开发合同，也请你马上找到并审查这份协议，观其有何不足之处。

○ ________________

○ ________________

○ ________________

◆ 合作开发

合作开发是指由两个或两个以上的公民、法人和其他组织，共同出资、共同参与、共同研究开发完成同一研究开发项目，共同享受效益、共同承担风险。它的特点是共同投资、共同参与开发、共同承担风险、共同享受成果。

合作开发合同的各方当事人，以平等主体身份参加合作开发项目的研究开发工作，在履行各自义务的同时，享有下列权利：

- 对研究开发工作提出合理化建议的权利；
- 有依研究开发的实际情况，要求作出有利于研究开发项目的计划方案的修改的权利；
- 有权对合作开发投资的资金的使用进行监督检查；
- 有权派员参加各方代表组成的协调指导机构，对重大问题的决策、协调有建议、发言权；
- 合作开发完成的发明创造，享有申请专利权，在他方转让专利权时有优先受让权；
- 声明放弃共有专利申请权的当事人，在他方申请取得专利权后，有免费实施其专利的权利；

• 共同开发研究的各方共同享有开发研究成果，并有在使用、转让中的受益权。

技术成果的归属和分享是指在技术开发合同中所产生的技术发现、技术发明创造和其他技术成果权益归谁所有、如何使用以及由此产生的利益如何分配的问题。技术成果的权属极易引起技术开发合同纠纷。因此成果的归属和分享是技术开发合同的一个特殊条款，当事人应当在合同中对包括著作权、专利权、非专利技术使用权、转让权如何使用、归谁所有，利益如何分配作出约定。

进行合作开发，实践中需要注意的一些方面

○ **项目的科学决策与选择。**开发项目直接关系到合同双方的投资规模技术先进性及市场前景等重大问题，在选项目时要注意是否属国家鼓励或限制或禁止类项目，又要注意是否已列入国家开发计划之列。

○ **明确项目的技术内容、形式和要求。**这是技术开发合同最基本、最重要的条款之一。技术开发合同的标的是指当事人通过履行合同所要完成的科学技术成果。当事人应该明确合同开发项目的技术领域，说明成果工业化开发程序，载明开发成果的科技水平，衡量及评定的主要技术指标和经济指标。标的技术的内容直接关系到合同其他条款的执行，签约双方应尽可能准确、全面地约定。

○ **拟制研究开发计划（该条款也可另签协议）。**为了保证开发工作能够顺利完成，当事人应该约定一个比较周密、合理的工作计划。工作计划中应包括开发期限、地点、方式。

○ **确定研究开发经费或者项目投资的数额及其支付、结算方式。**当事人双方应在本条款中明确开发合同研究开发经费或者项目投资数额的来源，也就是要明确约定经费由哪一方提供。如果是合作开发，则应写明各自提供经费的形式、比例、时间等。涉及以试验装备、设备、器材、样品和现有技术成果

等进行投资的，则应依法进行估价并明确其所有权。

○ **利用研究开发经费购置的设备、器材、资料的财产权属。**对于在研究开发工作中购置的设备器材、资料的权属，双方当事人应在合同中约定清楚。

○ **风险责任的承担。**风险责任是技术开发合同应约定的重要内容。当事人双方应在预见性分析的基础上，根据实际情况对合同的风险责任，区别不同情况，作出合理的约定。

○ **明确验收标准。**明确验收标准是指技术开发合同实施完成后，当事人双方确认所完成的技术成果是否符合和达到合同标的约定的技术指标和经济指标。合同条款的技术指标和参数应明确载明开发的技术在该技术领域内所要达到的技术标准和参数。例如国标、部标、行业标准、具体设计要求、技术先进程度等技术标准和数据。还包括所需开发的新工艺、新产品、新技术要求等内容。如果所开发的技术项目是按国际标准进行设计的，或者指标、参数涉及国际标准，应在本条款中注明国际标准的项目名称、标准号及颁布日期，以便在合同验收、鉴定时查阅参考。

战术运用4：慎始慎终

——技术开发过程法律风险管理

【本章提要】

□ 项目负责人

□ 项目开发记录等技术文献的管理

□ 技术秘密的物理管理与法律管理

□ 技术开发中的法律风险控制

□ 技术成果报告

“战争是力量的竞赛，但力量在战争过程中变化其原来的形态。”

——毛泽东

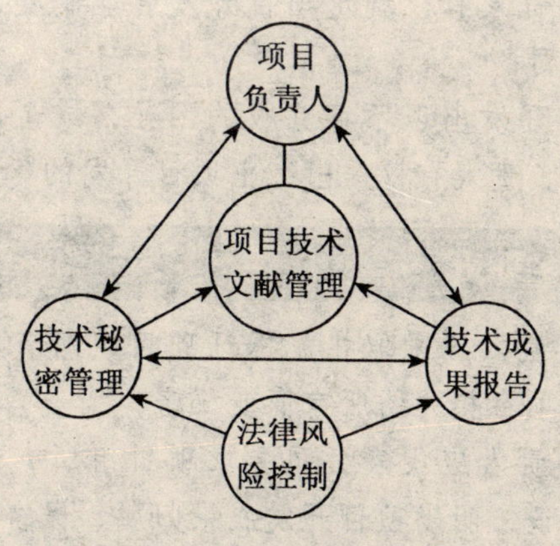

表10 技术开发过程中防范风险的五大环节

1. 项目负责人

拿破仑说“由一头狮子率领一群绵羊，将战胜由一头绵羊率领的一群狮子”，由此可见负责人的重要性。

技术开发项目立项后，要确定项目负责人。项目负责人是技术开发的核心，既要从技术角度统领整个项目的开发，又要从知识产权角度对项目开发进行协调。这里我们主要从知识产权的角度讨论项目负责人的权力和责任。

为明确项目负责人的管理责任，最好的办法是公司和以项目负责人为代表的项目组签订项目开发和管理协议，在协议中对项目组、项目负责人在开发过程中可能出现的各种问题进行约定。

项目责任人的权力

○ 项目负责人在项目开发中有权调度、使用项目资金，有权对项目组成员的工作进行安排；

○ 项目负责人有权认定项目组成员对项目成果的贡献程度，并决定其在发明人中的排名顺序，以及项目成功后对发明奖励奖金的分配；

○ 项目负责人有权制定项目开发管理制度，对违反制度的人员进行处罚；

○ 在项目开发出现不可克服的困难，或者出现不可抗力的变化，项目负责人有权提出终止项目开发的建议。

项目负责人的职责

○ 项目负责人应采取措施保证项目组所有成员遵守公司商业秘密和与项目相关的所有商业秘密；

○ 项目负责人应代表公司要求项目组所有成员和公司签订项目开发协议，明确项目开发成果归属、保密、成果申报等权利义务；

○ 按照规范要求制作和保管开发记录，并要求相关人签字；

○ 和公司知识产权管理机构及时沟通，密切注意与项目开发有关的外界知识产权动态，一旦发现他人已取得的技术进展将导致本项目开发毫无必要，或者严重影响项目目的的其他情形的，应及时向公司报告；

○ 在研发、设计活动结束后，项目责任人应把本项目研发设计情况以及所取得的各项研发与设计成果完整、准确、及时地以书面形式向相关部门作出汇报，并将项目进程中使用的重要技术与知识产权资料提交知识产权部门，建立档案，加密管理；

○ 研发部门对外交流涉及知识产权的资料，应送交知识产权管理机构审核；

○ 保存项目开发的各种原始单据，为知识产权评估提供资料；

○ 研发、设计成果经过分类评估与审核后，如公司决定进行相关知识产权的申请，应提供或者配合办理所有相关手续。

【思考与行动】 （1分钟）

虽然不是在济济一堂的培训现场，我仍然建议你寻找一位同样是项目负责人的伙伴，尝试着与他沟通一下身为项目领导人过程中碰到的问题与“事故”，倾听他的经验和教训。如果他与你并不在同一公司，你们还可以切磋一下彼此公司项目管理过程中的经验。试一下吧，一定有收获！

2. 项目开发记录等技术文献的管理

知识产权的开发档案管理制度是企业知识产权管理制度的重要

组成部分，相关文献资料的整理、保存、分析对保持企业知识产权的完整性、时效性、财产性和法律性具有重要作用。

具体而言，项目开发记录的法律意义包括：

- 判断职务成果的重要依据：通过项目开发记录证明员工的工作内容，员工任职期间和离职后一年内所作出的与工作内容有关的发明、创作，都是职务成果；
- 先发明证据：根据《专利法》规定，在专利申请日前已经制造相同产品、使用相同方法或者已经作好制造、使用的必要准备，并且仅在原有范围内继续制造、使用的，不视为侵犯专利权，项目开发记录文献提供了在先发明的证据；
- 作为自行开发与拥有商业秘密的证据：在商业秘密争议案件中，当事人必须对自己商业秘密的合法来源进行证明，自行开发就是一个有力的证明。

项目负责人应制定项目开发制度，对项目开发中的文献管理进行规范，保存研发、设计计划与进程记录；必要的情况下，应将研发设计资料交公证处封存并确定日期。

项目开发和实验记录保存应当与公司的生产经营和技术开发活动同时进行，而不应当在发明完成之后。记录应当包括草图，以帮助其他人理解技术；还有数据及说明，以证明各种发明测试；记录还要强调发明人考虑到或者实施过的革新特征。

开发、实验和实施发明的证据必须要能够互相印证。公司最好的做法是要求发明人和发明人之外的其他雇员定期在实验室记录的每一页上签署名字和日期。为确保文件的完整性，实验室记录应当标明“秘密”字样，永久装订，每页标上页码，用不褪色墨笔书写，并足够详细，以避免其他技术人员重复发明。

尽管计算机记录与其他书面证据一样可以作为证据，但目前在国内还没有公开的案例确认计算机记录作为发明的依据。计算机数据非常容易改动，可靠性往往受到质疑。所以对于公司最可靠的做法还是保存一份原始的、永久装订的、手写的实验室开发记录。计算机记录应当打印出来，由非发明人证明，并向其他书面记录一样装订。

项目开发中文献类别

○ 技术开发和活动记录：在项目开发中，根据项目需要分解项目内容和进度，并落实到人；相关人员应定期记录自己的开发进展，汇总到项目负责人或者档案管理人员手中。

○ 实验记录：技术人员、包括科研和其他工程人员，必须在实验记录上记录各项失败的或成功的实验。实验记录本上必须有一项目证签名栏，签名的证人应熟悉该技术，并在实验结束后适当时间完成。实验记录最好有编号，用完后汇总到项目负责人或者档案管理人员统一保管。在雇员离开公司时所有的实验记录必须上交给公司，无限期保管。

○ 发明呈报表：为了保护知识产权，一旦实验有进展，科研人员应当迅速完成发明呈报表并把它呈交给公司。由公司决定如何来保护该项知识产权。

项目开发中文献保管

○ 项目负责人应分派人员专门管理知识产权文献资料，管理人员需要熟练应用相关信息设备，掌握必要的分类、检索与分析技术；

○ 建立相应的签收制度，记录形式或内容不准确、不完整的，责成相关人员修正、补充；

○ 对登记的文献进行整理、分类、保存，设置不同的密级；

○ 根据要求向知识产权管理部门提供项目组知识产权开发相关资料。

【思考与行动】（2分钟）

你所在企业目前在技术文献的保存工作上是否规范，你是否还能列出一些你的企业在这方面可以改进的方面：

○
○
○

3. 技术秘密的物理管理与法律管理

“修曰：‘丞相所作《心书》，适间松略观一遍，便能暗记，称言此书乃战国无名氏所作，蜀中小儿亦能诵之。惰未信，松朗诵之，如瓶泻水。此世之罕有’。操令破板焚之。”

——黄正甫本《三国演义》

曹操一代豪杰，雄才大略，写就《孟德新书》指望能藏之名山，传诸后世。谋士杨修却拿来向刘璋的使者、“额镘头尖鼻偃齿露身短不满五尺”的张松炫耀。张松有过目不忘之本领，当下一目十行，尽数记住，随后背诵起来竟一字不差，且诈称该书是战国无名氏所作，蜀中小儿皆能熟记，怒斥此仍剽窃，涉嫌学术腐败，迫使曹操“扯碎其书烧之”。泄密之害，可见一斑！

知识产权中，著作权的取得是自然取得，即只要完成创作，不管有没有公开，都受到法律的保护。而技术的排他权则需要法律的赋予，法律对技术的保护前提是：开发者在申请技术权利保护之前，该技术不能进入社会公有领域，即该技术必须处于秘密状态；如果技术被公开，则该技术已经进入社会公有状态，任何人都可以使用，法律不再对开发者提供保护。

因此在项目开发过程中，必须对项目进展实施严格的保密。一旦发生泄密，尤其是核心技术的泄密，那么项目开发就没有必要继续进行下去。

项目开发中常见的公开一般是项目组成员疏忽造成的，例如项目组成员为了学术研究或者其他原因，在公开刊物上发表文章，其内容涉及正在开发的技术秘密，或者保密制度不健全，使外部人员很容易接触到保密内容，也有些是载有技术秘密的文件丢失，导致技术秘密公开等。

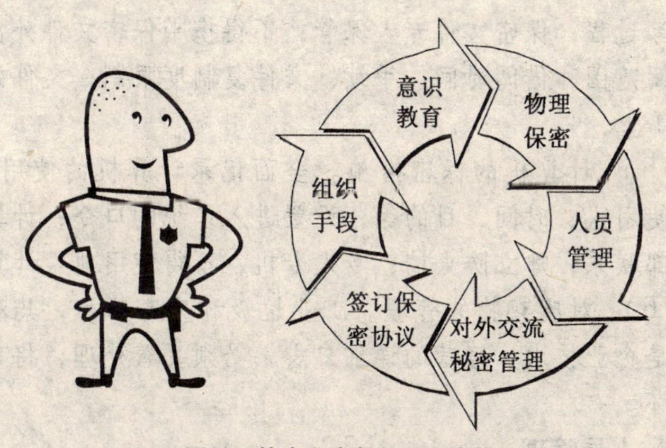

图11 技术秘密保护的六大措施

技术秘密的物理管理与法律管理措施

○ **意识教育：**通过会议、培训等，对接触商业秘密的员工进行保密训练，发放保密手册等。

○ **组织手段：**建立商业秘密管理体制；建立商业秘密保护制度；建立奖惩制度。

○ **物理保密：**全生命期的管理：对商业秘密的产生、持续、变化、消灭，均采取必要的物理保护措施；全方位的管理：对商业秘密的载体，在产生、使用、保存、转移、处置的各个环节，均采取有效的物理保护措施。

(1) 项目开发或者实验区域的保密措施。

(2) 实验设备、实验过程的保密措施。

(3) 对原材料、模具的管理：如果原材料是保密的，原材料供应可采用密闭容器，不加成分标记，或以颜色、成分代表。如果模具是秘密的，应该专门保管，记录使用时间和使用人，用毕及时归还。

(4) 对文件的管理：文件加注秘密标记；文件中加入干扰信息；建立保密文件管理的责任制，全面规定文件的拟稿、复制、打印、收发、承办、借阅、保管、清退、移交、归档、销毁等过程；保密文件专人保管；不得携带保密文件外出；规定借阅范围和借阅时间、手续；文件复制度限制；文件的销毁方法等。

(5) 计算机的保密措施。全面记录计算机的使用情况，包括使用人、时间、目的等；设置进入系统的口令；计算机如与外部联系，建立防火墙；专人专机，不得使用他人计算机。

(6) 对废弃物的管理。工业垃圾和废弃物品，某种意义上讲是企业技术、经营的详细日志，必须妥善处理，将载体彻底破坏。

○ **人员管理**

(1) 外来人员驻留管理。未经批准，任何人不得邀请外来人员参观、访问、学习、观摩；外来人员进厂要登记；介绍有关事宜要有分寸；外来人员不得进入特定区域等。

(2) 内部人员管理。A.限制职工知识及谈话内容：职工工作限于厂内有限区域，不得进入保密区域；职工不得打听其他部门的业务和技术；完成交办任务中，不打听与任务无关的事情；职工在各种场合不应谈及企业内部的保密项目。B.职工驻留管理：下班后工作场所要锁门；加班应先登记进入和退出时间。C.限定涉及企业商业秘密的人员范围，尤其要严格限定接触绝密级或核心机密级的技术信息和经营信息的人员范围。这样一旦发生泄密事件，便于追查泄密的原因和责任。凡是属于涉及、接触、使用或知悉商业秘密的企业职员，均须与公司签订保密责任书。

（3） 离职职工管理。A.清退资料：离职职工应清退所有资料，如设计、数据、图纸、模型、实验记录、工作手册等，企业管理制度可规定职工离职前必须办理秘密资料的清退手续，未办理的，不予办理离职的其他手续；B.与离职职工的谈话：摸清去向，敦促对方履行保密义务。

○ **对外交流中商业秘密管理**

（1） 如需扩散保密材料，应作出保密声明，最好与材料接受者签订保密协议，并事先进行技术处理。

（2） 对外宣传报道，涉及商业秘密的，应进行审查，掌握报道程度；对进入企业进行实习、培训人员，必须提出保密要求。

（3） 员工文章发表以前彻底审核，检查有没有技术秘密被透露出去。

○ **签订保密协议**，让参与人员明确承诺自己的保密责任，保密责任的内容主要包括：

（1） 不得擅自对外泄露本企业商业秘密。

（2） 不得私自复制、保存本职岗位涉及、接触、使用或知悉的本企业商业秘密。

（3） 不得随意探取与本职岗位无关的本企业商业秘密。

（4） 对于他人随意或恶意泄露、探取本企业商业秘密的行为负有举报义务。

【思考与行动】 （2分钟）

保密是企业的核心工作，否则就会像曹操那样！现在请你回头梳理一下，你所在企业在保密方面还有哪些可以改进的方面：

○ ______________________________

○ ______________________________

4. 技术开发中的法律风险控制

◆ 项目开发中员工离职造成商业秘密失控的风险

在技术开发中，最常见的风险莫过于员工离职造成公司的商业秘密处于失控之中，尽管公司和员工签有保密协议，但是泄密正如保密一样，都是在秘密状态下进行的，公司可能永远不知道，即使知道也很难拿出证据证明员工泄露了商业秘密。项目开发过程中员工离职，其危险就像一颗炸弹放进人群中。控制员工离职和离职后预防泄密风险的有效措施，是公司和员工在劳动合同或者保密协议中约定脱密期及竞业限制条款。

• 脱密期约定

脱密期是指对负有保守公司商业秘密义务的员工，公司在劳动合同解除或终止前，使其脱离涉及商业秘密岗位的一定期限。

在公司与关键岗位的核心员工签订的劳动合同中，可以对员工要求解除劳动合同的提前通知期作出约定，在这个期限内，公司让

关于"脱密期"

劳动部《关于企业职工流动若干问题的通知》第二项中规定:用人单位与掌握商业秘密的职工在劳动合同中约定保守商业秘密的有关事项时,可以约定在劳动合同终止前或该职工提出解除劳动合同后的一定时间内(不超过6个月),调整其工作岗位,变更劳动合同相关内容。

了解、掌握企业商业秘密的员工脱离原工作岗位一段时间或变更其工作内容，同时公司采取适当的保密设施及其他合理的脱密措施，使企业的商业秘密得到进一步的保护。

在脱密期问题上，我们应该注意以下方面：

（1）脱密期必须在劳动合同或者保密协议中事先约定，否则公司无权给劳动者科加脱密期义务。

（2）脱密期针对的应当是实际接触、了解或掌握企业商业秘密的相关人员和企业高级管理人员，其他与公司商业秘密无关的人员没有必要约定脱密期。

（3）在脱密期内公司采取的合理措施是把员工调离原工作岗位或者变更其工作内容，在调岗后是否能够调薪，主要看公司和员工劳动合同的约定或者公司的相关规章制度。

（4）脱密期是员工提前解除劳动合同30天通知期的限制，在员工提出辞职后把员工调动到其他岗位继续工作，这时脱密期即提前通知期，一般不能超过6个月。在脱密期内劳动关系继续存在，如员工擅自离职到其他公司工作，公司可要求该员工及新任职公司对公司的损失承担连带赔偿责任。

- **竞业限制约定**

竞业限制也叫竞业禁止，是指用人单位对本单位关键岗位、掌握本单位重要商业秘密的员工通过一定方式约定在其劳动关系存续

法律规定

关于“竞业限制补偿”

《关于企业职工流动若干问题的通知》规定：“用人单位也可以规定掌握商业秘密的职工在终止或解除劳动合同后一定期限内（不超过3年），不得再生产同类产品及有竞争关系的产品或经营同类业务，但用人单位应当给予该职工一定数额的经济补偿。”

期间和终止或解除劳动合同后一定期限内不得到生产同类产品或经营同类业务且有竞争关系的其他单位从事相同的职业或自行生产同类产品或经营同类业务的一种限制，而用人单位为此要付出一定的经济补偿。

企业在员工入职、工作期间可与员工签订竞业限制协议，也可以在员工离职时与员工签订。竞业限制是避免员工离职后到竞争对手处，避免员工利用其掌握的商业秘密为竞争对手服务，是公司对商业秘密的自我保护，防范员工泄密法律风险的出现。

在竞业限制问题上，我们应该注意以下方面：

（1）公司应当在员工入职或者在职时与员工签订竞业限制协议，否则员工离职时公司很难让员工同意签订竞业限制协议。

（2）竞业限制协议与脱密期不能并用，二者只能选择其一。

（3）对负有竞业限制义务的员工，在员工离职后必须支付经济补偿金，没有支付经济补偿金的竞业限制无效。

（4）竞业限制经济补偿金的数额允许双方进行约定，如果没有约定，可以由劳动争议处理机构合理确定，一般为员工原工资的20%~30%。

◆ 技术开发被竞争对手超越的风险

公司在项目研发过程中，可能竞争对手也在研发同样的技术，很有可能被超越。为了避免这一风险，通常我们可以采取要求本国优先权与以一定方式公开两种措施来应对。

● 要求本国优先权

公司可适当利用《专利法》中规定的“国内优先权”条款，和对方比时间、比速度，抢申请日。

专利国内申请优先权，是指专利申请人将自己的发明创造第一次在中国提出专利申请，在规定的专利权期内，又以同一主题的发明创造向中国提出专利申请，依法所享有的优先权。国内优先权主要是便于优先权期间内技术方案的增加，为不同种类专利间的转换提供条件，保护国内公民的利益。

法律规定

优先权规定

《专利法》第29条第2款规定："申请人自发明或者实用新型在中国第一次提出专利申请之日起12个月内，又向国务院专利行政部门就相同主题提出专利申请的，可以享有优先权。"

《专利法》虽然要求专利必须是成熟并具有实用性的技术，但这指的是专利授权之时。根据专利国内优先权制度，只要有发明创造，即使有一些技术问题尚未完全解决，也可立即申请专利。第一次申请中，即使背景技术资料收集不够全面，对发明创造的认识及其解决技术问题方案具有一定的局限性，撰写申请文件、确定保护范围和权利要求上考虑不周，但是都可以在第二次专利申请中要求本国优先权，在第二次专利申请中修改完善，弥补不足。

申请人要求本国优先权的，应当在向中国专利局提出专利申请的同时提出要求优先权声明，写明在中国的在先申请的申请日、申请号；申请人没有按时提出声明的，视为没有提出优先权申请；或者没有按时提供申请优先权在先申请文件副本的，视为放弃优先权申请。

如果一件中国在后申请记载了好几个技术方案，例如，记载A、B、C三个技术方案，而这三个技术方案分别在三件中国首次申请中公开过，则该中国在后申请可以要求多项优先权，即A、B、C三个技术方案分别以其在中国首次申请的申请日为优先权日。

在后申请通常总是在在先申请的基础上作进一步的改进或者完善。这样，在后申请可能会增加了在先申请中所没有的技术方案。当出现这一情况时，不能以后一申请增加了内容为理由而断定优先权要求不成立，而应当给予部分优先权。即对其包括在在先申请中已经清楚记载的相同主题的技术方案给予优先权，而没有记载的，

不能享有优先权，视为在后一申请提出时才提出，即在后一申请的申请日提出。

申请人可根据自己的选择，在规定的一年期内，最后选定是以实用新型，还是发明专利来保护自己的发明创造。如果原来申请的是实用新型，可通过要求本国优先权的方式将实用新型专利转为发明专利，反之，也可将发明专利转换成实用新型专利。

申请人要求本国优先权的，其在先申请自后一申请提出之日起即视为撤回，即申请人可在一年的期限内将相同主题的发明创造合为一项专利，这不仅有利于发明创造的专利保护，同时也减轻了专利权人的经济负担。

要求本国优先权的条件

○ **在中国首次申请**

有的申请人可能就相同的发明创造在中国先后分别申请了实用新型或发明专利，或者先后递交了两项专利申请。此时，只能以第一次在中国提出申请的专利申请作为优先权基础，要求本国优先权，而不能以其后的第二次或第三次的专利申请作为优先权基础，除非第二次或第三次的申请中增加了新的技术方案或技术特征，可就新增加的技术特征在在后的申请中要求本国优先权。要求本国优先权只限于发明和实用新型专利，外观专利不能要求本国优先权。

○ **必须在中国首次申请的12个月内提出**

超过12个月就不能享有本国优先权。这就要求发明人必须在第一次申请之后的一年内对相同主题的发明创造进行完善与改进，早出成果与快出成果。在首次提出专利申请之后，将自己的下一步研制计划的完成日子定在优先权期限界满之前。

○ **技术主题相同**

可以享有本国优先权的发明必须是相同主题的发明，这是判断优先权要求是否成立的出发点。所谓相同主题的发明创造，是指技术领域、目的、技术方案以及预期的效果相同的发明或者实用新型，在确定主题时主要是依据在先申请中所记载的技术特征。在先申请能否成为在后申请的优先权基础的基本条件之一，主要是看在后申请的主题所依据的技术特征是否清楚地记载在在先申请的文件中，只要在先申请文件中清楚记载了某个技术特征，那么这个技术特征就可作为在后申请的优先权依据，并视为构成相同主题的专利申请。而用不着具体地一一比较发明目的、技术方案、发明效果是否完全相同。

○ **未要求过本国优先权**

具体来说，就是在先申请的技术特征是否作为在后申请的优先权基础，同一份在先申请只能要求一次优先权，已经要求过本国优先权的在先申请，不能再作为另一项在后申请的优先权基础，即同一项在先申请不能分别作为两项在后申请的优先权基础。但如果在后申请中新增加的技术方案，可以作为第二件在后申请的优先权基础。

○ **在先申请尚未授权**

已经授权的在先申请不能作为在后申请的优先权基础。判断是否授权的标准，是以专利局发出授予在先申请专利权的通知为界定日，如果在先申请日是在发出授权通知日之前，则可以享有优先权，但如果是在其后则不能享有优先权。

○ **在先申请不是外观专利**

只有发明和实用新型可以要求本国优先权，而外观设计不能要求本国优先权。

• 以一定方式公开

除国内优先权方式外，还可以选择以一定方式公开项目开发技术的方式阻击对手。根据专利法规定，在中国政府主办或者承认的国际展览会上首次展出或者在规定的学术会议或者技术会议上首次发表后6个月内，申请人申请专利，该技术不丧失新颖性。该种公开对申请人不丧失新颖性，但对竞争对手来说则丧失了新颖性。因此申请人公司可以在这段时间内，充分考虑是否申请专利，而竞争对手则无法就相同的技术申请专利。

公开方式只能采取在中国政府主办或者承认的国际展览会上首次展出或者在规定的学术会议或者技术会议上发表，而且只能是首次发表。学术会议或者技术会议，是指国务院有关主管部门或者全国性学术团体组织召开的学术会议或者技术会议。

申请人必须在公开后6个月内提出专利申请。并且申请人应当在提出专利申请时声明，并自申请日起2个月内，提交有关国际展览会或者学术会议、技术会议的组织单位出具的有关发明创造已经展出或者发表，以及展出或者发表日期的证明文件。

◆ 研究开发的技术被公开或者被他人申请专利

技术竞争中只有第一，没有第二。技术一旦被公开或者被他人申请专利，那么这项技术的其他拥有者对这项技术的权利瞬间都化为乌有，先前所有的投入也都前功尽弃。所以高新技术公司最好建立一种技术发明和科研的跟踪系统，对外跟踪该项技术进展、国内外专利专利申请动态、国内技术应用等所有与研发技术有关情况，对竞争对手的研发定期评估和跟踪；对内建立起发明呈报、技术评估、进展程度等各项跟踪。

提醒

建立专利预警机制

我们要对行业内重要企业的专利进行常规性检索，建立预警机制，即企业设立数据库，了解同一领域、不同国家和地区的专利申请状况。这样做不仅可以了解同业者的发展方向，避免重合，同时可在同业者现有专利基础上进行改进，形成自己的专利产品，迅速抢占一些专利空白地带。在技术可能会被超越或者被公开时能根据即时得到的信息作出快速反应。

当出现下列情况之一时，为了避免更大的损失，项目组负责人应立即提出项目调整或撤销的建议，公司应迅速决定对项目进行调整或者撤销。

- 技术已被国内外公开发表或者申请专利，国内使用的，根据专利法已没继续研发的必要；
- 经过实践证明，所选技术路线已不可行或无任何实用价值的；国内已有相当或更高水平同类科技成果的；
- 市场、技术、合作研发等发生变化，导致项目无法进行的；
- 技术研发遇到了不可克服的可能，近期不可能研发成功的。

【思考与行动】（10分钟）

1. 现在就找到你所在企业的劳动协议，检查一下协议中有没有脱密期和竞业限制的约定，如果有，再进一步看一下企业有没有相应的补偿规定。

2.《论语》中说“见贤思齐焉，见不贤而内自省也”。现在我要请你做这个工作：用“脱密期”、“竞业限制”等关键词，通过搜索引擎自己查看一下现在这方面层出不穷的案例，我想一定会给你一些借鉴，让你成为这方面的高手，力争这颗炸弹不要爆炸在自己身边。

3. 你有没有碰到过技术开发被竞争对手超越的事情，如果有过，那么请想一想现在能否作出比当时更好的决策和选择？

5. 技术成果报告

项目开发完成后，项目负责人应向公司提交技术成果报告，移交项目开发过程中的全部资料文件。在项目报告中，应如实说明项目的开始时间、结束时间，项目组参与成员，技术成果名称和技术成果说明。

技术成果报告格式

○ **所属技术领域：**应指出本技术方案所属或直接应用的技术领域，一般用一句话说明。这里所指技术领域是特定的技术领域，如“半导体制造”，“碳氢化合物”，而不是“物理”、“化学”等广义的技术领域。所属技术领域的书写可采用“本发明涉及一种……”，或“本技术是关于……”的形式。

○ **背景技术：**背景技术是对最接近的现有技术的说明，它是作出本技术成果的基础。引证的如果是专利文件，应注明授权国家，公布或公告的日期，专利号及名称；如果是书刊类的现有技术，应写明该书籍或期刊的名称，著者，出版者，出版年月及被引用的章节或页码。这些现有技术中应包括相近和最接近的已有技术方案，即与本技术成果的用途相同，技术实质和使用效果接近的已有技术方案。这里特别应当突出最相近的技术方案，详细分析它的技术特征，客观指出存在的问题或不足，可能是说明这些问题或不足的原因。在这一部分也可写本技术的历史背景和现状。

○ **发明内容：**针对现有技术的缺陷，说明技术成果所解决的技术问题、解决其技术问题所采用的技术方案及其有益效果。技术方案是对要解决的技术问题所采取的技术措施的集合。技术措施通常是由技术特征来体现的。技术方案应当清楚、完整地说明技术方案是如何解决技术问题的，必要时应说明技术方案所依据的科学原理。技术方案不能仅描述原理、动作及各零部件的名称、功能或用途。有益效果是技术成果和现有技术相比所具有的优点及积极效果，它是由技术特征直接带来的，或者是由技术特征产生的必然的技术效果。发明或实用新型与现有技术相比具有的优点、特点或积极效果应清楚而有根据地说明发明或实用新型与现有技术相比，所具有的优点和积极效果，说明现有技术的缺陷，不足或存在的主要弊端，可以从方法或者产品的性能、成本、效率、使用寿命以及方便安全可靠等诸方面进行比较。评价时应当客观公正，不能以贬低现有技术来抬高自己的发明。

○ **附图说明：**如果必须用图来帮助说明发明创造技术内容时，应有附图并对每一幅图作介绍性说明，首先简要说明附图的编号和名称，例如："图1是本发明（实用新型）的俯视图"、"图2是本发明（实用新型）A-A的剖视图"，接着可以在此逐一说明附图中的每个标注的符号，或结合附图对发明或实用新型的技术特征进一步阐述。

○ **具体实施方式：**是技术成果优选的具体实施例，是项目组认为实施发明或实用新型的最好方式，并将其作为一件典型实例，列出与发明要点相关的参数与条件。实施方式应与技术方案相一致，并对技术方案中的技术特征给予详细说明。附图中的标号应写在相应的零部件名称之后，使所属技术领域的技术人员能够理解和实现，必要时说明其动作过程或者操作步骤。如果有多个实施例，每个实施例都必须与本技术成果所要解决的技术问题及其有益效果相一致。

战术运用5：嘉谋善政

——技术成果管理

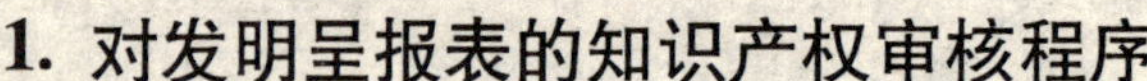

【本章提要】

☐ 技术成果的专利实质条件审查
☐ 技术成果保护方式选择分析
☐ 计算机软件保护判断

"阵而后战，兵法之常，运用之妙，存乎一心。"

——岳飞

1. 对发明呈报表的知识产权审核程序

公司对取得的技术成果必须先由一个或多个技术人员审核，判断所呈报的发明是否新颖。如果认定技术成果新颖，则审核人或审核小组应当与公司内或者公司外知识产权法律专家进行法律审核，判断该技术成果是否具备专利法要求的实质性条件。

在认定该技术成果符合专利的实质性要件后，审核小组应进一步向了解该技术发明对公司商务影响的人士或小组咨询，这时最好在公司内建立一个专利委员会或专利小组，该委员会由技术人员、法律人员和了解技术的公司管理人员组成，由该委员会决定公司的技术发明是否值得申请。

决定公司是否对某项技术发明申请专利时，应该考虑：

（1）该发明是否包含了公司现存的产品；

（2）该发明对公司现存业务的竞争性有何种影响；

技术评估与鉴定时要注意保密

所有受法律保护的技术成果都要求具有新颖性，为使其获得法律保护，所有参加技术评估的人应当对技术成果严格保密。如果在发明试验或鉴定的过程中有其他人参与，应当要求这些人员也予以保密，必要时可以签订保密协议。

（3）该发明对公司有什么价值、价值大小；

（4）该发明对公司的专利总数和分类的影响如何。

◆ 技术成果的专利实质条件审查

根据专利法规定，专利必须具有新颖性、创造性和实用性三个实质条件，不同时具备这三个条件的技术就无法获得专利保护。在技术成果研发成果后，我们必须对技术的专利性进行研究、判断，看是否符合专利条件，以决定是否申请专利。

在专利法中，专利实质条件具有非常重要的作用。它不但在专利的申请判断中具有意义，而且对撰写专利说明书、专利的效力判断和侵权抗辩中都有重要的指定作用：

（1）根据申请专利所要求的条件，撰写专利说明书和权利要求书，专利说明书目的就是试图证明拟申请专利的技术符合专利实质性条件。

（2）对他人申请专利或者已取得的专利，以专利不符合法律规定的实质性条件为由，申请该专利无效；专利无效申请可向专利局提出，对专利局的裁决不服的，可向法院起诉。

（3）涉嫌侵犯他人专利权，以专利不符合法律规定的条件为由，申请该专利无效，行使抗辩权。这是专利侵权抗辩中的釜底抽薪之举。

● **新颖性**

新颖性，是指在申请日以前没有同样的发明或者实用新型在国内外出版物上公开发表过、在国内公开使用过或者以其他方式为公众所知，也没有同样的发明或者实用新型由他人向专利局提出过申请并且记载在申请日以后（含申请日）公布的专利申请文件中。

技术符合下面任何一点，则认为技术不具有新颖性：

（1）申请日以前在国内外出版物上公开发表；

（2）在国内公开使用；

（3）以其他方式为公众所知；

（4）申请日以前是否由他人向专利局提出过申请并且在申请日以后（含申请日）公布专利申请文件。

时间界限，现有技术的时间界限是申请日，享有优先权的，则指优先权日。广义上说，申请日以前公开的技术内容都属于现有技术，但申请日当天公开的技术内容不包括在现有技术范围内。

专利法意义上的现有技术应当是在申请日以前公众能够得知的技术内容。换句话说，现有技术应当在申请日以前处于能够为公众获得的状态，并包含有能够使公众从中得知实质性的技术知识的内容。应当注意，处于保密状态的技术内容由于公众不能得知，因此不属于现有技术。 然而，负有保密义务的人违反协议或者默契泄露秘密，导致技术内容的公开，使公众能得知这些技术，这些技术也就构成了现有技术的一部分。

出版物是指记载有技术或设计内容的独立存在的有形传播载体，并且应当表明其发表者或出版者以及公开发表或出版时间。出版物可以是各种印刷的、打字的纸件，例如专利文献、科技杂志、科技书籍、学术论文、专业文献、教科书、技术手册、正式公布的会议记录或者技术报告、报纸、小册子、样本、产品目录等，还包括采用其他方法制成的各种有形载体，例如采用电、光、照相等方法制成的各种缩微胶片、影片、照相底片、磁带、唱片、光盘等。出版物的出版发行量多少、是否有人阅读过、申请人是否知道是无关紧要的。

由于使用导致一项或者多项技术方案的公开，或者导致该技术方案处于公众中任何一个人都可以得知的状态，这种公开方式称为使用公开。即使所使用的产品或者装置需要经过破坏才能得知其结构和功能，也仍然属于使用公开。

使用公开不仅包括通过制造、使用、销售或者进口，而且还包括通过模型演示使公众能够了解其技术内容的情况。但是，未给出任何有关技术内容的说明，以致所属技术领域的技术人员无法得知其结构和功能或材料成分的产品展示，不属于使用公开。

以其他方式公开：主要是指口头公开等。例如，口头交谈、报告、讨论会发言、广播或者电视等能使公众得知技术内容的方式，其他还包括公众可阅览的在展台上、橱窗内放置的情报资料及直观资料，如招贴画、图纸、照片、模型、样本、样品等。

抵触申请：由他人在专利申请的申请日以前向专利局提出并且在申请日以后（含申请日）公布的同样的发明或者实用新型专利申请，由于该申请损害后提出专利申请的新颖性，所以称为抵触申请。

判断新颖性时，应当将发明或者实用新型专利申请的各项权利要求分别与每一项现有技术或申请在先公布在后的发明或实用新型申请文件中相关的技术内容单独地进行比较，不得将其与几项现有技术或者申请在先公布在后的发明或者实用新型内容的组合，或者与一份对比文件中的多项技术方案的组合进行对比。

同时新颖性判断有两个例外。

（1）新颖性的例外1——优先权。

申请人就相同主题的发明或者实用新型在外国第一次提出专利申请之日起12个月内，又在中国提出申请的，依照该国同中国签订的协议或者共同参加的国际条约，或者依照相互承认优先权的原则，可以享有优先权。这种优先权，称为外国优先权。

申请人就相同主题的发明或者实用新型在中国第一次提出专利申请之日起12个月内，又以该发明专利申请为基础向专利局提出发明专利申请或者实用新型专利申请的，或者又以该实用新型专利申请为基础向专利局提出实用新型专利申请或者发明专利申请的，可以享有优先权。这种优先权称为本国优先权。

（2）新颖性的例外2——宽限期。

根据专利法规定，申请专利的发明创造在申请日以前6个月内，有下列情形之一的，不丧失新颖性：

（1）在中国政府主办或者承认的国际展览会上首次展出的；

（2）在规定的学术会议或者技术会议上首次发表的；

（3）他人未经申请人同意而泄露其内容的。

- **创造性**

创造性是指发明同现有技术相比，应当具有突出的实质性特点和显著的进步；实用新型同现有技术相比，应当具有实质性特点和进步。

是否具备创造性，应当基于所属技术领域的技术人员的知识和能力进行评价。

（1）所属技术领域的技术人员，是指一种假设的“人”，假定他知晓申请日或者优先权日之前发明所属技术领域所有的普通技术知识，能够获知该领域中所有的现有技术，并且具有应用该日期之前常规实验的手段和能力，但他不具有创造能力。

（2）突出的实质性特点，是指发明相对于现有技术，对所属技术领域的技术人员来说，是非显而易见的。如果发明是其所属技术领域的技术人员在现有技术的基础上通过逻辑分析、推理或者有限的试验可以得到的，则该发明是显而易见的，也就不具备突出的实质性特点。

（3）显著的进步，是指发明与最接近的现有技术相比能够产生有益的技术效果；比如，发明克服了现有技术中存在的缺点和不足，或者为解决某一技术问题提供了一种不同构思的技术方案，或者代表某种新的技术发展趋势。

与新颖性“单独对比”原则不同，审查创造性时，将一份或者多份对比文件中的不同的技术内容组合在一起进行评定。

实用新型是指对产品的形状、构造或者其结合所提出的适于实用的新的技术方案。

在进行实用新型创造性审查时，如果技术方案中的非形状、构造技术特征导致该产品的形状、构造或者其结合产生变化，则只考虑该技术特征所导致的产品形状、构造或者其结合的变化，而不考

虑该非形状、构造技术特征本身。技术方案中的那些不导致产品的形状、构造或者其结合产生变化的技术特征视为不存在。例如材料特征和方法特征在审查时不予考虑。

专栏：比亚迪“马失前蹄”超霸电池专利纠纷

成立之初只有20多名员工的比亚迪，从1995年涉足手机电池生产，依靠技术创新，仅用10年左右的工夫，便发展成为中国最大、全球第二大的充电电池生产企业，年产值超过65亿元，创造了世界科技领域的一个奇迹。

2005年11月30日，日本知识产权高等裁判所作出裁决，维持日本特许厅之前作出的“索尼第2646657号专利无效”裁定，索尼两年前起诉比亚迪侵犯其两项电池专利的诉讼，以索尼败诉告终。但与这个案件相对照的是，比亚迪在与超霸的诉讼中则以失败告终。

惠州超霸是香港金山工业集团的下属子公司，主要生产GP超霸电池，属于镍镉电池。公开资料显示，金山工业集团在全球24个国家和地区建立了制造区或办事处，在中国内地20个地区建立了子公司或经销处，在消费类电池生产领域，位于全球十大充电电池生产商之列。

2000 年1月31日，比亚迪向中国专利局申请了名为“一种用于可充电电池组的电路保护元件”实用新型（00227259号）专利权，并于2001年初向广州市中级人民法院提起诉讼，状告惠州超霸侵犯其专利权。黄章辉回忆，“当时并未考虑作为一个企业策略性诉讼，只是作为一次平常的专利维权，并且事先致函超霸声明”。

2001年8月29日，超霸向专利复审委员会请求宣告该专利权无效，超霸认为该专利不具有新颖性和创造性，且不符合《专利法》第26条及《专利法实施细则》第2、20、21、22条之规定，经过审查，专利复审委员会于2004年6月9日宣告比亚迪此实用新型专利权无效。

在超霸提交的44份证据中，其中最主要的是附件8，为1986年9月16日公开的美国专利US4612529，名称为“超小型保险丝”，这个专利经复审委审查，认定与该“实用新型”用于可充电电池组里的电路保护元件为相近技术领域；同时附件8也包含了比亚迪实用新型专利权电路元件内部的全部技术特征；并且附件8已记载，微型保险丝专门用于有限空间的应用领域，使得本领域技术人员将微型保险丝应用于可充电电池组不需要克服技术障碍，因此不具有创造性。

对此，比亚迪随后向北京市第一中级人民法院提起行政诉讼，以其专利原创性带来的商业上的成功进行申诉，反告超霸和国家专利复审委员会。但法院审理后认为，比亚迪专利不具有创造性属实，而且此专利获得商业上的成功“并未有确实证据”，因此驳回上诉，宣告此专利权无效。

资料来源：《比亚迪成全球主流供应商》（洪宾、张琨，深圳商报，2006年6月20日）；《电池业专利混战 比亚迪专利战国外赢国内输》（刘佩、刘伟，21世纪经济报道，2005年12月7日）；《索尼控告比亚迪侵犯电池专利败诉》（辛苑薇，京华时报，2005年11月30日）

- **实用性**

实用性，是指发明或者实用新型申请的主题必须能够在产业上制造或者使用，并且能够产生积极效果。

换句话说，如果申请的是一种产品（包括发明和实用新型），那么该产品必须在产业中能够制造，并且能够解决技术问题；如果申请的是一种方法（仅限发明），那么这种方法必须在产业中能够使用，并且能够解决技术问题。只有满足上述条件的产品或者方法专利申请才被认为具有实用性。

以下是不具备实用性的几种主要情形。

（1）无再现性。 再现性，是指所属技术领域的技术人员，根据公开的技术内容，能够重复实施专利申请中为解决技术问题所采用的技术方案。这种重复实施不得依赖任何随机的因素，并且实施结果应该是相同的。

（2）违背自然规律。

（3）利用独一无二的自然条件的产品。

（4）无积极效果。明显无益、脱离社会需要、严重污染环境、严重浪费能源或者资源、损害人身体健康的发明或者实用新型专利申请的技术方案不具备实用性。

◆ 技术成果保护方式选择分析

● 技术成果是否申请专利的基本考虑

对技术成果，一般考虑申请专利或者通过商业秘密保护。对某种知识权利决定是采取商业秘密保护还是申请专利保护，需要对该项知识的特点、创新水平、是否排斥同类创新、保护权利的费用支出高低和难易程度等予以综合评估，不能认为取得了专利技术才是高新技术和才能得到法律保护的片面认识，而盲目申请专利。

事实上，取得专利技术后因为需要技术公开，一方面将承担在此公开技术上同类技术创新的技术风险，另一方面将承担市场上的因仿冒、剽窃、擅自使用等道德风险。而商业秘密则因其不公开而免于相关风险，但是商业秘密会因契约等保护措施的失败而被扩散并因此缺乏相关国家强制保护的风险；同时专利技术需要交纳固定的年费或者因其他人的侵权而需要维护权利所需支出的经费，获得保护的费用比保护商业秘密的费用高。因此，在申请专利前需要考虑是否采取保密措施对保护知识权利更有利一些。

申请专利之前应认真考虑：

（1）我们是否真的介意其他人使用我们的发明？如果是，这是否真的对我们的企业有很大影响？

（2）其他人使用这项发明的可能性有多大？如果这项发明与竞争对手的产品设计或流程不符，这种可能性就比较低。

（3）专利会阻碍其他人进行发明实践吗？这种阻碍是否会带来好处？

（4）使用该发明的计划是怎样的？关键点在于如果这项发明要

被商业化，专利申请就要考虑到一些因素，例如专利可以阻碍竞争对手在不侵犯自己的专利权的前提下的更新发明，以及为获得同样收益的相关发明。换一种说法就是拥有一个专利不会促使你进行发明实践，但却可以使你的竞争对手不能进行这项发明实践。

（5）决定一项技术成果是否进一步成为专利的关键因素是它对于企业的支持度。

与其把所有的创新都申请专利，还不如确定一个专利申请选择范围——包括根本就不申请任何专利权（这在特定时期对于某些商业企业来说也许是有效的战略）。

实战建议

专利申请实战经验

○ 不要为任何创新都申请专利；

○ 为偶然的特别重要的发明申请专利；

○ 为那些明显应用于自己公司产品或工序中的发明申请专利权；

○ 为拥有巨大技术成功机会，而不管其商业应用的发明申请专利权；

○ 为那些可能打乱或延迟本行业及其他待业的其他公司在产品方面的相似创新申请专利权——“战略专利权”；

○ 为了拥有一个可以成功完成与其他公司签订商业协议（特许权、合资公司、联盟等）的投资组合而申请专利权；

○ 为所有可能申请到专利权的创新申请专利。

- **专利的作用**

专利的作用具体归纳起来有7点，详见下表。

但应该提醒你的是，只有在公司使用它们的时候，专利才是有价值的。当别的公司没有选择而只能使用这些专利权时，它们真正的价值才会显示出来。如果不打算在混乱的环境给其他公司任何竞争机会，毫无疑问需要获得大量的专利权。

专利的七大作用

○ **抢先**：我国专利法对专利保护实行先申请原则，专利权授予先申请人。因此，企业的发明创造要先申请专利。

○ **广告**：有时，申请专利的主要目的不在专利保护，而是为了广告宣传，例如，在产品的包装上标注“专利产品，我厂首创”以起促销作用。还有人申请专利是为了转让技术，专利文献就成了其最好的技术转让广告。

○ **防卫**：一是通过申请专利防止他人盗用自己的产品申请专利，然后反过来诬告自己“侵权”。二是在专利文献上将发明内容公开，通过公开专利申请的内容来防止他人抢先申请专利反过来告自己。

○ **垄断**：许多企业事情申请专利不是为了转让技术，而是为了垄断制造、使用或销售其产品的权利。

○ **抑制**：有些企业申请专利时估计到所申请的专利在告他人侵权时，有可能被他人请求撤销或宣告无效而难以告倒竞争对手，但其申请专利的目的，就是要为了通过打官司抑制和消耗对手的精力。

○ **储备**：有时申请专利，并不是急于将该专利技术开发成产品投放市场，而是储备技术，待前一代产品充分发挥市场作用时，再推出第二代产品。

○ **索赔**：有些企业申请专利不是为了垄断生产、使用权，也不是为了转让技术，而是为了有朝一日通过打官司获得巨额索赔金。

● **申请专利的法律风险**

申请专利并获批准，能使申请者获得独占权，从而在贸易竞争中处于有利位置。但情况并非总是这样，申请专利也存在一定的法律风险，具体情况还要具体分析。

（1）申请专利必须将发明创造的内容公开，使该领域的一般技术人员能够理解并应用，这势必给竞争对手造成可乘之机，例如竞争对手对自己的产品开发动态和技术水平一目了然，或者竞争对手在公开文件基础上发展出更先进的技术，这些都会使自己在竞争中处于不利地位。

（2）由于专利要求严格，必须相对现有技术具有一定的创造性，某些具有较大商业价值但创造性较低的发明创造不一定就能取得专利权。这样的技术如果申请专利公开了方案最终未获批准，则会给申请人造成不可估量的损失。

（3）专利尤其是发明专利，申请和审查时间漫长，在技术飞速进步的时代，有些技术的经济寿命只有一两年，还没有取得专利权，技术应用就失去了经济价值，这样的专利申请毫无意义。

（4）取得专利权要支付各种申请费用和维持费用，申请人必须计算每项专利的投入、产出比。

（5）专利的价值在于独占性的使用或者许可他人使用，由于专利的无形性，他人侵犯专利权时，专利权人发现侵权比较困难，而且即使维权，诉讼成本也是一笔不小的开支。

在市场竞争中，鉴于申请专利保护的局限性，因而在申请专利之前，必须对发明创造的经济价值、竞争状态、技术难度和法律地位进行综合考虑，并从本公司的市场战略出发，最终决定是否申请专利。

- **是否作为商业秘密保护的判断**

商业秘密是一种事实上的垄断权，但这种垄断权的保护主要依赖公司自己严密的保密措施和尽可能小的传播范围，法律所禁止的仅及于违法侵占，不及于合法的取得手段。因此，商业秘密一旦公开就不能收回，不可避免地进入公共领域；如果他人自行开发出商业秘密，或者通过合法手段获得商业秘密，权利人无权禁止他人使用。

由此可见，商业秘密具有某种不确定性。这种不确定性更加凸显了对商业秘密保护和管理的必要性。

商业秘密保护的优越性

○ 技术内容处于秘密状态，竞争对手无法利用，从而使自己在竞争中处于有利地位。

○ 只要技术内容未被公开，保护期就不受限制。

○ 避免办理审批繁杂的手续，节省专利申请费用。

适合商业秘密保护的情形

○不适宜申请专利的技术：技术不属于专利法保护的对象，或者技术是否符合专利的实质性要件不确定，或者技术的经济寿命不长，如软件源代码、半导体芯片等更新换代速度非常快。

○技术难度大，不容易被他人仿制或者开发出来；无法通过反向工程获得制造该产品的技术。

○专利说明书公开后竞争对手在研究专利说明后，容易绕开的技术。

○对技术的市场价值作出的判断：

（1）技术的市场前景不确定。如申请专利所获利益甚至抵不上费用，且向竞争对手公开了发明创造内容，可谓得不偿失。

（2）自己不实施也不准备他人实施的技术。

商业秘密保护的法律风险

○即将公开的或者一点就破的技术，该技术一旦被公开，就不能再以商业秘密获得保护，商业秘密保护非常具有不确定性。

○不能阻止他人进行独立开发或者通过反向工程获得同样的技术，因此无法遏制竞争对手。

○技术被他人申请专利，自己再使用就会受到限制，从而陷入被动。

○商业秘密维权困难重重，甚至会遭受二次污染。

专利和商业秘密保护选择的财务计算

向国务院专利部门申请专利和办理其他手续时，应缴纳下列费用：

○ 申请费、申请附加费、公布印刷费；

○ 发明专利申请实质审查费、复审费；

○ 专利登记费、公告印刷费、申请维持费、年费；

○ 著录事项变更费、优先权要求费、恢复权利请求费、延长期限请求费、实用新型专利检索报告费；

○ 无效宣告请求费、中止程序请求费、强制许可请求费、强制许可使用费的裁决请求费。

商业秘密的费用主要取决于采取的保密措施。一项有效的保密措施包括保密人员、保密设施、保密手续、保密区域、监控手段等，费用有时也非常昂贵。

权利人应对自己的技术成果市场化的可能性、范围及技术市场和商品市场的条件进行认真预测和调研，以便明确在实施或者转让技术成果的条件及可能获得的经济收益，明确不申请专利或者不作为商业秘密保护可能带来的市场和经济损失。这些都是权利人法律抉择时应当顾及的经济因素。

从上面的分析可以看出，企业中应该将专利和商业秘密互相补充，比如在一项完整的技术方案中，有的申请专利，有的作为商业秘密。

专栏：商业秘密与专利的比较

信息的公开性。申请专利和对专利授权时都必须把专利文件公开，使他人充分理解专利申请内容的相关信息并能够实施；商业秘密则不具有公开性，权利人可采取各种措施保持商业秘密处于秘密状态。

专利具有独占性。一份专利只能有一个权利人所有，专利权人有权拒绝其他人实施其专利技术；商业秘密的技术不具有独占性，只要是合法取得的技术，任何人都有权实施并井水不犯河水。

侵权和被保护的方式不同。专利主要依靠法律保护，未经专利权人同意，任何人只要实施或者使用了专利技术，都构成侵权，专利权人有权要求法院或者专利管理机关对侵权人进行制裁并赔偿损失；商业秘密主要依赖权利人的自我保护，只有侵权人侵犯了商业秘密权利人的这种自我保护措施时，国家才对商业秘密权利人提供法律救济。如果商业秘密的持有人不对其占有的商业秘密采取保密措施，则法律也不对其所谓的商业秘密提供保护。

保护日期的确定性。专利的保护期限是确定的，从申请日起计算，发明专利权的期限为20年，实用新型专利权和外观设计专利权的期限为10年；商业秘密只要被公开，就进入公有领域，不再受法律保护。商业秘密被公开的时间不确定，因此商业秘密的保护期限也不确定。

技术的先进性。创造性是专利的基本条件，创造性是指同申请日以前已有的技术相比，发明具有突出的实质性特点和显著的进步，实用新型技术有实质性特点和进步；而商业秘密对创造性要求极低，甚至不作要求，只要技术不能够从公开渠道得到，就可以认定该技术具有秘密性而得到保护。

审批。专利必须由申请人向专利局提出申请，专利局经过审查后赋予专利权，因此专利权获得保护的前提是必须符合法律的实质条件并经过程序审批；而商业秘密权不必经过审批，只要符合法律规定的要求就可以获得保护。

【思考与行动】 （5分钟）

1. 总结一下，你目前所在企业技术成果的专利审查程序是怎样的，是否规范化，有哪些人参加审查？

2. 你现在清楚除了申请专利之外，我们还可以将有关技术作为商业秘密来保护，那么，请你试着列出自己公司的技术哪些适合申请专利，哪些更适合作为商业秘密保护：

（1）应该通过申请专利保护的：

○ ______________________________

○ ______________________________

○ ______________________________

（2）应该作为商业秘密保护的：

○ ______________________________

○ ______________________________

○ ______________________________

（3）应该作为商业秘密和专利权共同保护的：

○ ______________________________

○ ______________________________

○ ______________________________

2. 计算机软件保护判断

计算机软件是指计算机程序及其有关文档。计算机程序是指为了得到某种结果而可以由计算机等具有信息处理能力的装置执行的代码化指令序列，或可被自动转换成代码化指令序列的符号化指令序列或符号化语句序列。计算机程序包括源程序和目标程序。

文档是指用自然语言或者形式化语言所编写的文字资料和图表，用来描述程序的内容、组成、设计、功能规格、开发情况、测试结果及使用方法。如程序设计说明书、流程图、用户手册等。

◆ 著作权法对计算机软件的保护

● 计算机软件著作权的取得

计算机软件作为著作权的一种，系自动取得，而无论是否办理了版权登记。

《软件条例》规定，一项受著作权保护的软件应满足以下条件：

（1）受著作权保护的软件必须是开发者独立开发的。因为软件同其他作品一样具有独创性，而这种独创性并不要求达到专利“三性条件”中对创造性要求的那么苛刻，仅要求软件是开发者的原始创作，而不仅是对他人软件和作品的抄袭或者复制。

（2）著作权保护的软件应该是已经固定在某种有形物体上的，例如：纸、磁介质、光盘等。

（3）计算机软件的著作权仅保护软件的表达或者表现形式，软件的表现形式是指软件所包含的以数字、文字及符号来表现的指令序列或语句序列，且这种序列能够用有形载体加以固定。

● 著作权法作为软件保护的优点

（1）计算机软件具有的“作品性”使其易于成为著作权的保护对象。

计算机软件具有的表现形式以及其易复制性，都与传统意义上的“作品”极为相似，就连侵犯软件权利的方式也主要是复制、抄袭等，因此计算机软件被纳入著作权法的保护范围是一件自然的、合理的事情。

（2）软件可以自动获得著作权法的保护。

著作权法的自动保护原则，使得软件不需要经过申请等法律程序，就可以得到保护，节约了软件开发者的时间和成本。

（3）几乎所有的软件都能符合著作权的保护标准而受到保护。

著作权对软件的保护范围比较宽，其保护标准也不很严格，只要软件具备了形式上的独创性即可，即只要是由软件开发者独立创作完成的，即使在软件之间存在相同或相似的内容，也可能获得著作权。这使得几乎所有独立开发的计算机软件都能满足软件的独创性条件，进而获得著作的权保护。

● 著作权法作为软件保护的缺点

（1）著作权法不能保护软件的思想和功能。

计算机软件不仅具有作品性，更具有功能性，而其功能性才是

软件最具价值的部分，但著作权法对于软件的构思、设计方案和功能的保护几乎无能为力。

（2）著作权法并不限制他人独立创作完成实质相同或近似软件作品。

受著作权保护的软件必须是由开发者独立开发，并已固定在某种有形物体上的。如果软件满足了独立创作的条件，即使同他人开发的已有的软件相同或者近似，也不构成侵权，损害了软件权利人的合法权益。

所谓的“净室技术” 正是为了达到既能利用他人的创意，又能避免侵权的目的，而研究出来的一种方法。这种方法是利用原有软件的创意，在避免开发人员同原软件接触的情况下独立开发新软件，如此开发出的软件，虽与原软件在实质上相同或近似，却不用担心侵权。

（3）著作权法允许他人“合理使用”软件。

软件是实际价值体现在其“功能性”上，软件只有在被实施的情况下才能实现其真正价值。但是，根据著作权法的规定，若仅以学习和研究软件内含的设计思想和原理为目的使用软件，属于“合理使用”，不构成侵权。软件存在的易复制性，使得越来越多的人利用该原则而获得无偿的使用，这无疑会造成软件权利人的利益损失。

◆ 专利法对计算机软件的保护

• 计算机程序获得专利保护的条件

计算机程序必须属于专利法意义上的发明创造，才有可能获得专利权。如果发明专利申请只涉及计算机程序本身或者是仅仅记录在载体（例如磁带、磁盘、光盘、磁光盘、ROM、PROM、VCD、DVD或者其他的计算机可读介质）上的计算机程序，就其程序本身而言，不论它以何种形式出现，都属于智力活动的规则和方法而不能被授予专利权；但是，如果一件涉及计算机程序的发明专利申请是为了解决技术问题，利用了技术手段和能够产生技术效果，就

不应仅仅因为该发明专利申请涉及计算机程序而否定该发明专利申请属于可给予专利保护的客体。

涉及计算机程序的发明必须是一个能够产生积极的技术效果的、完整的技术方案，具体地讲：首先，该涉及计算机程序的发明应当采用技术手段，具备技术特征；其次，这些技术特征能够使涉及计算机程序的技术方案具备完整性；最后，该技术方案的完整性并不取决于是否存在计算机程序。也就是说，所含的计算机程序是为了解决技术方案中存在的技术问题，而不是构成这一技术方案的全部。

● **专利法保护计算机软件的优势**

相对于著作权法在软件保护中表现出来的软弱无力的一些方面，利用专利法保护软件展现出了自身的优势。

（1）专利法能够为软件最有价值、最核心的思想及功能提供保护。

当软件同硬件相结合，并使其构思融入其表现出的“功能”上的时候，软件就可以成为专利法所保护的对象，可以说专利法是在较高层次上为软件提供保护。

（2）专利法赋予软件权利人的独占性。

（3）专利法要求软件权利人将软件专利公开，既可以促进软件发展，又可以减少以“反编译”为手段的不利于软件权利人情况的发生。

软件被充分公开后，在专利保护的范围内，“反编译”将会作为一种侵权手段被禁止，有利于减少“反编译”行为发生及因此引发的诉讼。

● **专利法保护计算机软件的缺点**

（1）不与硬件结合的软件仍不受保护。

并非所有的计算机软件都能获得专利法保护，单纯的计算机程序常被视为数学方法或同数学算法相关联，因此被归于不能授予专利权的智力活动的规则和方法的范畴。很多计算机软件存在“创造性”的成果，却因没有同硬件结合而被摒弃在专利保护范围之外。

（2）计算机软件专利审查的时间长。

众所周知，软件更新较快，商业寿命较短，而软件专利审查的时间又很长，很可能出现专利权未获批准，软件的寿命却已快到尽头的尴尬局面。许多商业寿命比较短的软件，只好放弃申请专利的机会。因此，专利审查时间过长是计算机软件专利法保护的一大缺陷。

（3）软件专利审查的“三性”条件过于严格。

由于专利法要求获得专利权的发明必须具备“三性”条件，所谓即新颖性、创造性与实用性。绝大多数计算机软件难以通过专利的新颖性、创造性、实用性审查。

◆ 商标法保护计算机软件

首先，软件的权利人可以针对软件产品申请注册商标，并通过标注在其产品包装上的商标来表明其身份以及商誉；其次，软件的权利人还可以通过技术措施在软件中设置其特有的商业标记，例如，通过技术手段令与注册商标相同的文字商标、图形商标或者其二者的结合出现在软件的界面上。

以商标法对软件保护，可以从树立商业信誉、防止他人假冒商标等角度维护软件权利人的利益，还可以通过续展不断延长保护期。但是，商标法保护的核心相对于软件权利的关键内容是有偏差的，无法保护软件的实质内容。

◆ 从商业秘密角度为计算机软件提供保护

• 计算机软件作为商业秘密可以采取的保密措施

计算机软件作为商业秘密受到的保护主要是指软件在开发过程中的商业秘密保护，以及通过采取技术保护措施等方式对软件商品的保护。计算机软件的商业秘密保护主要体现在软件的开发过程中权利人可以根据具体情况采取以下相应的保密措施：

（1）限制知情人的数量，使有关技术秘密仅为特定的人知悉，

限制非特定的人掌握和接触。

（2）与可能知晓与软件技术相关的秘密（包括软件整体构思、具体程序和相关文档）的员工签订保密协议，或者在劳动合同中约定保密条款。

（3）程序设计过程中设置一定的障碍，使得软件不会轻易地被复制、或被侵入核心。对于软件开发者来说，可以在其开发的软件中采取加密措施、利用网络安全技术和密码技术、数字签名、访问控制、防火墙技术等，并且控制配套的解密措施在技术上实现对商业秘密的保护。

- **以商业秘密法保护计算机软件的优势**

（1）商业秘密法保护软件的范围广泛。

计算机软件只要是具备了一般商业秘密的特点，即创新性、价值性和保密性，就可以成为商业秘密保护的对象。

（2）商业秘密法既可以保护创意、思想又可以保护其表达。

著作权法只保护表达，专利法仅对同硬件结合的涉及软件的技术信息提供保护，而涉及软件的经营信息，以及那些虽属于技术信息却无法作为专利保护的软件，较容易在商业秘密的保护区内找到位置。

（3）软件获得商业秘密法保护不必经法定形式的登记或申请。

软件是自动取得商业秘密权的，商业秘密向软件提供保护或者制裁侵权者也不以申请或登记为前提，便于对软件权利的保护。

【思考与行动】（10分钟）

1. 你或者你的企业有没有软件需要保护知识产权？如果有，那么请你马上使用搜索引擎，用“软件保护”、“盗版”等关键词来试着自行搜集一些案例，如果可能，你还可以根据你感兴趣的方向和主题，通过设置缩小搜索范围的关键词，来获得与你密切相关的一些案例来借鉴。

2. 请根据我们上面对软件保护四个方法的条件、优缺点分析，简要归纳一下如何有意识运用它们来保护你的软件。

（1）著作权法的保护要点：

○ ____________________

○ ____________________

（2）专利法的保护要点：

○ ____________________

○ ____________________

（3）商标法的保护要点：

○ ____________________

○ ____________________

（4）商业秘密视角的保护要点：

○ ____________________

○ ____________________

战术运用6：昭告天下

——专利申请

【本章提要】

- □ 主要专利申请策略
- □ 申请专利种类的选择
- □ 专利申请时机的选择
- □ 专利申请文件撰写技巧
- □ 专利申请程序
- □ 何时宜申请专利
- □ 申请外国专利
- □ 专利申请注意事项

“军事艺术的秘密在于，在必要的地方和必要的时间，使自己的军力超过敌人。”

——拿破仑（法）

企业采取进攻战谋略，积极主动地将开发出来的技术及时申请专利并取得专利权，利用专利权保护手段抢占垄断市场。它是企业，避免受制于人的前提和条件。

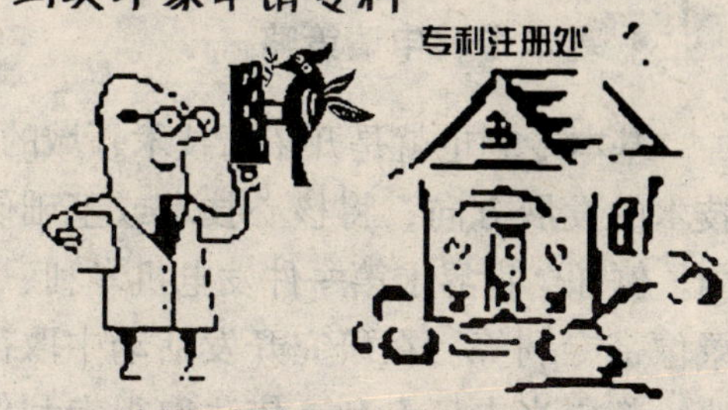

“我已把信鸽和啄木鸟交配成功，”
“产出的混种鸟不但能带信，而且到达时还会敲门！”

1. 主要专利申请策略

专利申请策略包括以下一些：

● **抢先申请策略**

目前，除美国、菲律宾外，都是采用先申请原则。因此，对于专利申请，一定要先发制人，千方百计抢占第一，唯有如此，才能成为该项发明创造的“主人”。抢先申请要注意申请时机，比如等到技术方案已基本完善，有了确定的效果和能够说明问题的实验数据后立即申请。

● **阻击申请策略**

通过申请专利阻击他人开发同类技术与自己竞争。目前跨国公司在华专利申请量年增30%，很大目的就是借专利悄悄“包抄”中国对手。跨国公司在中国申请专利与否以及申请量的多少，是以中国的市场需求大小为标准的。中国企业在哪个市场潜力大，跨国公司就会在哪个领域寻求专利保护。跨国公司的专利申请主要不是为了自己生产而是为了阻击对手。为此，有公司可以每年花10亿多美元去申请和购买自己“可能永远也不会把它们产品化”的专利，也就是说，我们接触到的专利中有相当数量是跨国公司一辈子也不准备自己使用的专利，申请专利的目的主要就是阻击对手的发展。

● **基本专利申请策略**

基本专利也就是开拓新技术领域的专利。它需要准确预测未来技术的发展方向，将核心技术或基础研究作为专利申请的基本方向。例如，世界上第一件发电机专利、第一件晶体管专利、第一件录像带专利等。在研究开发活动中取得的奠基性、首创性发明创造，都应当申请专利，依法取得专利保护。取得了基本技术专利权，就等于占领了该产品市场的“制高点”，取得了主动权。

- **外围专利申请策略**

所谓外围专利，是指围绕基本专利技术所作出的改进发明创造专利。通过外围专利申请，能够有效地保护核心专利。

- **充分申请策略**

它是前两个申请策略的结合，即将所开发的核心技术和外围技术分别申请基本专利和外围专利，在某一领域形成专利群或专利网。

- **超前申请策略**

它是资本、技术和产品输出的专利权运用策略，即在资本、技术和产品输出前，先在输入国申请专利，保护资本、技术和产品的独占权的战略。

- **迷惑申请战略**

将一些非本企业所需的技术申请专利，以迷惑竞争对手，这也是所谓的知识产权战争阴谋。

- **不申请策略**

这也就是我们在前面“技术的公开战略判断”部分提到的，对可以做到长期保密的技术不申请专利。

2. 申请专利种类的选择

在我国申请专利的种类包括发明、实用新型和外观设计。

发明是指对产品、方法或者其改进所提出的新的技术方案。

实用新型是指对产品的形状、构造或者其结合所提出的适于实用的新技术方案。

外观设计则是对产品的形状、图案、色彩或者其结合所提出的富有美感并适合于工业上应用的新设计。

这三种专利形式各有其特点，公司应根据自己发明创造的特点，结合这三种专利的不同要求申请适当的专利种类。

- **发明专利**

发明专利包括产品专利、方法专利或者产品或方法发明的改进发明。

产品发明是经过人工制造的，以有形形式出现的发明，是人们通过创造性劳动创制出来的各种制品或者产品，产品发明又可分为制造品的发明、材料的发明、有新用途产品的发明。产品发明可以是一个独立的产品，也可以是产品的一个部件。

方法发明是利用自然规律系统地作用于一个物品或者物质，使之发生新的质变或者成为另一种物品或者物质的方法的发明，方法发明通常包括制造方法的发明、化学方法的发明、生物方法的发明，将产品（主要是物质）用于新用途的方法的发明。方法发明可以涉及全部过程，也可只涉及其中某个步骤。

改进发明则是对已有产品发明或者方法发明提出实质性革新的新技术方案，它是在保护已知对象独特性前提下对已有产品或方法赋予新的特征或进行新的部分质变。

发明专利对产品不要求其具有一定的形状，其保护期长，但它

小知识

下列情况通常考虑申请发明专利

○ 属于生产方法、加工方法、测量方法、配方等发明的发明创造；

○ 涉及无固定形状产品的发明创造；

○ 创造性程度高或者是重大的发明创造；

○ 希望取得较长保护期的发明创造；

○ 申请人有较充足的专利申请费用。

对创造性要求高，审批周期也长，申请费用也较高。

- **实用新型专利**

实用新型和发明相比，则有一些不同特点。实用新型不包括方法，因而凡是涉及生产方法、加工方法、配方等方法方面的发明创造，均不能申请实用新型专利。

实用新型涉及的只是产品，而且这种产品必须是有一定固定形状的产品，如仪器、设备、日用品和其他器具。没有固定形状结构的产品，如气态、液态、颗粒状，不能成为实用新型专利保护对象。而以平面形态表现出来的产品和不可移动的产品，尽管有一定的形状、结构，也不受实用新型专利保护。从大量的专利案例来看，实用新型一般是具有具体的、确定的结构和构造的空间形体，而且往往是具有一定空间形体的可移动物。

实用新型专利保护期比发明要短，创造性程度低一些，而且审批程序简单，申请费用也低。

小知识

下列情况常考虑申请实用新型专利

○ 涉及有固定形状的产品、其创造性程度又不高的发明创造；

○ 涉及有固定形状的产品并希望尽快取得专利权的发明创造；

○ 涉及有固定形状的产品但专利申请费用紧张的发明创造。

- **外观设计专利**

外观设计实际上是对产品的外表所作的设计，它必须与产品有关并与使用该外观的产品结为一体。

外观设计与实用新型又相似的地方，即都涉及产品的外部形状，但外观设计仅此而已，实用新型还涉及产品的内部构造，具有一定的功能目的。外观设计侧重于保护具有美感的设计，实用新型侧重于保护实用技术方案。可以说，外观设计是物的美化上的创作，实用新型是物的功能上的创作。

根据外观设计的这种特点，如果公司准备申请专利的发明创造是一项有固定形状的产品的新设计，应考虑申请外观设计。

标杆借鉴

“一切阳光下的发明皆可专利”之银行业启示

从1992年开始，花旗银行便不动声色地在中国申请了19项金融产品的“商业方法类”发明专利，主要是具有前瞻性地配合网络技术的金融服务系统方法专利，而其中，网上银行服务系统方法专利占到绝大多数。

花旗银行可通过实施这些专利，一方面改善自身服务能力，另一方面通过转让授权获利。更为重要的是，由于专利的排他性，花旗银行可以利用专利武器抢先占领市场，其他银行一旦同台竞争，稍越雷池便将面临巨额罚款，致使其金融产品从市场中退出。换言之，这19项发明专利将成为花旗银行未来大举进军中国市场的19枚暗器，既可自保，亦可伤敌。

专利多重保护申请

如有必要和可能，可以同时申请两种或者三种专利，即同时申请发明专利、外观设计专利和实用新型专利。同时申请两种或三种专利有以下好处：

○ 一旦发明专利申请因创造性不够而未获批准时，创造性要求较低的实用新型或外观设计专利申请仍可能获得批准，从而增加了取得专利权的可能性。

○ 发明专利保护期长但审批慢，实用新型和外观设计专利保护期短，但审批快，两者同时申请正好可以相互取长补短，使发明创造一方面可以更早地进入受法律保护的状态，另一方面又可以较晚地脱离法律保护的状态。

○ 发明、实用新型和外观设计在专利的保护范围和保护效力上各不相同，只有结合申请的具体情况并充分发挥"多重保护"的优点，才能有效地对发明创造予以保护。

专利申请种类的转换

○ 根据国内优先权制度，在优先权期限内，申请人可以就在先申请的发明专利申请同一主题的在后实用新型专利，也可以就在先申请的实用新型专利申请同一主题的在后发明专利，这给申请人选择最恰当的专利申请种类提供了方便。

○ 例如，申请人提交了一项发明专利申请后，在优先权期间发现了影响其创造性的现有技术资料，为避免可能被驳回，可就相同主题提出一项实用新型专利申请，以增加取得专利权的可能性。

○ 又如，申请人提交了一项实用新型专利申请后，在优先权期间又完成了其产品的生产方法，为使该方法能一起得到保护，可就相同主题的产品及其生产方法提出发明专利申请。

3. 专利申请时机的选择

在决定了申请专利之后，就必须进一步确定申请专利的时机，时机选择的基本原则是：

- 在竞争激烈、研究水平占明显优势的领域需要抢先申请。
- 在确切得知竞争对手一时还研制不出相同的发明创造时，

则可以等待时机，当竞争对手即将但还未开发出来时，再去申请专利。

● 有时候，企业应先申请基本专利，再逐步开发并申请改进专利；有时候，则可等应用研究和外围开发取得成功后，同时申请基本专利和改进专利；有时候，也可先申请改进专利或外围专利，然后再申请基本专利。各个企业可根据自己的实际情况，从发明创造的特性出发，选择不同的申请时机。

一般而言，申请得越早越好。尽早申请可以减少丧失新颖性的可能。如果不及时申请，还有可能被竞争对手先行申请。申请过晚，容易使发明创造失去新颖性而不能获得专利权，如果被竞争对手抢先申请，后果更是不堪设想。

可怜的古列与贝尔几乎同时发明了电话机，
只不过申请专利时他比贝尔晚了两个小时。

但事物总是一分为二的，过早申请也会产生一些不利后果。

● 根据专利法规定，专利权的期限从申请日算起，早一天申请，也就意味着早一天结束。对于那些他人一时研制不出、自己也不准备马上实施、同时希望取得较长时间独占权的发明创造就不宜过早申请专利。

● 过早申请会导致过早地向竞争对手暴露目标，容易遭到攻击。这样的例子在国际商业竞争中已屡见不鲜，竞争对手会趁机在此基础上进行新的研究而超越自己。

● 过早申请往往导致不完善的发明构思并最终难以获得专利权，同时还将面临方案被公开的严峻局面。

● 过早申请常常导致申请文件不够全面，外围专利以及改进专利的申请还不能跟上，难以形成有效的专利网络保护，从而给对手以可乘之机。

总之，由于发明创造本身和市场竞争的形式千姿百态，申请专利的时机也是千变万化，必须根据具体情况作出正确选择。

4. 专利申请文件撰写技巧

撰写专利申请文件是在与未来可能的专利侵权者进行赌博，是在与未来可能的专利侵权者签订关于划分独占权利范围和自由使用技术范围的契约。如果专利文本本身没写好，起诉人家侵权的时候，发现自己的专利仅是个摆设，漏洞百出，结果是“人财两空”。

对于专利申请人来说，写专利申请文件如果可能，可以寻找有经验的专利代理人，使专利文本将来既能当矛又能当盾。

● 撰写专利说明书应进行的准备工作

（1）全面研究、分析发明，确定发明技术领域，深入了解发明实质。在这个过程中，要准确确定发明的技术领域，应结合IPC国际专利分类法来进行。在分析发明的实质时，应当对发明人的“发明点”进行认真分析。如是产品发明，要深入研究产品的静态结构、动态结构以及使用操作过程。如果是方法发明，应深入研究其各个步骤和工序，以及各个工序中使用的工艺参数和条件。

（2）认真进行全面检索。做好专利申请前的检索，是申请人撰写好申请文件和顺利获得批准的前提条件。申请人对检索的结果要进行分析研究，以确定哪些是属于影响新颖性的材料，哪些是影响创造性的材料，哪些仅仅是背景材料。对关键的材料要深入研究。

（3）确定最接近的对比文件。在检索结果证明发明不丧失新颖性后要确定最相关的文献。特别是对于改进发明，应对发明原型的文献进行深入细致的分析，明确它的优点和不足，根据它的不足可以提出本发明的任务，同时要确定它与本发明共有的必要技术特征。

（4）明确保护范围。如何确定一个合适的保护范围很重要。太宽了，审查员通不过，专利批不了，太窄了，发明人的利益不能得到充分的保护。所以应选择一个尽可能宽的、但又能够通过审查的、合适的保护范围。

● **撰写专利说明书和权利要求书需考虑的因素**

关于专利说明书与权利要求书如何撰写，包括很多内容，这些具体的技术性非常强的要点本书不作太多涉及，因为它应该放到一本单独阐述的图书里面去。

这方面内容你需要了解很多，如说明书撰写的总体要求、组成（名称如何更加精确、附图的主视图侧视图以及剖视图等）。如果你的工作包括这些内容，那么毫无疑问，你需要拥有一本甚至几本这方面的指导书作为参考。我在这里将先把起草这些文件需要考虑的主要因素告诉你。

写好说明书和权利要求书，要尽可能公开足够的实施例并进行合理的概括，以便得到尽可能大的保护范围，使对方绕不过去，防止对方的变相侵权。

我国实行专利先申请原则，对于同样的发明创造，专利权只授予最先申请的人；同时专利法规定，申请文件向知识产权局递交后，即不允许增加任何实质性的新内容。由于申请时递交的原始专利申请文件就是以后进行专利审查以及授权后进行侵权判断的依据，因此，认真撰写好申请文件是顺利通过实质审查和切实得到专利保护的基础和关键。

在撰写申请文件时，应当注意处理好充分公开和保护技术秘密的关系。一方面，发明的技术方案必须达到本领域技术人员借助于专业常识就能够实施的程度，以满足充分公开的要求；另一方面，发明的最佳方案或实施的某些细节若不易泄漏，则可以作为技术秘密予以保留，多设一层保护的防线。然而，如果最佳方案容易泄漏或者容易找到，则应当予以公开，并写成从属权利要求，以防止以后出现选择发明。

专利法第56条规定：“发明或者实用新型专利权的保护范围以其权利要求的内容为准，说明书及附图可以用于解释权利要求。”专利法第26条第4款还规定：“权利要求书应当以说明书为依据，说明要求专利保护的范围。”这就是说，只有在说明书中尽可能公

提醒

说明书撰写中常见的错误

○ 没有充分公开。说明书对发明创造进行充分的公开，是为了说明申请的内容具有新颖性、创造性和实用性。专利局可以根据说明书给出的内容决定是否授予专利权。因此，说明书公开的内容应当给权利要求以支持，否则，就不会授予专利权。

○ 说明书内容不支持权利要求。权利要求书中使用的措词和对特征的描述应与说明书完全一致。

○ 不符合单一性原则。申请人往往忽略“一发明一申请”原则，容易把一项科研全过程的成果写入一份申请中，这也是常见错误之一。

○ 使用广告性用语，不适当地贬低现有技术，无根据地夸大自己发明。

开足够的实施例并进行合理的概括，才能得到尽可能大的保护范围，使对方绕不过去，防止对方的变相侵权。

专栏：为使专利权免遭无效而被迫和解的朗科

曾经称为中国知识产权第一案的朗科与华旗U盘专利之争，以出乎人们意料的“和解”让关注该案的业内厂商和法律界人士大跌眼镜。朗科为什么会突然与其国内的对手北京华旗握手言和？导致朗科案和解的真正原因，在于专利文件撰写上的失误。

在2006年4月27日至28日举行的无效宣告程序的审理中，请求人北京华旗正式从以下几个方面追问朗科U盘专利的专利性：

（1）专利文件的修改超范围。

(2) U盘装置的独立权利要求得不到说明书的支持。

(3) 该专利缺乏创造性。由于发明人承认了通用串行总线和快闪存储器属于现有技术，所以发明人必须在利用这些现有技术的基础上，公开自己对现有技术所作出的贡献，然而，发明人对此并无贡献。

(4) 权利要求所要保护的主题逻辑混乱。

朗科无法对上述问题作出合理的解释。

朗科专利案折射出这些问题，在当前还很具有普遍性。例如，片面追求专利申请的尽快授权，朗科专利申请过程中采用了《审查指南》规定的“加快程序”，其授权时，审查员没有进行专利检索，甚至审查员还容忍了朗科的超范围修改，这些行为表面上看似乎有利于申请人，实际上为专利无效埋下了一颗“定时炸弹”。审理中，请求人就是从上述问题入手向朗科专利发起冲击。

我们从中读到的启示是，保护知识产权不等于一味地保护专利权人，专利权如果要得到切实保护，必须从如何提高专利文件的撰写质量抓起。

资料来源：《难言之隐岂会一“和”了之》（瞿友胜，法制日报，2006年07月11日）；《华旗与朗科握手言和》（黄懿，南方都市报，2006年6月17日）

【思考与行动】 （5分钟）

1. 你有没有自己或安排代理人做过专利申请，那么现在请你闭上眼睛，在脑海里回忆一下，在那（些）次的申请中，你存在哪些失误？

2. 你或你的企业以后一段时间有没有计划申请的专利？如果有，请试着在这里列出申请计划的要点，比如计划申请专利种类、申请时间等。

○ ______________________________

○ ______________________________

○ ____________________

○ ____________________

○ ____________________

○ ____________________

○ ____________________

5. 专利申请程序

◆ 委托专利代理人

国内人士申请专利，可以自行申请，也可以委托专利代理人。鉴于申请专利是一项专业性非常强的工作，稍有不甚就会出现差错，轻则对专利文件进行修改，重则专利申请无效，所有的投入前功尽弃。因此为保险起见，建议申请专利委托专业的专利代理人进行。

外国人在我国申请专利，必须委托专利局指定的专利代理人。

挑选代理机构时，要考虑代理机构的资质、规模、专业覆盖面、特长、收费等因素。我国目前专利代理不受地域的限制，同时代理费全国各地数额不等，你尽可多方比较后再选择。不过建议也不要一味地强调价格低时间快，质量更为重要。

选择代理人时，你可以从技术能力、法律修养和基本素质几个方面来衡量代理人水平，其中特别要关注的是代理人专业，因为撰写申请文件是一次再创造，原则上必须专业对口。

委托专利代理人申请专利一般要经过以下几个步骤:

● 接洽

确定发明创造的内容是否属于可以申请专利的内容；确定发明创造的内容可以申请哪一种专利类型（发明、实用新型、外观设计）。

● 签定代理委托协议

明确申请人和专利代理机构之间的权利和义务，主要是约束专利代理人对申请人的发明创造内容负有保密的义务。

● 技术交底

申请人向专利代理人提供有关发明创造的背景资料或委托检索有关内容；申请人详细介绍发明创造的内容，帮助专利代理人充分理解发明创造的内容。

● 确定申请方案

代理人在对发明创造的理解基础上，会对专利申请的前景作出初步的判断，对专利授权可能性很小的申请将建议申请人撤回；若专利授权前景较大，专利代理人将提出明确的申请方案、保护的范围和内容，在征得申请人同意的条件下开始准备正式的申请工作。

● 准备申请文件

撰写专利申请文件；制作申请书文件；提交专利申请并获取专利申请号。

◆ 专利申请程序

● 向专利局或其专利代办处递交规范性申请文件。

发明专利和实用新型专利包括请求书、权利要求书、说明书、说明书附图（有些发明可省略）、说明书摘要、摘要附图（有些发明可省略）；外观设计专利包括请求书、外观设计图片或照片、外观设计简要说明。

● 专利局（代办处）受理

经过专利局（代办处）初审，如果符合《专利法》有关规定，则下达《受理通知书》，申请人在规定期限内交纳申请费。

● 专利局审查和批准

实用新型和外观设计专利申请经初步审查没有发现驳回理由的，下达《授权通知书》，授予专利权，申请人在规定期限内办理登记、交费手续，获得专利证书。如果专利申请文件需要修改的，则下达《补正通知书》，补正后合格，则授予专利权；补正后不合格，则予以驳回申请。

发明专利分初审和实审两个阶段。申请初审合格，可在申请日起3年内提出书面实质审查请求并交审查费，逾期未提出，申请视为撤回；经初审后需要修改的，则下达《补正通知书》，补正后合格，则提出书面实质审查请求并交审查费，补正后不合格，则予以驳回申请。

发明专利申请实质审查合格，授予专利权，申请人在规定期限内办理登记、交费手续，获得专利证书；实质审查后需要修改的，则下达《补正通知书》，补正后合格，则授予专利权，补正后不合格，则予以驳回申请。

● 复审和诉讼专利

申请人对驳回申请的决定不服的，可自收到通知之日起3个月内，向国务院专利行政部门设立的专利复审委员会请求复审。复审委员会复审后作出决定，并通知专利申请人。专利申请人对复审委员会的复审决定不服的，可自收到通知之日起3个月内向人民法院起诉。

小知识

专利申请规费表（元）

申请类型	申请费	印刷费	实审费	合计	减缓后(单位)
发明专利	900	50	2500	3450	1070
实用新型专利	500			500	150
外观设计专利	500			500	150

6. 何时宜申请专利

当发明创造属于专利法保护的对象并符合申请专利的条件，如果不申请专利，则会出现巨大的法律风险。为避免法律风险，出现以下几种情况可以考虑申请专利。

● 从技术的难易程度考虑，下列情形宜申请专利

（1）技术难度属于“一点就破”的技术。在发明创造以前很难想到，但是搞出来以后大家都认为很简单，一看就会。这种技术如果没有专利保护，它一进入市场就会遭到大量的仿制。

（2）一些发明创造很容易被他人开发出来，只是时间早晚的问题。这种情况如果自己不申请专利而他人申请专利，反过来会限制自己。

（3）通过逆反工程分析易于得出的发明创造，如化学物品，可通过分析该产品成分而得知该产品配方，从而使产品秘密暴露在竞争者面前。

● 从经济价值考虑，下列情形宜申请专利

（1）应用很广、商业价值大的发明创造，像节能、环保等技术；

（2）产品经济寿命长于专利保护期的；

（3）开发周期长、开发费用远大于专利申请费的，如药品等；

（4）专利是相对于竞争对手仅有的优势；

（5）发明创造为基本发明或重要发明，竞争对手难以绕过。

● 从技术应用角度考虑，下列情形宜申请专利

（1）对于打算转让或许可他人使用的发明创造，应及时申请专利以确定其法律地位，以便在将来的转让谈判中居于有利位置。

（2）拟向外国投资，在该国使用有关技术进行生产，或者向该国出口专利产品，应将该发明创造在该国申请专利。

7. 申请外国专利

从现实来看，在海外专利申请的队列中，中国企业的身影少得可怜。这是中国企业目前面临的一大困境：海外专利申请缺乏竞争力。

通过技术上的优势，以专利申请占领美国市场正成为跨国公司的重要工具。2003年，日本在美国申请专利为4.5万件，中国香港特别行政区则为892件，中国内地企业在美国仅仅申请了887件，中国与日本之间相差高达52倍。

下面我们看最近又一个行业被专利狙击的案例，欧盟利用反倾销诉温州打火机未果后，最终拿出专利技术壁垒来限制打火机在欧洲的销售，即从2007年3月11日起执行针对温州打火机的CR法规（Child Resistance Law，即儿童安全法案），要求安装带欧洲专利的儿童锁的专利技术壁垒。欧盟关于加装“防止儿童开启装置”的规定在国际上统属于CR法规，此次CR法规的内容包括：出口价在2欧元以下的打火机必须安装防止儿童开启的安全锁、禁止玩具形打火机进入欧盟市场等。

为保护本国的相关产业，1994年美国实行了CR法规，这一规定使有着低成本、低价位优势的温州打火机一直较难进入美国市场。2001年起，欧盟数次试图推出CR标准，均因中国相关部门和企业据理力争而未果。欧盟这次拟采取的措施基本上是借鉴美国的做法。

作为中国金属外壳打火机的生产基地，温州年产销5亿只打火机，占全国打火机出口总量的80%，而出口欧洲的比例则占温州市打火机出口总量的60%以上，出口价格通常在1欧元左右。由于为打火机安装安全锁必须申请专利，因而温州企业对于安全锁的研究空间已被“专利壁垒”挤压得极小。CR法规的成立，预计至少会影响温州打火机五成以上出口量。其中，被禁入的新奇打火机超过3000个品种。

温州打火机企业目前纷纷在研发安全锁，可安装安全锁不仅提高了每个打火机约15%~20%的成本，更严重的是安全锁专利大多被掌握在欧盟、美国的生产商手中，如果与欧盟企业研发的安全锁

80%相似将会被起诉。欧盟的打火机企业已经研发了众多的安全锁并注册了专利，国内企业在安全锁研发方面空间很小。欧盟企业很多技术设计出来后却不投放生产，就等着赚中国企业的专利费。

由此可见，中国企业在海外专利申请方面的“慢热”意识当引起我们警醒。

◆ 申请外国专利的途径

中国于1985年3月19日加入《巴黎公约》，于1994年1月1日加入《专利合作条约》（PCT）。因此，目前中国申请人可以通过《巴黎公约》或PCT途径申请外国专利。

● 通过《巴黎公约》的途径申请外国专利

《巴黎公约》的重要原则之一是“优先权原则”，它是申请人在该公约一成员国就一项发明创造第一次提出申请后，在一特定期限内（即优先权期限：外观设计为6个月，发明或实用新型为12个月）同一申请人就同一发明向其他成员国提出申请时，这些在后申请被认为是与第一次申请同一天提出的。

优先权原则的确立为申请人带来极大的方便。申请人在某一成员国提出申请后，可有6个月或12个月的时间就是否申请外国专利作出决定。一旦申请人决定申请外国专利，即可在上述期限内提出申请并要求优先权。

需要我们注意的是：

（1）根据中国专利法第20条的规定，申请人申请外国专利的，首先应当向中国专利局提出专利申请，然后方能申请外国专利。

（2）申请人在优先权期限内申请外国专利可享有原中国专利申请的优先权。若原中国专利申请已超过优先权期限但尚未公开，则公开日之前也可申请外国专利，但不再享有优先权。

● 通过 PCT 途径申请外国专利

申请人可在“最后瞬间”提出申请。由于PCT申请可用中文提交，因此，申请人可以在优先权期限的最后一刻提出申请。

申请人可自申请日起9个月或优先权日起16个月获得一份检索报告。申请人还可以自申请日或优先权日起28个月内获得一份初步审查报告。申请人可根据上述两个报告所确定的现有技术水平决定是否进入国家程序。

与直接通过《巴黎公约》申请外国专利的途径相比，PCT申请可将进入国家阶段的时间推迟8个月或18个月，这对于那些尚未作好准备的申请人来说无疑是有利的。

需要我们注意的是：

（1）根据中国专利法第20条的规定，申请人申请外国专利的，首先应当向中国专利局提出专利申请，然后方能申请外国专利。

（2）申请人在优先权期限内申请外国专利可享有原中国专利申请的优先权。若原中国专利申请已超过优先权期限但尚未公开，则公开日之前也可通过PCT途径申请外国专利，但不再享有优先权。

（3）申请人可通过PCT途径同时申请中国和外国专利。根据中国专利局《关于中国实施专利合作条约的规定》第33条，申请人第一次申请即提出国际申请的，该申请的指定国或选定国应包括中国。

小知识

申请外国专利应签署或提供的文件

○ 委托书；

○ 委托书明细表，包含以下信息：申请人姓名（名称）及地址，发明人姓名及地址，拟申请专利类别，申请国别，原申请日、申请号、申请专利类别，是否要求优先权，是否在申请同时提出实质审查请求等；

○ 原中国专利申请的请求书、受理通知书、原专利申请文件（包括说明书、权利要求书、附图及摘要）；

○ 现有技术资料（申请人所知的与发明密切相关的专利文献、科技文献等）。

◆ 优先权

优先权是指申请专利人就一项发明在一个缔约国提出申请之后，在规定的期限内又向其他缔约国提出申请，申请人有权要求以第一次申请日期作为后来提出申请的日期，这一申请日就是优先权日。

法律规定

专利法之优先权规定

专利法规定，申请人自发明或者实用新型在外国第一次提出专利申请之日起12个月内，或者自外观设计在外国第一次提出专利申请之日起6个月内，又在中国就相同主题提出专利申请的，依照该外国同中国签订的协议或者共同参与的国际条约，或者依照互相承认优先权的原则，可以享有优先权。申请要求优先权的，应当在申请的时候提出书面声明，并且在三个月内提交第一次提出专利申请文件的副本，未提出书面声明或者逾期未提交专利申请文件副本的，视为未要求优先权。

专利国际申请优先权，则是指专利申请人就其发明创造的成果第一次在居住国以外的国家提出专利申请，在专利法规定的专利期限内，又就同一主题的发明创造向居住国外的另一个国家提出专利申请，依照有关国家法律的规定，可享有的优先权。

申请人提出书面声明应包括以下内容：第一次提出申请专利的申请日；申请专利的申请号；第一次提出专利申请的国家。未写明这三点的，视为未提出优先权申请。

申请国际优先权的申请人在中国没有经常居所或者经营场所，应提供下列文件：国籍证明；申请人是企业或者其他组织的，其营业所或者总部所在地的证明文件；申请人的所属国、承认中国单位和个人可以按照该国民的同等条件，在该国享有专利权、优先权和其他与专利有关的权利的证明文件。

根据《专利法》，取得优先权必须符合下列条件

○ 向国外申请优先权的，受理申请人第一次申请的该外国必须与我国共同参加了有优先权规定的国际条约，或者与我国签订了互相承认优先权的双边协议，或者承认我国国民在该国享有优先权。

○ 申请外国优先权的专利包括发明专利、实用新型专利、外观设计专利。

○ 申请本国优先权的专利包括发明专利和实用新型专利。

○ 申请外国优先权，其第一次申请必须是经外国专利机关受理并给予的优先权日的正式申请，申请是否能获批准，不影响申请优先权的基础条件。

○ 申请本国优先权，其第一次申请必须是经国务院专利行政部门受理并给予优先权日的正式申请。但是，提出后一申请时，该第一次申请已经要求过外国或者本国优先权，或者已经授与专利权，或者属于按照规定提出分案申请，均不能作为申请本国优先权基础条件。

○ 无论是申请外国优先权还是申请本国优先权，均要要求后一申请与前一申请具有相同主题，如果后一申请超出了前次申请的主题，不享受优先权，而只能就其中共同部分申请优先权。

○ 合案申请，允许其中一项享有优先权，也允许其分别享有优先权日。

○ 申请本国优先权的，可以改变专利申请的种类，其优先权不受影响，只要后一次申请的主题与前次申请的主题相同。

○ 在我国的后一次申请必须在优先权期内提出，还必须满足后次申请人是前次申请人的合法继承人。

○ 申请优先权必须在申请权利时同时提出声明，并在《中华人民共和国专利法》规定的3个月期限内提交由国务院专利行政部门制作的前次申请专利的文件副本，超过期限，视为未提出优先权请求。

◆ 申请国别的选择

向国外申请专利一般要求在一定的优先权期限内完成，所以向外国申请专利的许多准备工作，一般是在提出国内专利申请时就同时进行的。专利申请的这些准备工作不仅包括有关申请文件的撰写，更重要的是研究当前的国际市场行情并据此进行申请外国专利的国别选择。选择在哪些国家申请专利，取决于占领市场的需要。一旦认为某项发明在某国有广泛的市场，就应考虑向该国申请专利。

选择专利申请国时应考虑的因素：

标杆借鉴

杜邦的国家选择策略

很多年以前，杜邦公司已经建立了指导方针，这些方针用来指导申请外国专利保护时，哪些国家应被考虑。其中关键的一个因素就是商业上的需要。除此之外，还有既定国家的专利法规，对他人专利的尊重的历史记录及该国家专利权人加强其专利的能力。

（1）控制竞争对手所在国。竞争对手产品的生产制造以及销售的相当部分一般都是在其本国。如果取得了竞争对手所在国的专利权，就有效地控制了竞争对手。如果仅仅是在对手的某个外国市场申请专利，则竞争对手完全有可能向别的外国市场投放产品，所以说“杀伤力”不大。

（2）控制产品工艺来源国。有的时候，可能某项专利产品在许多国家都有市场，但由于产品工艺的关系，这只有一个或少数几个国家能够制造。倘若想占领该产品市场，就只得在该产品的工艺来源国申请专利即可。

（3）如果有许多竞争对手并且遍布各个国家，就应控制由这些竞争对手供应的主要市场。同样，对于只需有限投资就可以生产的产品来说，重心应放在控制主要市场国家，而不是生产制造国家。

通过以上分析，我们对申请外国专利的国别选择有了一些了解。但在具体的操作中，还应根据申请人自身的经济实力与发展计划，结合自己的市场发展战略作出适当的选择。

向外国申请专利，是一件既费时又费钱的事，向多个国家申请专利更是如此。但是如果运用国际专利制度的某些规定，则可做到事半功倍。

实战建议

PCT

因为 PCT 成员可以有另外的 18 个月的时间，企业可以在这一年半的时间里更多地了解该项发明及其可行性，同时又不影响其在 PCT 成员国中的位置。对于那些不是 PCT 成员国的国家，专利申请必须在 1 年内提交。

如果向多国申请专利，首先应充分利用《专利合作条约》（PCT）所提供的方案，根据PCT的规定，申请人若要向数个PCT成员国申请专利，只需向条约指定的受理局提出一次国际申请并指明要求给予保护国家的名称即可，无需一一提出申请，从而大大方便了申请人。

利用《欧洲专利公约》（EPC）向欧洲数个国家申请专利，也只要向欧洲专利局提出一次申请。此外，英国所批准的专利可以在许多其前殖民地受到保护，故在向英国申请专利也应考虑这种情况。

标杆借鉴

朗科的国际专利之路

2004年12月7日朗科申请4年的“用于数据处理系统的快闪电子式外存储方法”（专利号ZL99117225.6）的闪存盘基础专利已经获得美国国家专利局的正式授权（美国专利号为：US6829672）。

据称，朗科的专利是经过美国专利局两名审查员4年零2个月的严格审查，击败全球19项相关技术专利文件获得授权的。

截至2005年初，朗科公司基于闪存盘累计申请了近200项专利，其中发明专利占大部分，在美国有两项发明专利获得授权，在日本和韩国各一项，在中国台湾地区和中国香港也有专利授权。

由于发明专利具有唯一性，这意味着朗科专利已经无可争议地成为全球闪存盘领域最为基础的发明专利，为其开展专利运营铺平了道路。

8. 专利申请注意事项

◆ 发明专利申请期间的自我保护

我国对发明专利的授权实行早期公开延迟审查制度。从发明专利开始申请到授权后可以分为三个阶段，分别处于三种权利状态：

- 第一阶段是从申请到公布技术方案，专利局在这段时间内进行初步审查；
- 第二阶段从公布后至授权，专利局在这段时间内完成实质审查；
- 第三阶段是授权公报后专利权正式生效。

第一阶段中的专利申请案始终处于保密状态，不为公众接触。在此阶段如果第三人独立发明了相同的技术，专利申请人往往只能等到专利正式授权后再禁止其使用。但当第三人通过非法手段窃取保密阶段的技术内容，权利人可以主张其侵犯商业秘密并提起诉讼。

第二阶段中的专利申请案一方面被专利局加以公开而变成公知技术，一方面在最终授权前又不直接受专利权保护。这里就涉及专利权临时保护问题，也就是指发明专利申请公布后到专利授权前要求使用者支付适当使用费的规定。但是专利权人依据临时保护主张使用者支付的费用并不是侵权赔偿而只是合理使用费。根据专利法第13条和第62条规定，发明专利申请公布后至专利权授予前使用该发明，在发明专利申请公布后申请人就可以要求实施其发明的单位或者个人支付适当的费用。在专利权正式生效后，专利权人可以在被拒绝付费后依法起诉。

第三阶段的专利由于已经被正式授权，受到专利法全面保护。无论第三人通过合法或者非法手段获取专利技术，甚至当第三人是在该专利申请日（有优先权的按照优先权日）之后独立发明相同的技术也必须在专利权人同意后才能使用，否则即构成侵权。

◆ 申请公开方式的选择

发明专利申请公开是指授予专利权前，通过出版物的形式，公开专利申请的技术内容。

按照公开发明专利申请的主体不同，可将发明专利申请的公开方式分为自行公开和国务院专利行政部门公开两类。

自行公开指专利申请人采用出版物方式，由其本人主动向社会公开（通常以发表论文方式）。

国务院专利行政部门公开是指该部门将发明专利申请的请求书、说明书及其摘要，说明书附图和权利要求书以及有关的著录项目全文出版发行。就国务院专利行政部门公开而言，公开方式可分为法定公开和提前公开：

- 法定公开指国务院专利行政部门经初步审查认为发明专利申请符合专利法规定的，自申请日起满18个月予以公布；
- 提前公开指国务院专利行政部门应申请人的请求早日公布其专利申请。

鉴于申请人自行公开专利申请后，从自行公开日到法定公开日这段时间所受的损失法律不予保护，因此应尽量避免自行公开。

◆ 申请公开时间的选择

首先要看专利申请是基础技术还是外围技术，如果是基础技术，不宜提前公开，因为基础技术开发的难度大、周期长、竞争对手不易突破。但当基础技术公开后，竞争对手更容易开发出外围技术，对基础技术形成包围势态，不利于基础技术的实施。如日本的索尼公司在基本发明成功后，一般要等到其应用和周边研究大体成功后，才成批提出专利申请；如果专利申请是外围技术，则正好相反，宜提前公开。

再者要看专利申请技术所处技术领域的发展状况，如果所处技术领域发展迅速，竞争激烈，如电子、通信、生物工程、计算机等行业，竞争对手易开发出类似技术，提前公开发明专利申请可阻止其取得专利权，有利于自己的竞争地位。

其次，还要看专利申请人是否急于实施，希望尽快获得专利权，如果作好了生产准备，急于投放市场，尽快取得经济效益，最好提前公开专利申请。专利申请的目的也是一个不容忽视的因素，如果申请专利的目的是阻止竞争对手进入，宜提前公开专利申请，破坏竞争对手类似申请的新颖性或创造性，从而防止竞争对手分割市场。

总之，专利申请人应在综合考虑各种因素的基础上，作出有利于自己的决策。

提前公开发明专利申请的好处

○ 一是可以缩短审批时间，早日获得专利权，因为根据专利法规定，只有在发明专利申请公布后，才能进入实审程序；

○ 二是可以获得更长的临时保护期，从而避免了可能的损失；

○ 三是可以避免竞争对手就相同或类似申请在国内外获得专利权。因为科技发展迅速和取得信息的方便化，几个申请人提出相同或类似申请的时间越来越短，而判定发明专利申请的授权条件的新颖性和创造性是与现有技术相比，现有技术是一个用来衡量发明创造是否具有新颖性和创造性的客观参照物。

提前公开发明专利申请的风险

○ 一是提前公开虽可早日获得临时性保护，但在获得专利权之前，不能获得充分的、有效的法律保护。即专利权人请求处理或诉讼的标的是支付适当的费用，而不是侵权之诉，因为在授权之前的实施行为不属于侵权行为。

○ 二是专利申请技术一旦公开，就成为现有技术，申请人丧失了主动撤回专利申请的机会。

○ 三是提前公开使竞争对手了解专利申请技术的时间提前，更早地在此基础上进行创新，不利于专利申请人的竞争地位。

◆ 独立权利要求与从属权利要求

专利权的大小和范围是由权利要求书决定的。作为专利申请文件中最重要的权利要求书，其撰写质量对权利人而言至关重要。权利要求书中应当至少包括一项独立权利要求，还可以包括从属权利要求。

独立权利要求应从整体上反映发明或实用新型的技术方案，记载解决技术问题的必要技术特征。

在一件申请的权利要求书中，独立权利要求所限定的一项发明或者实用新型的保护范围最宽。

一件申请的权利要求书中，应当至少有一项独立权利要求。权利要求书中有两项或者两项以上独立权利要求的，写在最前面的独立权利要求称为第一独立权利要求，其他独立权利要求称为并列独立权利要求。

关键词

必要技术特征

它是发明或者实用新型为解决其技术问题所不可缺少的技术特征，使发明或实用新型技术方案区别于所有在先技术方案的发明点及专利授权后可以得到保护的范围。

如果一项权利要求包含了另一项同类型权利要求中的所有技术特征，且对该另一项权利要求的技术方案作了进一步的限定，则该权利要求为从属权利要求。

由于从属权利要求用附加的技术特征对所引用的权利要求作了进一步的限定，所以其保护范围落在其所引用的权利要求的保护范围之内。

从属权利要求中的附加技术特征，可以是对所引用的权利要求的技术特征作进一步限定的技术特征，也可以是增加的技术特征。

发明或者实用新型的从属权利要求应当包括引用部分和限定部分，按照下列规定撰写：

（1）引用部分：写明引用的权利要求的编号及其主题名称；

（2）限定部分：写明发明或者实用新型附加的技术特征。

从属权利要求只能引用在前的权利要求。从属权利要求的引用部分应当写明引用的权利要求的编号，其后应当重述引用的权利要求的主题名称。

从属权利要求的限定部分可以对在前的权利要求（独立权利要求或者从属权利要求）中的技术特征进行限定。在前的独立权利要求采用两部分撰写方式的，其后的从属权利要求不仅可以进一步限定该独立权利要求特征部分中的特征，也可以进一步限定前序部分中的特征。

直接或间接从属于某一项独立权利要求的所有从属权利要求都应当写在该独立权利要求之后，另一项独立权利要求之前。

因为从属权利要求是独立权利要求中阐述的技术的优化方案和进一步限定，独立权利要求的保护范围必然比从属权利要求宽。侵犯从属权利要求就必然侵犯独立权利要求，而侵犯独立权利要求未必直接侵犯从属权利要求。

从属权利也有自身不可替代的重要功能，其中最突出的就是在独立权利要求万一被宣告无效时可以被提升为新的独立权利要求。从属权利要求主要作用是专利权人用来维护专利权不被无效掉。

例如，一个专利独立权利要求请求保护移动电话。如果发现在此之前已经有可独立使用的无线电话，该独立权利要求丧失了新颖性。但是同一专利申请案中有一个从属权利主张保护的是带摄像头的移动电话。假如在此之前确实没有手机装配过摄像头，申请人可以通过放弃原独立权利要求，把从属权利修改为新的独立权利要求从而维持专利申请案得以通过。这就是从属权利的妙用之一。

◆ 分案申请

专利申请单一性原则是指一件发明或者实用新型专利申请应当限于一项发明或者实用新型，一件外观设计专利申请应当限于一种产品所使用的一项外观设计。

● **属于单一性的情形**

属于一个总的发明构思的两项以上的发明或者实用新型，可以作为一件申请提出。

“属于一个总的发明构思”是指具有相同或者相应的特定技术特征。

判断一件专利申请中要求保护的一组发明是否满足发明单一性的要求，就是要看权利要求中记载的技术方案的实质性内容是否属于一个总的发明构思，即判断这些权利要求中是否包含使它们在技术上相互关联的一个或者多个相同或者相应的特定技术特征。

这一判断是根据权利要求的内容来进行的，必要时可以参照说明书和附图的内容。

用于同一类别并且成套出售或者使用的产品的两项以上的外观设计，可以作为一件申请提出。

所谓同一类别，是指产品属于分类表中同一小类。

成套出售或者使用，是指各产品的设计构思相同，并且习惯上是同时出售、同时使用。

依照上述规定将两项以上外观设计作为一件申请提出时，应当将各项外观设计顺序编号标在每件使用外观设计产品的视图名称之前。

● **不属于单一性的情形**

一件专利申请不符合单一性要求的，申请人应当对该申请进行修改，将其内容限定在符合专利法有关单一性规定的范围之内。申请人可以把从原申请中删除的内容再提出一件或者若干件方案申请。

（1）原始提交的权利要求书中包含不属于一个总的发明构思的两项以上发明的，申请人应将该申请限制至其中一项发明（一般情况是权利要求1所对应的发明）；对于其余的发明，申请人可以提交分案申请。

（2）在修改的申请文件中所增加或替换的独立权利要求与原权利要求书中的发明之间不符合单一性。

（3）独立权利要求之一缺乏新颖性或创造性，其余的权利要求之间缺乏单一性。

（4）某一独立权利要求（通常是权利要求1）缺乏新颖性或创造性，导致与其并列的其余独立权利要求之间、甚至其从属权利要求之间失去相同的或者相应的特定技术特征，即缺乏单一性，因此需要对申请作分案处理。

【思考与行动】（3分钟）

根据我在上面对诸多专利申请细节和知识的介绍，请你记录一下你认为最有价值（也可能是你过去有些忽视）的几个注意细节要点，以加深自己的印象，让这些“低级错误”永远成为过去时。

○ ______________________________

○ ______________________________

○ ______________________________

○ ______________________________

战术运用7：铁壁铜墙

——知识产权防御战

【本章提要】

□ 专利网——防御战的关键武器

□ 构筑“公开策略”防御阵地

“要想挫败敌人的进攻计划，只有采取积极防御，也就是攻势防御。”

——崔可夫（前苏联）

“让我们永远牢记：防御是进攻的基础；也让我们永远不要忘记：适时的防御是胜利的基本保证。”

——富勒（英）

知识产权防御战是指构筑自己坚固的知识产权阵地，不给竞争对手以可乘之机，维护自己领先知识产权竞争地位，有效地保护和壮大自己，从而以守为攻，进一步强化自己的竞争优势。

过去有观点将请求宣告无效、寻找漏洞等处于弱势地位的“自卫反击战”称为“防御”，其更多是从攻守方的能力强弱角度来看待。事实上，我认为他们的这种战术，与其说是“防御战”，不如说是带有反击色彩的“侧翼战”更合适，强大者也需要有效的防御。

防御战是在市场上具有领导地位或较强实力的企业所进行的。战略成功的关键是要着力于影响企业成败的关键因素，包括以建立知识产权正面竞争优势为根本目的，以“你做得好、我做得更好”为宗旨，把主要精力放在竞争对手也努力的方面，同时用强有力的手段及时阻截可能随时出现的强大竞争活动。

有时企业间为了防止造成侵权而采取的相互间交叉许可实施对方专利，也被用于知识产权防御。

我在这里会阐述两种经常运用的防御战术：构建专利网与实施公开策略。

1. 专利网——防御战的关键武器

国内一些企业往往存在只专注某一个或两个核心专利申请的现象，国外公司仅一个核心专利的外围专利就多达数十个，甚至上百个。如高盛，仅一个核心专利的外围专利就有上百个。

安全的防御，就是要让对手吃惊和哭泣

专利网是专利攻防战中以守为攻的首选武器，在本企业的核心技术周围开发许多外围技术，以便形成许多外围小专利，类似于现实战场上的核心阵地旁边安置无数策应和外线掩护阵地。

“专利网”围绕着基本专利，将其改进技术及外围相关技术均申请专利，形成一个由基本技术，并同外围相关技术一起构成的专利网，在自己的基本专利受到冲击时，采取层层围堵的办法加以对抗，进而形成本企业专利壁垒，使竞争对手无法攻破。

作为全球专利多元化的霸主，IBM最擅长使用的就是专利网战略，IBM专利网战略有两层含义：自己拥有基本专利，再开发外围技术或是相关技术，形成一个严密的专利防守网；自己没有拥有基本专利，但是抢先在基本专利人之前开发出外围技术，对基本专利人形成一个包围圈，使自己在没有掌握基本专利的情况下，仍然可以占领市场。此外，对于基本专利人来说，实施专利网战略还可以延长自己的专利保护时间，即使在基本专利过了保护期，IBM仍然可以利用外围专利构建技术壁垒。

标杆借鉴

飞利浦石油公司的专利网

美国飞利浦石油公司在取得耐热性能出类拔萃的热塑性树脂聚苯硫醚的基本专利之后，又不断改进，陆续取得了从制造、应用到加工等外围技术专利300余件。因此，尽管基本专利于1984年11月到期，但大量的外围专利在那之后仍在有效期内，使得基本专利可以继续得到有效保护。这是利用外围专利延长专利保护期限的例子。

2. 构筑“公开策略”防御阵地

有时候，某些发明创造的市场前景并不理想，没有必要取得独占权，如果申请专利，需花去一笔不少的费用，可能不划算；如果将该发明创造作为商业秘密保护，则担心竞争对手一旦得知该发明创造并抢先获得专利权，对自己构成威胁。

在这种情况下，可将该发明创造的内容公开，使竞争对手以后可能递交的专利申请失去新颖性，以阻止他人获得专利权，从而达到自己不申请专利，又不必被他人申请的目的。IBM公司就常采用这一战略，在自己公司的刊物上发布这类技术发明。

美国专利与商标局公报中有一专栏名为《防卫性公告》，专门刊登这类信息。日本、英国则各有一种刊物专司此职：日本的叫《公开技报》，英国的叫《研究公开》。

采取公开战略时要注意以下事项：

（1）公开发明创造的内容时，只要将其基本内容公开到足以破坏此后可能递交的专利申请的新颖性即可，不必公开所有的细节。特别是其中的关键内容，只要他人不易研究出来，尽量不要公开。

（2）为尽快和小范围公开，可在本公司的出版物或者选择在发行面窄、发行量少的出版物上公开。

（3）公开战略可和专利申请结合起来运用。根据专利法规定，在中国政府主办或者承认的国际展览会上首次展出或者在规定的学术会议或者技术会议上首次发表后6个月内，申请人申请专利，该技术不丧失新颖性，但对竞争对手来说则丧失了新颖性。因此申请人公司可以在这段时间内，充分考虑是否申请专利，尤其在新产品的试生产尚未成功而竞争对手又有可能搞出相同的专利时，可予以采用。

（4）公开的后果是不可逆转的，因此公开之前一定要慎重，否则将给公司带来巨大的、不可挽回的损失。

战术运用8：善贾而沽
——知识产权商业化运作

【本章提要】

- □ 知识产权资产组合管理
- □ 专利实施
- □ 阻止他人实施提升竞争地位
- □ 实施许可
- □ 转让专利权
- □ 专利技术入股
- □ 知识产权质押

"微隙在所必乘，微利在所必得。少阴，少阳。"

——《三十六计》

1. 知识产权资产组合管理

掌控知识产权资产的第一步是要知道你拥有什么。建议公司列出已经获得的、成文的和正在使用的知识产权清单，并定期更新它。

如果不能把它们变成文化，那么任何东西都不能成为专利，成为商业秘密或其他知识产权工具。

你不仅要知道资产组合的简单统计数据（例如专利和技术的数量，技术群，剩余的专利年限）还要了解该专利的内容和用途，重

及时缴纳专利年费

专利权人每年必须在专利权证书上规定日期内缴纳年费。按专利法规定，专利权人没有按照规定的日期缴纳年费的，专利权将在专利保护期限届满前终止。按照国家知识产权局的要求，专利权人应当在每年对应其申请日的前一个月，缴纳专利年费。

点是技术资产与公司业务相结合的情况，探讨能够最大限度从这些技术获取价值的各种方式，定期提供给管理者公司技术资产的发展与运用的相关报告。建立系统自动跟踪其所在所有发行专利的国中的专利年限。

你应当仔细作好安排，每年按期缴纳专利年费。企业可以委托专门的专利代理机构缴付年费，或者在电脑程序中设置提醒缴费功能。保留了那些好的专利使得它们不被废除，检查并确定所有的维护费用是否已支付，这样所拥有的专利才能真正有效。

你还要不断对现有的知识产权资产运用情况进行评价，对公司业务中使用专利的情况进行分析：是用来支持现存的技术，或是阻止竞争者使用某项技术，还是保留一项技术为将来所用？ 建议哪些专利应该被废除，哪些应该维持；哪些应该获得许可以及哪些应

比亚迪

比亚迪一年专利申请量达 800 件，从 1998 年申请专利开始，到目前已申请各类专利 2000 多项，一年专利申请及维护费达到 500 万到 600 万元，专利权维护是其主要功课。

该通过继续进行专利申请得以巩固加强。

你可以定期浏览商标公告和专利公告，跟踪知识产权有关情报。经常查询专利和商标数据库可以了解最新的技术进展和新技术，确认新的许可对象或提供者，新的市场机遇，跟踪竞争对手的活动，确认可能的侵权者，并避免侵犯竞争对手的权利，这是很重要的。

在这一过程中，应特别关注有无其他企业提出相同或类似专利注册申请，一旦发现，则应当在法定时限内提出异议或无效宣告请求。公司应当向专利局订阅相关公告，或者定期到图书馆查阅；如果委托代理机构，则应当要求对方提供及时的报告。当其他企业或个人针对公司所有的专利提出异议或无效宣告请求时，公司应及时向国家知识产权局有关部门提交答辩意见。

除此之外控制公司成本，及时废除没有经济价值和技术价值的专利也很重要。与申请专利不同，专利申请时主要关注于该专利的未来价值，而对知识产权进行组合分析则更注重其过去与现在所体现的价值。

【思考与行动】（6分钟）

1. 你列过自己公司全部的知识产权资产清单吗？如果没有，请现在就拿出记事本一一记录。

2. 上面我们说到为了做好知识产权管理，需要你做到相当重要的一些工作，现在请你按照你所认为的重要程度列出，并简要标明计划执行的时间和要求，比如要求自己在Outlook或其他日程管理软件上设置每周提醒，让自己按时通过搜索，关注专利领域和竞争对手，或查阅最新的公告。

○ ____________________

○ ____________________

○ ____________________

○ ____________________

○ ____________________

2. 专利实施

公司一旦拥有专利权，就必须积极地进行强化；否则就根本不应该申请专利权。强化专利权最好的方式就是实施。知识产权的价值主要体现在创造盈利收入上。

专利权的典型特征在于“专有其利”，即权利人独享运用专利技术所带来的商业利益，拥有专利就意味着排他性地拥有一个技术产品市场。跑马圈地，专利先行，进入一个新的产品市场，尤其是竞争激烈的高科技产品市场，最好的办法是专利先行，获得入场券，帮助公司打开市场、占领市场、垄断市场。

实施是创造知识产权价值最直接的办法。

企业应根据市场和技术发展情况，实践中应科学地选择专利权的内容，也就是专利的实施方式使专利得以有效地实施。

制造	指专利权人有权自己生产制造该专利产品，他人不得生产制造与其专利产品相同的产品。
使用	在产品专利中，是指专利权人有权使用自己的专利产品；在方法专利中，是指专利权人有权使用专利方法制造产品，并使用直接依该方法直接获得的产品。
销售	指将专利产品或以专利方法制造的产品的所有权按市场价格转让之权利。
进口	是指国家授予专利权人为生产经营目的进口该专利产品或由该专利方法直接生产的产品的权利。
标记	为宣扬其产品的科技含量，专利权人有权在专利产品或其包装上，标明专利标记和专利号。

图12　专利实施方式

产品获得价值，主要在生产、销售和使用三个环节，知识产权人对这三个环节进行了全方位的控制，因此也就获得了绝对的垄断权，为其获取利润提供了保证。

【思考与行动】 （2分钟）

专利主要的五个实施途径，你是否已经全部利用，是否能很自信地说："一切都在我控制之中！"如果不能，那就请马上抓住你大脑现在的火花，记录自己如何改进以实现绝对的控制。

○ ______________________________

○ ______________________________

○ ______________________________

○ ______________________________

3. 阻止他人实施提升竞争地位

新的竞争对手入侵、替代品的威胁、客户的侃价能力、供应商的侃价能力以及现存对手之间的竞争，这五种竞争作用力决定产业竞争的状态。

企业拥有自有专利权或其组合至少能影响潜在入侵者、替代品威胁和现存的竞争这三个方面。拥有关键的专利权将提高潜在入侵者的市场进入壁垒，而只有绕开现有的专利技术、跨过技术障碍才可能产生替代品，这无疑有很大的难度。当然这也是企业进行技术研发的源动力之一。

知识产权是一种把其他竞争者排除在他们的市场领域之外的法律手段。未经知识产权人同意，任何人不可以制造、销售、使用、进口受知识产权保护的产品，或者使用专利的方法制造出来的产品。因此取得专利权可以阻止竞争对手染指特定的市场或技术。

专利权的高度垄断性，使专利权人在市场竞争中处于非常有利的地位，成为排挤竞争对手，垄断市场以获取高额利润的有力武器。

专利法规定的专利侵权行为包括：

（1）未经专利权人许可制造专利产品的行为。包括：制造发明专利产品、实用新型专利产品、外观设计专利产品的行为。专利法对产品专利的保护是绝对的。不论制造者在主观上是否知道其制造的产品属于他人的专利，只要制造了专利产品，就构成专利侵权。

（2）未经专利权人许可使用专利产品或者专利方法的行为。具体包括：使用发明专利产品、专利方法、依专利方法直接获得的产品和实用新型专利产品的行为。

（3）未经专利权人许可销售专利产品的行为。其中包括：销售发明专利产品、依专利方法直接获得的产品、实用新型专利产品和外观设计专利产品。

（4）未经专利权人许可进口专利产品的行为。其中包括：进口发明专利产品、实用新型专利产品、外观设计专利产品和依专利方法直接获得的产品。

（5）假冒他人专利的行为。这种专利侵权行为，是指行为人未经专利权人许可，在自己生产的产品或者产品的包装上，注明专利权人的专利号或者其他专利标记，冒充专利权人专利的行为。

未经专利权人同意实施上述专利侵权行为，轻则赔偿损失、罚款，重则追究刑事责任。

4. 实 施 许 可

在专利权的有效期限内，专利权人享有制造、使用或销售专利产品或者使用专利方法的独占权，并排除他人这样做的权利。当然，他也可以放弃自己的垄断地位，许可他人这样做并收取一定的使用费。

技术成果实施许可与转让最根本的区别是：

专利权转让合同是专利权人将自己的专利权有偿转让给受让方，受让方成为新的专利权人，不仅自己能够实施专利技术、而且还可以许可他人实施专利技术。

专利实施许可合同的转让方不转让专利权，只转让“专利实施权”，受让方只能使用受让的专利技术，并不取得专利权，而且只能在合同约定的范围内实施专利。

- **实施许可的商务考虑**

实施专利许可的部分原因是：

(1) 技术不是公司的核心业务，实施该技术也不在公司最近的计划中，或者技术可以扩展到其他领域，而这些领域是公司不擅长的，这些多余技术没有继续使用的价值，但是对其他公司却很有潜在价值。

标杆借鉴

IBM公司与苹果公司的对比

IBM公司每年通过许可行为赚取的收入超过10亿美元，即使被认为是传统制造业的3M公司，现在每年许可收入也已经超过了其产品的销售收入。

苹果公司不愿意将其操作系统许可经营权授予软件制造商，使其丧失了在个人电脑操作系统上的标准地位。

(2) 没有一项专利是绝对排外的，无论它对于其所有者是多么珍贵。这个价格也许很高，但只要许可申请人愿意支付，即使是对于竞争对手，专利所有也愿意授权。

(3) 只要有足够的时间，别人最终都能够模仿复制领先的技术。想保持垄断地位排斥其他公司进入这一领域呢，还是发给他们许可证允许其继续经营来发展整个行业？授权许可的同时又能给公司带来新的收入源。

(4) 一旦你许可别人使用你的技术，你在市场上获胜的唯一办法就是向前发展并开发更新的技术。因为别人已经掌握了在昨天还是你的新技术。

总的来说，它能够带给知识产权许可方的利益是：第一，在其他条件相同的情况下，竞争者比技术许可方要花更高的成本因为他们要买技术。第二，让竞争对手信赖于你们的技术是有利的，

小知识

是否许可的考虑因素

在公司建立一个有效的许可经营决策之前，你需要考虑以下因素：

- 公司愿意许可经营使用哪种技术
- 公司感兴趣于何种许可经营方式
- 公司将有意于哪类市场
- 公司愿意承担哪样的义务
- 公司收入目标是多少

这比他们被你们拒绝不得不自我开发也许还开发出更先进的技术要好得多。第三，如果让技术人员知道竞争者们现在使用的技术或生产工艺是第一代的还是最先进的一代的，通常就会激发技术许可方的技术工程师们不断努力设计出更先进的一代，于是就继续占有竞争优势。最后，这些技术甚至会成为行业标准，这是一种最好的结果。

- **许可证的定价依据**

在技术许可定价方面，开发这项技术所耗费的成本作为别人开发同样的技术所需成本的基本估计值。然后看受许可人进行这样的技术开发所需要的时间，倘若没有即时提供给他们这项技术，假设自行开发需要3年时间，那么这3年的市场效果就会作为考虑因素加到技术定价中去。

不同的专利实施许可合同，转让方和受让方的权利义务也不尽相同，专利使用费也不相同。在同等条件下，独占实施许可合同中的使用费最高，排他实施许可合同的使用费次之，普通实施许可合同的使用费最低。

- **实施许可的类型**

按照被许可人取得的实施权的范围以及被许可人享有的权利，

可以将专利实施许可分为以下5种类型：

（1）独占实施许可（简称独占许可）是指在一定时间内，在专利权的一定地域范围内，专利权人只许可一个被许可人实施其专利，而且专利权人自己也不得实施该专利。独占实施许可被许可人的地位与专利权人有相似之处。独占实施许可的被许可人可以根据合同的约定独占地实施专利技术，排除专利权人的实施行为，也可以在专利权人不起诉的情况下单独提起侵权诉讼，或者请求人民法院采取诉前临时措施。

（2）排他实施许可（简称排他许可），也称独家许可，是指在一定时间内，在专利权的一定地域范围内，专利权人只许可一个被许可人实施其专利，但专利权人自己有权实施该专利。排他许可与独占许可的区别就在于排他许可中的专利权人自己享有实施该专利的权利，而独占许可中的专利权人自己也不能实施该专利。

（3）普通实施许可（简称普通许可）是指在一定时间内，专利权人许可他人实施其专利，同时保留许可第三人实施该专利的权利。这样，在同一地域内，被许可人同时可能有若干家，专利权人自己也可以实施。普通许可是专利实施许可中最常见的一种类型。普通许可的被许可人能否作为原告提起侵权诉讼，能否申请人民法院采取临时措施，关键在于实施许可合同的具体约定。

（4）分实施许可（简称分许可）是针对基本许可而言的，即在被许可人与专利权人订立实施许可合同的基础上，被许可人依照与专利权人的协议，作为许可人再许可第三人实施同一专利，被许可人与第三人之间的实施许可就是分许可。被许可人签订这种分许可合同必须得到专利权人的同意，否则无权订立分许可合同。

（5）交叉实施许可（简称交叉许可）也称作互换实施许可，是指两个专利权人互相许可对方实施自己的专利。这种许可，两个专利的价值大体是相等的，所以一般是免交使用费的，但如果二者的技术效果或者经济效益差距较大，也可以约定由合同一方当事人给予另一方当事人以适当的补偿。交叉许可的性质，既可以是普通许可，也可以是独占许可或排他许可。

在具体实施许可时，我们还可以运用一些现在使用得比较多的搭配策略。

标杆借鉴

专利专卖店

美国无线网络软件及芯片开发企业 InterDigital 是全球无线标准的主要制定者，持有多项专利技术，并授权给全球的 2G、2.5G、3G 与 802 产品制造商，绝大部分收入来自移动领域内其他公司缴纳的专利使用费。

2005 年 12 月，诺基亚因专利问题应向该公司支付 2.53 亿美元。2006 年三星电子又向它支付 1.34 亿美元的专利使用费。

该公司一方面能够不断地开发出关键的专利技术产品，同时还拥有强大的法务部门或律师队伍，用比猎犬还灵敏的鼻子，来保证卖出的或被别人用其他方式加以使用的专利，都能一个子儿都不跑地落到自己专利钱袋里来。

（1）专利和商标搭配策略：如本企业商标知名度不高，则在许可他人实施自己的专利时，可同时让对方使用自己的商标，以提高本企业的商标知名度。这在对方是知名企业时，尤其适宜。

（2）专利与产品结合战略，即在许可他人使用本企业专利时，将自己的产品强加于对方，提高在市场竞争中地位的战略。如朗科与日本索尼达成U盘知识产权和解以后，就要求索尼从朗科处购买有关芯片产品。

【思考与行动】 （3 分钟）

1. 想一想，你是否能够界定侵权行为，并通过这一工具来阻止竞争对手实施，从而有效地“干扰”对方，强化你的市场地位？

2. 过去是不是没有想到像IBM那样赚许可的钱？那就从现在开始吧，尽力想一想我们上面列出的实施许可方式中，哪些是可以为你所用的实施许可，然后将比较可行的具体实施方式记下来。

专栏：技术实施许可合同订立要领

许可合同的分类及应用

从受让方实施的地区看，可以分为在全国范围实施的专利实施许可合同、在特定地区实施的专利实施许可合同；从受让方实施权存续时间看，可以分为：在专利权存续期间一直有效的合同、在专利权存续期间一定时间内有效的合同；从受让方实施方式看，对产品发明或者实用新型专利，可以分为：生产许可、使用许可、销售许可或者兼有生产、使用、销售多种方式的合同。

明确专利实施许可的范围

专利权人在许可他人实施专利技术时，可以对受让方实施专利技术的范围进行限制。一般说来，当事人订立专利实施许可合同时，都应明确约定专利实施许可的范围，以免在履行合同的过程中因实施专利的范围约定不明发生争议。具体而言，转让方对受让方实施专利技术的限制，主要包括如下几个方面：

（1）专利实施方式的限制：包括许可受让方制造、使用或者销售专利产品或使用专利方法；

（2）制造专利产品数量或使用专利方法次数的限制；

（3）实施期限的限制：专利实施许可合同的转让方可以限制受让方在一定期限内实施专利技术，但这一期限对于受让方实施专利技术是合理的，而且必须在专利权有效期限内；

（4）实施地区的限制：专利实施许可合同的转让方可以限制受让方在一定地域范围内实施专利技术，如在某一个或几个省区内实施，或者在一个指定的工厂内实施等。

只有对专利实施许可的范围作出明确的约定，才能减少不必要的纠纷。如果当事人没有就专利实施许可的具体范围作出约定，应视为转让方对受让方实施专利技术的范围不作限制。

技术转让合同标的具有如下基本特征

(1) 技术转让合同标的必须是一项或者几项特定的技术方案。即某一种产品、工艺、材料及其系统或改进的方案，这一方案不是抽象的或原理式的，而是具有特定的名称、特定的技术指标、特定的功能、特定的适用范围、特定的使用或生产方法等具体特征的完整的技术方案。技术开发过程中的技术，因没有确定的技术指标、功能、适用范围和生产使用方法，也就不能作为技术转让合同的标的。

(2) 技术转让合同的标的必须是现有的技术方案。作为可以转让的技术，必须是合同当事人一方已经掌握的技术方案。一项技术方案如果仅仅是一种设想，不论其在理论上多么完善，所设想的实用价值有多大，如果设想者本人尚未掌握，无法应用于生产、科研实践，只能作为有待开发的技术，是无法转让给他人的。正在开发的技术，还未能为人们所掌握，其各种性能和技术指标尚未确定，也不能作为技术转让合同的标的。

(3) 技术转让合同的标的必须是权利化的技术方案。所谓"权利化的技术方案"，是指那些通过法律或合同合法设定了专利申请权、专利权、专利实施许可权、技术秘密使用权及转让权的技术方案。技术的转让，从实质上讲，是权利的转让。例如，甲方向乙方转让一项技术秘密，实际上是甲方向乙方转让或部分转让使用其技术秘密的权利。因此，技术转让的标的必须是具有权属的技术。普通技术人员已经掌握的技术、专利期满的技术等属于社会公知的技术不能作为技术转让合同的标的。

作为技术秘密转让合同标的的技术秘密，是指从事生产活动所必须的、未向社会公开的、可以通过秘密方式进行转让的技术知识、工艺流程、操作方法和管理经验等。技术秘密作为

技术转让合同的标的，必须同时具备三个特征，即已知性、秘密性和实用性。

约定后续改进技术成果的归属

后续改进，是指在技术转让合同有效期内，当事人对作为合同标的的专利技术、非专利技术成果所作的革新和改良。

后续改进的结果是提高了原有技术成果的合理性、适用性，使其发挥出更大的经济效益和社会效益。后续改进是在合同标的技术的基础上进行的、相对独立的研究开发工作，因此，既与基础技术成果有密切联系，但又不是基础技术成果的重复生产。后续改进所取得的技术成果是后续改进人新的、创造性脑力劳动的结晶，不是原技术成果的重复。

从法律意义上讲，后续改进取得的技术成果，虽然与基础技术成果有延续性的联系，但由于两者在事实上又相对独立，因而各自可以单独成为两种不同技术成果权的客体。如果给它们起个名称的话，一个可以叫做“基础技术成果权”，另一个则可称为“后续改进的技术成果权”。后续改进的技术成果权，原则上由后续改进方享有。但是，转让方和受让方可以在技术转让合同中约定后续改进技术成果。

市场限制条款

市场限制条款是由技术引进、转让双方为合理划分未来产品的销售市场而制定的。双方都是这种技术产品的生产者和经营者，都希望得到足够的市场，因此双方既是合作的伙伴，也是潜在的竞争对手。为此，应在合同条款中对引进方未来产品的销售地区加以适当的限制。

商标条款

商标权利条款是指是否允许引进方在未来的产品中公开使用转让方的注册商标的条款。在出口技术时是否给予引进方商标使用权，主要有两点考虑：是否有损自已的销售市场；是否能保证商标的信誉。

专利实施许可合同，只在该项专利权存续期间有效：

（1）第一阶段：从申请日到公开日，为不受保护阶段。

(2) 第二阶段，从公开日到授权日，根据专利法第13条的规定，为临时保护阶段（此期间专利申请人可以要求实施该专利申请的人支付适当的使用费）。

(3) 第三阶段，从授权日到届满日，由于专利申请被授权，进入了受保护阶段。

(4) 第四阶段，保护期届满，法律授予的专利权即不复存在，该发明创造便作为公共情报为整个社会所利用，公众有自由利用和实施该项发明创造的权利，无需经过原专利权人的许可。此时，当事人之间不再存在订立专利实施许可合同的前提。

专利实施许可合同，所涉及的发明创造专利在订立合同时是有效的，在合同有效期内，因许可方未按期交纳年费导致专利权被终止或者因原专利不具备授予专利权的条件，被宣告无效时，对原专利实施许可合同要分别情况，区别对待：

(1) 因专利权人未交纳年费等原因，造成专利权终止时，原专利实施许可合同同时终止，转让方应当承担违反合同的责任，支付违约金或者赔偿损失。

(2) 因发明创造不具备授予专利权的条件，经当事人或者利害关系人请求，由专利复审委员会或者人民法院宣布专利权无效时，该发明创造专利权视为自始便没有发生，该专利实施许可合同应予撤销。由此给受让方造成经济损失，专利实施许可合同的转让方还应当给予赔偿。

根据《专利法》第47条的规定，宣告专利权无效的决定，对在宣告专利权无效前已经履行完毕的专利实施许可合同不具有追溯力。但是因专利权人的恶意给他人造成的损失，应当给予赔偿。

在合同纠纷诉讼中，作为许可合同标的专利权被宣布无效，该合同亦终止履行。

技术秘密转让合同中当事人的保密义务

在合同中约定保密义务，对于保护当事人保持技术和市场竞争的优势是十分重要的，从某种意义上讲，保密义务是技术秘密转让合同的基础，一旦技术被公开，合同也即告终止。因此，技术秘密转让合同的转让方和受让方都应当遵守保密义务。

技术秘密转让合同的保密义务，是指合同当事人按照约定的期限承担不向合同当事人以外的任何第三方泄露合同标的技术内容的义务。如果合同约定受让方可以向地方转让或者提供标的技术，则受让方向他方泄露技术内容不属于违反保密义务；如果合同未约定转让方不得向合同以外的他方转让或者提供该技术，转让方可以就转让该技术与其他任何一方订立技术秘密转让合同。

保密的范围和期限：保密的范围和期限可以由当事人约定。一般来说，保密义务的时间应当从订立合同的谈判开始。当事人在订立合同以前，必须就技术内容、实施方式、技术情况和资料进行交流，为此，当事人可以首先订立一个保密协议，约定受让方对所涉及的全部技术内容承担保密义务，以便转让方在合同不能达成一致的情况下保持对技术秘密的占用。在保密协议或技术秘密转让合同的保密条款中，双方可以就各自承担保密义务的期限作出约定，如未作期限约定，保密义务持续到该技术被他人公开为止。

违反保密义务的责任：技术秘密转让合同的当事人违反合同约定的保密义务，既是违反合同的行为，又是侵害另一方技术秘密使用权和转让权的侵权行为。因此，违反保密义务的合同当事人应按约定向另一方支付违约金或赔偿另一方由此而造成的损失。

专利实施许可合同备案的效力与作用

专利权人与他人订立的专利实施许可合同，应当自合同生效之日起3个月内向专利局备案。根据专利局在定期出版的专利公报中将公告专利实施许可合同的备案情况。

备案与合同生效无关，在合同生效之后才需要备案。当然，备案也与合同效力无关，合同是否备案并不影响合同的效力。

非法垄断技术，妨碍技术进步条款的效力

“非法垄断技术，妨碍技术进步”的合同属于无效技术合同，它是指通过合同条款限制另一方在合同标的技术的基础上进行新的研究开发，限制另一方从其他渠道吸收技术，或者阻碍另一方根据市场的需求，按照合同的方式充分实施专利和使用技术秘密。

下列合同条款属于非法垄断技术、妨碍技术进步的行为：

(1)限制另一方在合同标的技术的基础上进行新的研究开发，或者双方交换改进技术的条件不对等，包括要求一方将其自行改进的技术无偿地提供给对方、非互惠性的转让给对方、无偿地独占或者共享该改进技术的知识产权；

(2)限制另一方从其他来源吸收技术；

(3)阻碍另一方根据市场的需求，按照合理的方式充分实施合同标的技术，包括不合理地限制技术接受方实施合同标的技术生产产品或者提供服务的数量、品种、价格、销售渠道和出口市场；

(4)要求技术接受方接受并非实施技术必不可少的附带条件，包括购买技术接受方并不需要的技术、服务、原材料、设备或者产品等接收技术接受方并不需要的人才等；

(5)不合理地限制技术接受方自由选择从不同来源购买原材料、零部件或者设备等；

(6)禁止技术接受方对合同标的技术的知识产权的有效性提出异议的条件。

关于不争议条款

“不争议条款”又称“不得反控条款”，是指在专利实施许可合同中，规定被许可方不得对许可合同中所涉及专利权的合法性提出质疑，即被许可方不得在合同有效期内对合同中涉及的专利权直接或者间接地向专利复审委员会提出无效宣告请求。

不争议条款本身是一种限制性条款，虽然它对保证许可合同的履行有益，但并不符合我国现行法律规定，且有有碍公平

竞争之嫌。如果专利实施许可合同中约定有不争议条款，被许可方向专利复审委员会提出无效宣告请求，许可方以此为由要求解除合同的不应允许，也不应认定被许可方的行为违反合同约定，而应当认定该不争议条款无效。

技术成果鉴定与违约责任

技术成果鉴定：在技术合同尤其是专利实施许可合同履行过程中，当事人常会因技术成果是否成熟、先进、可靠，双方当事人是否尽到了合同义务等发生纠纷，这种情况下一般需要对技术成果进行鉴定。

对该技术成果组织鉴定，实质上就是对该合同的技术是否符合合同约定的一种验收。因此，当事人在合同中约定的验收标准和验收方式，可以成为鉴定该技术成果的标准，不符合约定验收标准的，视为违反合同，违约方应当承担违约责任。

专利技术不符合合同约定、实施达不到约定效果的，应视为许可方违约。

依据我国《专利法》的规定，发明专利虽然经过实质性审查才可以获得发明专利权，但实用性的程度距离工业化生产往往还相差较远；实用新型和外观设计，虽然取得了专利权，但由于未进行实质性审查，进入工业化生产往往还需要进行后续开发改进。也就是说，获得专利权的技术不一定都能立即实施。

因此，专利权人在订立专利实施许可合同时，应当对自己提供的专利技术负责，如实向被许可方讲明专利技术所处的法律状态，在合同中写明是否需要后续开发改进，由谁来进行等条款。如果在合同中未对此加以约定，而作为完全成熟的技术与他人订立专利实施许可合同，专利权人应当保证其转让的技术符合合同约定的技术标准或专利文件中记载的技术标准。经过鉴定，证明技术不成熟，不能进行工业化生产或不符合合同约定标准的，应认定许可方违约，由其承担违约责任。

【思考与行动】 (5分钟)

老样子，现在就找到你所在公司的技术实施许可合同，对照专栏里的合同制定注意要点，看一下这份“现实版”合同距离“理想版”合同有多远，然后再列出五个最重要的也是最可能出现大麻烦的差距：

○ ______________________________

○ ______________________________

○ ______________________________

○ ______________________________

○ ______________________________

5. 转让专利权

“转让专利权”好比卖房子，房子卖掉后“产权”归属买主。“实施许可”好比出租房子，虽然房子的全部或部分使用权在出租期内归属掏钱租房的“房客”， 但房子的产权还是“房东”的。

专利转让意味你从此以后与此专利无关，专利权由受让人所有， 因此必须到专利局登记。

转让专利申请权，当事人订立书面合同后，到专利局登记。专利权的转让自登记之日起生效。

专利权人在转让其专利权之前可能已经实施或许可他人实施其专利。在转让完成后，原专利权人失去其专利权，因此除转让合同另有约定外，原专利权人不得再实施其原有专利。

在专利权转让前专利权人已许可他人实施其专利的，专利权转让合同并不影响该在先的专利许可合同的效力，只是许可人由原来的专利权人变成了现在的专利权人，现在的专利权人有义务继续履行原来的专利许可合同。这主要是为维护交易安全，保护第三人利益。

合同签订后和履行前，专利权被宣告无效的，合同的履行成为不可能或者不必要，应当由当事人解除。

合同履行完毕后专利权被宣告无效的，无效的决定对已经履行完毕的合同的效力没有影响。因为专利权人对其专利权被宣告无效是没有责任的，而且受让人已经因得到专利权的保护而受益。为稳定经济秩序，专利权受让人不能要求返还。

但有两个例外。第一，因专利权人的恶意给他人造成的损失，应当予以赔偿；第二，不返还专利转让费，明显违反公平原则的，转让人应当向受让人返还全部或部分专利转让费。

知识产权转让中应防范三大误区：

● **树立竞争对手。**技术转让会促进受让方技术水平的提高，甚至成为自己强有力的竞争对手。因此，外国的大企业一般不会将最先进的技术转让给其他企业，特别是自己的竞争对手。它们所转让的，往往是已经被淘汰的、二流的甚至三流的技术。各个国家，特别是发达国家，对于向发展中国家的技术转让也有严格的限制。

● **缺乏顾客的反馈信息。**制造商需要经常不断地得到顾客的反馈信息，使产品处于新颖和有利可图的状态。反馈信息包括对产品提出的改进建议，对竞争产品的预测，对质量的申诉等。技术转让中，往往缺乏有效的顾客反馈机制，这会导致以不适当的方法、不适当的价格继续生产不适当的产品。

● **技术秘密被公开。**让与方的最大风险莫过于知识落入不适当的支配之中。由于专利技术转让常常伴随着技术秘密的许可使用，而技术秘密可能由于偶然原因或受让方的不守信用而被泄露。

6. 专利技术入股

知识产权入股是指知识产权所有人以知识产权作为无形资产作价出资企业的行为。

当企业自身实施知识产权的能力受到企业战略或其他各种因素的限制，或者从经济效率上考虑自己实施不划算的情况下，将其知识产权入股其他企业，拥有股份或决策控制权，为公司带来股权收益。

知识经济时代高科技企业的超常规发展，知识产权尤其是高新

技术专利权的出资，其经济回报可能是巨大的，更多的专利权人愿意以技术出资方式而非贸易性转让方式分享企业高成长带来的投资收益。

根据新《公司法》规定，注册资本中仅30%必须以现金形式投入，这就意味着高达70%的注册资本可以知识产权形式投入。

股东入股设立公司的程序是先由股东签订公司设立合同，制定公司章程，确定股东的出资额和出资方式。出资者之间应就该无形资产入股使用的范围，无形资产出资者对该无形资产保留的权利范围，以及违约责任等作出明确的约定。

股东一旦在合同和章程上签字，即受章程约束，必须履行章程规定的出资额度和出资方式的义务。

以知识产权入股须对知识产权的价值进行评估，出资入股的知识产权需经工商行政管理机关登记注册的评估机构评估作价，国有资产评估结果依法需由有关行政主管部门进行确认的，还应办理确认手续。然后由知识产权人依据设立公司的合同和章程办理知识产权转移于被投资的公司的登记和公告手续，工商登记机关凭知识产权转移的手续确定以知识产权入股的股东的完成股东投资义务的

实战建议

专利价值评估与被取消时的应对

专利技术是无形财产，它必须与其生产要素相结合才能体现出其价值，而生产要素比例是变量，因此专利技术价值评估就有较大弹性，常有被高估或低估的情况发生。对于专利价值被高估，根据《公司法》规定，应当由交付该出资的股东补交其差额，公司设立时的其他股东对其承担连带责任。

专利权如因缺少专利权的要件，依照撤销程序和无效宣告程序被取消专利权，这时股东有资本填充义务，其他股东对此承担连带财产填充责任，以保护公司债权人的利益。

履行。

出资人以知识产权对公司的出资，本质上是以其知识产权作为对价来换取其在公司的股权，因此，其出资的财产权利必须转移给公司。高新技术成果的出资者在公司成立后，应当根据出资协议，办理高新技术成果的权利转移手续，提供技术资料，并协助高新技术成果的应用实施，违反协议约定，不履行高新技术成果交付义务或超出协议约定保留的技术成果权利范围使用该成果的，应当向其他出资者承担违约责任。

7. 知识产权质押

知识产权作为企业的一种产权，同有形资产一样，可以作为质押物，向银行申请质押贷款。《担保法》规定：依法可以转让的商标专用权、专利权、著作权中的财产权可以质押，这是知识产权对企业金融资产运营的贡献。

知识产权质押

指债务人或者第三人将自己的知识产权出质给债权人，以担保债务的履行，当债务人到期不能履行债务时，债权人（质权人）可以将质押的知识产权折价或者拍卖、变卖，从价款中优先受偿。

专利权质押的这种担保功能为企业，尤其是正在创业中的高新技术企业利用专利技术担保进行融资提供了极大的方便。它可以为高科技创业企业的发展提供外部长期资金来源。

在知识产权质押关系中，提供知识产权的债务人或第三人为出质人，债权人为质权人，被提供担保的知识产权为质物。

以知识产权出质，出质人与质权人应当订立书面合同，并向中国知识产权局办理出质登记，质押合同自登记之日起生效。

知识产权质押以向知识产权局登记为生效要件，未经知识产权局登记的知识产权质押合同不能产生法律效力。

知识产权质押与知识产权转让、许可不同，一方面，作为一种担保行为，质押过程中一般不发生知识产权的转移，即在知识产权质押合同生效后，知识产权不发生转移，仍属于出质人所有，知识产权质押合同不能导致知识产权向质权人转移。另一方面，在知识产权质押合同生效后，质权人虽然能够限制出质人的知识产权，但质权人也不得实施该知识产权。

- **质权人的权利**

（1）知识产权转让费、许可实施费收取权。根据担保法的规定，知识产权质押合同生效以后，知识产权人可以授权质权人许可他人实施其知识产权，也可以在取得质权人的同意后直接许可他人实施其知识产权或者转让其知识产权，所得的许可费、转让费质权人有权收取，并首先用于抵充收取费用，剩余部分用于提前清偿所担保的债权。

（2）转质。转质虽为动产质权的效力之一，但并不限于动产质权，权利质权亦有转质的适用。知识产权质押设立后，质权人在取得知识产权人同意后可就自己的质权再行设立质押。转质权的效力优先于原质权，但应当在原质权担保的债权范围之内，超过的部分不具有优先受偿的效力。

（3）质权的保全。根据《担保法》第81条和第70条的规定，知识产权质押设立以后，若知识产权权的价值降低或有明显降低的可能，足以危害质权人的权利时，质权人有保全其质权的权利，即质权人可以要求出质人提供相应的担保。出质人不提供的，质权人可以拍卖或者变卖质物—知识产权权，并与出质人协商将所得价款用于提前清偿所担保的债权或者向第三方提存。

（4）处分质押的知识产权权从价款中优先受偿。当债务人不履行债务时，质权人可以采取与出质人协议取得出质的知识产权权、拍卖知识产权权或以其他形式变卖知识产权权，并就变价金优先受偿。从设定质押的宗旨来看，这是质权人最主要的一项权利。

● **出质人的义务**

第一是向质权人交付专利证书及其他证明文件。交付专利证书以及其他证明文件具有以下几个方面的作用：

（1）证明作为质押标的的专利权是一项有效的权利；

（2）证明作为质押标的的专利权是归出质人所有的；

（3）表明从交付专利证书以及其他证明文件之日起，专利权人已不能自由行使其专利权了；

（4）作为质押标的的专利权一旦发生权利缺陷，如：专利权被宣告无效或者被撤销，专利局就会通知专利权人交回专利证书，从而，质押权人就能准确的知道专利权所发生的变动，以便及时要求出质人提供其他的质物进行担保，以保护自己的权利；

（5）交付其他的证明文件，使得质权人能够全面了解专利权的情况，更好的行使和保护自己的权利；

（6）当债务人到期未履行其义务时，质权人将依据合同的约定或者《担保法》的规定将该专利权折价或者拍卖、变卖该专利权，从其拍卖或者变卖的价款中优先受偿，当质权人有了专利证书以及其他的证明文件时，行使拍卖、变卖行为就更加方便了。

第二是维护其专利权的有效。使质押合同有效的前提是作为质押标的的专利权是有效的。在专利权质押合同生效以后，只有维护其专利权的有效，才能使质押合同继续有效，一旦作为质押标的的专利权不再有效了，相应的专利权质押合同也就不再有效了，因此，维护专利权的有效就成为出质人的义务。专利权人的这项义务包括以下几个方面的内容：

（1）按时缴纳专利年费或称专利维持费。

（2）专利权人不得主动提出放弃其专利权的声明。

（3）当专利权发生权属纠纷时，出质人应当积极主动地解决纠纷，使质权人的质权，不受来自他人的干扰。

（4）在质押合同的有效期间，出质人不得转让其专利权，也不得许可他人使用其专利。

经质权人同意，出质人可以转让其专利权，也可以许可他人实

施其专利权。但是，转让专利权所得价金和许可他人实施所得的许可费应当用来提前清偿质押所担保的债权，或者向质权人约定的第三人提存。

专栏：中国知识产权第一案主角朗科迈向“专利运营”时代

还是我们前面专栏曾经提到过的“被迫的和解”，那么现在让我们从另外一个比较正面的角度再来看朗科。

2006年，深圳朗科总裁邓国顺、北京华旗总裁冯军，这两个为闪存盘专利而诉上法庭的“冤家”，终于在众多媒体的聚焦之下首度“握手”。这意味着备受关注的闪存盘专利纠纷案，在历时4年之后终于尘埃落定。

○ 多方协调4年纠纷一朝和解

朗科与华旗的闪存盘专利纠纷事件始于2002年9月。深圳朗科公司以其闪存盘专利权受到侵犯为由，将北京华旗公司及其代工厂深圳富光辉电子有限公司告上法庭，随后，联想、鲁文等其他闪存盘厂商也被卷入纠纷之中。2004年6月，深圳市中级人民法院一审判决朗科胜诉。华旗不服判决结果，随后提起上诉。

与此同时，国内移动存储行业高速增长，移动存储产品市场发展迅速，产业发展势态几乎与国际同步。根据CCID最新年度报告显示，2005年全年闪存盘销量高达772.78万片，比上年增长30%，销售额突破20亿元大关，比上年增长26.1%，成为消费电子市场的热点。但是几乎占据中国闪存盘市场半壁江山的朗科与华旗两大品牌，仍然在为闪存盘专利纠纷案打得难解难分。而双方专利纠纷案从法院一审再进入复审，期间华旗又向国家知识产权局提出专利无效复审，历时4年之久，成为移动存储行业继续快速增长一大悬疑，亟待解决。

在中国电子商会的积极推动下，2004年，信产部牵头的中国移动存储标准工作组成立，普天、联想、方正、朗科、华旗、大恒和TCL等企业都加入其中，为积极推动行业发展奠定

了良好的基础。在中国电子商会的调解，以及信息产业部、科技部、国家知识产权局等行业主管部门的推动下，朗科与华旗双方最后就闪存盘专利纠纷案达成和解，并签署了和解协议书。朗科将放弃对华旗侵犯其闪存盘专利权的起诉，而华旗也撤销对朗科闪存盘专利无效的申请。

○ 朗科未来转向依靠专利运营

朗科与华旗和解之后，是否意味着今后所有移动存储厂商将可以无偿共享朗科闪存盘专利？对此，邓国顺表示：“这是几乎不可能的事情。朗科选择和解，目的是在于创造一个共赢的环境。尤其是整个移动存储行业发展到现在，需要大家走到一起共同制定移动存储的产业标准。”

面对巨大的市场蛋糕，手握闪存盘及闪存盘MP3基础发明专利和数百项重要发明专利的朗科公司将如何和国内外厂商一起分享呢？朗科总裁邓国顺表示，作为闪存盘产业的开拓者和领路人，朗科公司的目标是将朗科建设成闪存应用领域的全球领导者和世界级企业。在国内，朗科公司将本着“包容”和“合作”的态度，尽可能避免打消耗战，并与广大移动存储企业一起寻求“和谐发展”之路。

邓国顺还透露，朗科一直坚持知识产权战略的“三步走”计划：第一阶段是布局，到处申请专利，编制专利网；第二个阶段是防守，通过在中国起诉华旗、索尼侵权，反击对手的市场进攻；第三个阶段是专利进攻。这即从“专利申请”到“专利维权”，最后走向“专利运营”。以这次朗科与华旗的和解为标志，朗科将迈向“专利运营”阶段，未来依靠专利授权朗科将获得相当可观的收入。

邓国顺说：“中国企业开始运用专利权收取专利使用费，将不再是一个遥不可及的梦想。”

○ 不是结束的尾声

好像在验证邓国顺的话，历时两年的朗科公司诉索尼电子（无锡）有限公司专利侵权案于2006年年底时达成和解。11月24日，朗科发布公告称：“双方已同意友好解决彼此之间的法律纠纷，而着眼于未来的业务拓展。”朗科撤回对索尼索赔1000万元的民事诉讼，索尼则将从朗科购买USB闪存盘产品，极有可能是闪存盘控制芯片——优芯3号。控制芯片是闪存盘核心的部件之一，继今年朗科闪存盘占有国内50%的市场后，优芯3号有望成为朗科重要的利润来源之一。

资料来源：《朗科“美国远征”大胜》（苏惠英、戴万祥，江苏商报，2006年12月15日）；《朗科索尼握手言和携手进入合作阶段》（郝星，每日新报，2006年11月29日）；《朗科与索尼专利纠纷案尘埃落定 以和解告终》（高凌云、傅裔盛，南方都市报，2006年11月29日）

【思考与行动】 （5分钟）

上面的转让、入股和质押等各种商业化运作方式中，你可以运用起来的可能有哪种？为了不让你的知识产权资产沉淀下来，而让它发挥更大的价值，现在就全力开动脑筋，动笔强迫自己写下一些将其商业化运作的设想吧。

○ ____________________

○ ____________________

○ ____________________

○ ____________________

○ ____________________

○ ____________________

○ ____________________

○ ____________________

○ ____________________

战术运用9：敲山震虎

——知识产权的法律保护

【本章提要】

- □ 侵权调查
- □ 专利侵权判断
- □ 警告函
- □ 诉讼也是一种策略
- □ 司法保护和行政措施的运用

“歼灭战略只有一个支柱，就是会战；而消耗战略却有两个支柱，就是会战与计谋。”

——德尔布吕克（普鲁士）

1. 侵权调查

通常你应定期到市场上检视公司产品的竞争产品，一旦发现某项产品有侵权嫌疑，应马上把产品交给知识产权律师，请律师评鉴该产品是否侵犯公司的专利权。

检视竞争产品的方法是看竞争者的广告材料，还有一个方法是查阅竞争对象的专利。

常见的知识产权侵权证据调查方式有：

（1）自行取证。

（2）委托律师调查取证。由于知识产权案件专业性较强，由权利人自行取证，对取证的方向和范围把握的十分准确会有一定的难度。律师是专门从事法律工作的，以向社会提供法律服务为职业。律师不仅具有丰富的法律知识，而且具有丰富的办案经验和熟练的诉讼技巧，能在不同的诉讼阶段为当事人作出适当的选择。一般说来，律师调查取证要比当事人调查取证方便得多，收集证据的范围也更加广泛、精确。

（3）委托调查公司取证。调查公司往往有一些刑侦、特种人员，具有专业的调查技巧和调查设备，并和政府各职能部门、信息部门具有良好的合作关系，通过他们调查，往往可以把一些秘密侵权行为揭露出来。

（4）通过公证机关进行证据公证。公证机关的法定业务之一便是“保全证据”，法律对公证证据推定为真。充分运用公证机关收集、保全证据，是诉前准备工作的重要选择。

（5）申请法院进行诉前证据保全。

（6）申请法院调取证据。在提起专利侵权诉讼的同时，提出一份调取证据申请，申请法院调查取证。调取的证据通常分为三类：第一，保全被控侵权产品；第二，调查被控侵权单位的财务账册，以便确定赔偿额；第三，调取被控侵权人存在侵权的证据。

法院常采取措施是对易拍照被控侵权产品采用拍照方式，或采用记录下被控侵权产品技术特征方式，对易调取产品采用扣押、提取等手法。

申请法院调查取证的注意要点

申请法院调查取证应当注意两点：一是申请调查的证据范围，必须符合法定情形；二是此项申请必须注意举证时限。

（7）申请行政机关调查取证。根据《专利行政执法办法》规定，各级专利机关在查处案件的过程中，可以根据需要查阅、复制与案件有关的合同、账册等有关文件；询问当事人和证人；采用测量、拍照、摄像等方式进行现场勘验。涉嫌侵犯制造方法专利权的，管理专利工作的部门可以要求被调查人进行现场演示。涉及产品专利的，可从涉嫌侵权产品中抽取样品。

2. 专利侵权判断

● 专利侵权保护范围确定

在判断是否侵权时，首先要确定被侵犯专利的权利保护范围，权利保护范围以权利要求书记载为准。权利要求书是由反映发明或者实用新型内容的技术特征组成，确定了技术特征也就随之确定了专利权的保护范围。

由于申请人在申请专利时，希望得到最大保护范围的专利权，因此权利要求书中记载的技术特征不能过多，过多就缩小了保护范围；也不能过少，过少就可能因保护范围过于宽泛而不符合新颖性的要求不能通过审查。所以权利要求书记载的技术特征要恰到好处，同时文字还要简洁、清楚。

发明或者实用新型专利的保护范围以权利要求的内容为准，即以权利要求所记载的必要技术特征确定专利权的保护范围，不允许将权利要求所表达的保护范围仅仅作为“中心”，然后作出较大扩张的偏激做法。说明书和附图是权利要求书的依据，可以用来解释权利要求。

说明书和附图可以用于解释权利要求，是指在承认专利权的保护范围以权利要求的内容为准的前提下，允许利用说明书和附图对权利要求表达的保护范围作出一定程度的修正。

由于说明书和附图详细、完整、清楚地说明了权利要求书中所记载的全部技术特征，而且还记载了发明或实用新型的目的或积极效果，这对于正确、完整地理解权利要求，确定专利权的保护范围是非常重要的。但是，专利权的保护范围是拟权利要求书的内容为准，这是前提和原则，因此，在说明书和附图中体现的技术特征，如果在权利要求书中没有记载，就不能划入保护范围之内。

权利要求的结构由前序和特征两部分组成，二者合在一起限定

表5　　世界上对权利要求书三种不同的解释原则

原则	定义	评价
周边限定原则	指专利权保护的范围以权利要求书中所记载的范围为准，即专利权的保护范围严格按权利要求书的文字进行解释。	其优点是保护范围明确，社会公众可以据此形成明确的预期，从而决定自己的行为。但撰写完美无缺很困难，按此原则解释权利要求，很难给专利权人以有效的保护。
中心限定原则	指以权利要求书记载的技术方案为中心，通过说明书和附图全面理解发明创造的整体构思，将保护范围扩大到四周的一定范围。	按此原则解释权利要求，使专利权的保护范围延展性较大，对专利权人有利，但是过于灵活则不利于保障法律确定性，难以形成明确预期，无法确知行为是否会构成侵权，不利于经济秩序稳定，也不利于技术创新。
折中原则	折中原则是上述两个原则的结合。按照这一原则，专利权保护范围根据权利要求书的内容来确定，说明书和附图用来解释权利要求书。折中原则既考虑到专利权人的利益，又照顾到第三人的利益，比较合理。我国专利法也采用这一原则："发明或者实用新型专利权的保护范围以其权利要求的内容为准，说明书和附图可以用于解释权利要求。"	

发明或者实用新型要求保护的范围即：前序特征+特征特征=专利权的保护范围。为了方便比较，通常要把权利要求分解成若干个相对独立的必要技术特征。这个过程，就是对权利要求进行解释。

- **侵权产品与方法技术特征分解与比较**

确定被控侵权产品/方法的相应技术特征，也就是根据权利要求所记载的必要技术特征，对被控侵权产品的技术特征进行对应的分解。

将经过分解后的权利要求所记载的必要技术特征与被控侵权产

品的特征进行一一对应的比较。比较的结果可能出现以下几种情况。

情况一：专利权利要求记载必要技术特征与被控侵权产品完全相同。

即假如专利权利要求所记载的必要技术特征为A、B、C，而被控侵权产品的特征也为A、B、C，二者的关系可以表示为：ABC=ABC，那么我们就认为专利权的保护范围全面覆盖了被控侵权产品，或者说被控侵权产品完全落入了专利权的保护范围，专利侵权成立。

这种情形的专利侵权是标准的、不折不扣的专利侵权，有的人将其称为“字面侵权”。

情况二：被控侵权产品特征多于专利权利要求记载的必要技术特征。

即假如专利权利要求所记载的必要技术特征为A、B、C，而被控侵权产品的特征为A、B、C、D，二者的关系可以表示为：ABCD > ABC，那么我们也认为专利侵权成立。

此时，被控侵权产品和专利之间的关系很可能就是基本专利和从属专利之间的关系，从属专利权人未经基本专利权人许可，实施基本专利权人的基本专利，按照专利法的规定，也构成专利侵权。

情况三：专利权利要求记载的必要技术特征多于被控侵权产品。

即：假如专利权利要求所记载的必要技术特征为A、B、C，而被控侵权产品的特征为A、B，二者的关系可以表示为： ABC < AB，那么我们一般认为专利侵权不成立，因为此时被控侵权产品缺少了专利权利要求所记载的必要技术特征，没有落入专利权的保护范围。

只有在极其特殊的情况下，例如，被控侵权产品所缺少的特征恰恰被认定为是专利权利要求中的非必要技术特征的情况下，即通常所说的“多余指定”，才有可能认定专利侵权成立。

情况四：专利权利要求必要技术特征与被控侵权产品不完全相同。

即专利权利要求所记载的必要技术特征为A、B、C，而被控侵权产品的特征为A′、B′、C′，那么此时可能出现两种情况：一种是ABC与A′B′C′之间具有实质性的区别，二者的关系可以表示为：ABC1A′B′C′；另一种是ABC与 A′B′C′之间的区别是非实质性的，是等同物的替换，二者的关系可以表示为：ABC@A′B′C′。

对于前者，我们会认定被控侵权产品没有落入专利权的保护范围，专利侵权不成立；对于后者，我们则认定被控侵权产品的特征是对专利权利要求所记载的必要技术特征的等同物替换，被控侵权产品仍落入专利权的保护范围，专利侵权成立。这就是专利侵权判定中所常说的等同原则。

表6　　专利产品与被控侵权产品技术特征比较后的结论

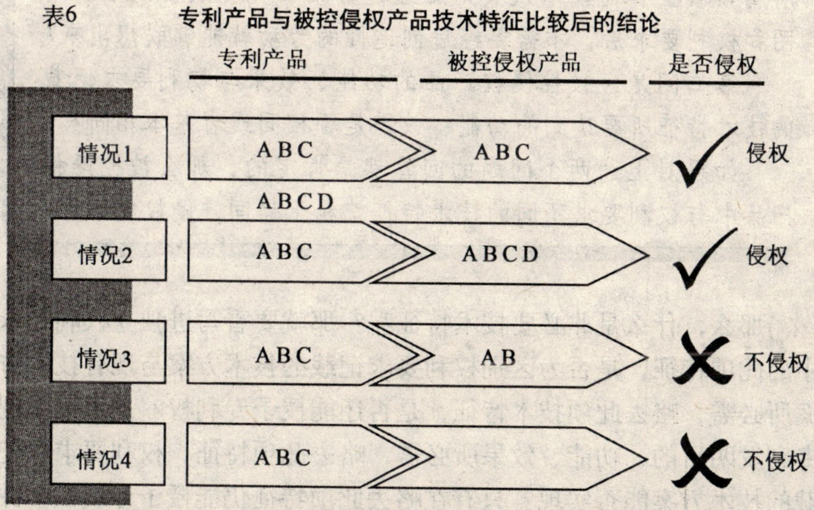

- **认定专利侵权把握的几个原则**

（1）等同原则。

等同原则是为了防止被控侵权人逃避侵权，公平地保护专利权人合法权利而创立的。

等同原则是指：只要被控侵权产品在采用的技术手段（方式）、所要实现的功能以及要达到的技术效果等方面与专利是等同的，那么就可以认为被控侵权产品所采用的技术手段是对专利权利要求所记载的必要技术特征的等同物替换，并据此判定专利侵权创立。

（2）多余指定原则。

多余指定原则，是指专利权人将某些非必要技术特征写进了独立权利要求中，为了不至于对专利权人显失公平，在判定专利侵权时，对这些非必要技术特征予以排除，不再考虑。

在认定等同时，一般采用“两问法”

第一问是：被控侵权产品中与权利要求不同的技术特征，所属领域里普通技术人员是否经过仔细研究专利说明书、附图和权利要求后，不需要经过创造性的劳动就能够联想出来？

第二问是：被控侵权产品的功能、效果与权利要求记载的技术特征所要达到的功能、效果是否相同或者基本相同？

如果对上述两个问题的回答都是肯定的，那么被控侵权产品中与权利要求不同的技术特征就属于等同，侵权成立。

那么，什么是非必要技术特征呢？那就要看写进独立权利要求中的此项特征，是否为区别权利要求记载的技术方案与现有技术方案所必需，略去此项技术特征，是否还能授予专利权？是否为实现专利发明目的、功能、效果所必需，略去此项特征，权利要求所记载的技术方案能否实现？只有在略去此项特征仍能授予专利权，并且仍能实现权利要求所记载的技术方案，才能认定为是非必要技术特征。

在司法实践中也曾出现过运用多余指定原则判定专利侵权的案例。但法院对适用多余指定原则的条件会非常严格，以防滥用。

（3）改劣发明。

对于故意省略专利权利要求中个别必要技术特征，使其技术方案成为在性能和效果上均不如专利技术方案优越的变劣技术方案，而且这一变劣技术方案明显是由于省略该必要技术特征造成的，应当适用等同原则，认定构成侵犯专利权；在被控侵权物中，仅缺少独立权利要求中记载的对解决专利技术问题无关或者不起主要作用、不影响专利性的附加技术特征，使被控侵权物的技术效果明显劣于专利技术，但又明显优于申请日前的公知技术，不应当适用多余指定原则，而应当适用等同原则，认定侵权物落入了专利保护范围。

● 专利侵权行为判断

（1）制造专利产品的行为。不论制造者在主观上是否知道属专利产品，在我国领域内的什么地方制造，用什么方法制造，制造了多少产品，只要在制造的产品中完整地使用了他人产品专利的权利要求书请求保护的技术方案，即构成专利侵权。

（2）使用发明或者实用新型专利产品的行为。如果使用者在主观上不知道他所使用的产品是侵权产品，则不承担侵权赔偿责任。在任何情况下，使用外观设计专利侵权产品的行为均不构成侵权。

（3）销售、许诺销售专利产品的行为。如果销售者在主观上不知道该产品为侵权产品而销售，则不承担侵权赔偿责任；在专利权人告知销售者该产品是侵权产品以后，销售者坚持继续销售的，则应承担侵权赔偿责任。许诺销售是指销售要约的邀请或称明确表示愿意出售某种产品的行为，其包括展览、演示、广告等各种形式。如果未经许可对他人专利产品进行许诺销售，如在博览会上对他人专利产品的展示等都将为专利法所禁止。

（4）进口专利产品的行为。未经专利权人许可，任何单位或个人进口这种专利产品的行为即构成侵权。至于该专利产品是在哪一个国家制造的，在制造国是否受专利保护以及采用何种方式进口，都不影响侵权的认定。

（5）使用专利方法的行为。使用专利方法是指采用方法专利的权利要求书中记载的技术方案，实现发明的目的和效果。只要一种特定的使用包括在权利要求的保护范围内，这种使用行为就是受专利保护的行为。应当指出，一种方法可能有多种用途，甚至可能有跨技术领域的用途。如果第三人把专利方法应用于其他领域，而且又不是相近的技术领域，在专利权人的权利要求书中又未记载这种跨领域的用途，所实现的技术效果在专利说明书中也没有记载，则第三人使用该方法的行为不构成侵权。

（6）使用、销售、许诺销售或者进口依专利方法直接获得的产品的行为。这是方法专利延及产品的保护行为。

（7）假冒他人专利的行为。假冒他人专利，是指未经专利权人许可，在行为人非专利产品或者产品包装上，标注专利权人的专利标记或者专利号，冒充他人专利产品。在非专利产品的广告或者说明书中，谎称该种产品是某项专利产品，标注该项专利的专利号，也属于假冒他人专利的行为。

- **对专利权的间接侵权行为**

对专利权的间接侵权行为主要包括以下两种：

（1）制造、出售专门用于专利产品的关键部件或者用于实施专利方法的专用设备或材料。在专利权有效期间，行为人制造、销售只能用于该专利产品的关键部件，具有帮助他人实施直接侵害原告专利权的故意，其行为与专利直接侵权行为有着明显的因果关系。

（2）未经专利权人授权或者委托，擅自转让或再转让权利人专利技术，以及技术服务合同的受托方擅自使用他人专利技术，使委托方实施侵权技术方案的行为等。

专利法所称“为生产经营目的”，是指为工农业生产或者商业经营等目的，不限于以营利为目的，但不包括个人使用或者消费目的。

自然人、法人或者其他组织许诺销售、销售专利产品或者依照专利方法直接获得的产品的，或者法人或者其他组织制造、使用、进口专利产品或者使用、进口依照专利方法直接获得的产品的，属于具有生产经营目的的行为。

根据医生对特定病人的处方临时配制专利药品，并且仅供该病人使用的，不视为属于具有生产经营目的的行为。

专利法所称制造专利产品，是指通过机械或者手工方式加工、制作专利产品。下列行为属于制造专利产品的行为：

（1）组装专利产品；

（2）收集已售出的专利产品的零部件并重新组装成专利产品；

（3）为生产经营目的回收他人使用过的包装物外观设计专利产品用于包装自己的产品。

专利产品的合法使用人为使专利产品能够正常使用而进行的修理、更换零部件等维护性行为，不视为制造专利产品的行为。

专利产品的数量、质量等不影响对制造行为的认定。

专利法所称“依照专利方法直接获得的产品”，是指采用制造方法专利权利要求的全部技术特征而获得的原始产品。对该原始产品进一步加工、处理，使之发生物理、化学变化而获得后续产品的行为，属于使用依照专利方法直接获得产品的行为，但该后续产品不再属于依照专利方法直接获得的产品。

【思考与行动】　（6分钟）

对专利侵权的判断，究竟运用何种判断方法是关键。我的经验告诉我，其中最为重要的一点是，在判断侵权时，绝不能从第一感的印象、直觉这种日常生活中惯用的直观方法出发，用以后的“分析”来“证实”这种直觉印象。在判断时应当是从基本的分析入手，从权利要求书和侵权争议对象的对比出发，进行分析。

你过去是不是更多地从“感觉”角度来判断侵权与否呢？如果是，那么现在就给你一个机会来“理性”地重新分析原来的“感觉”。刚才我们列出了各种“侵权”情形的判断，以及应把握的基本原则，现在从你和公司碰到的问题开始，看看自己能否把侵权和擦边球区分开。如果你感到糊涂或不确定，欢迎到公司法律风险管理网与我交流。

○ ______________________________

○ ______________________________

○ ______________________________

○ ______________________________

○ ______________________________

○ ______________________________

3. 警 告 函

专利警告函是专利权人认为市场上他人行为侵害了自己的专利，而以警告函、敬告函、律师函、公开信等方式向侵权人或其交易相对人等发出警告。

根据专利法规定，如果那些使用或者销售侵权产品的经营者事先并不知道其所用、所售的是侵权产品，并且能证明其产品合法来源的（即产品是通过合法的进货渠道、正常的买卖合同、合理的市场价格从他人处购买），可以不承担赔偿责任。因此，这就成了许多经营者，尤其是那些超市、商场摆脱赔偿责任的最常用的理由。

专利权人发现侵权产品后，通常会向对方发出警告函，要求对方停止侵权行为。只要专利权人曾经向这些使用或销售侵权产品的经营者发出过警告函，或者在报纸等媒体上发布一个公开的“警告声明”，至少以后可以向法院证明这些被警告者自收到、看到警告函后就“已经知道自己面对的是侵权产品”了，从而可以追究他们的赔偿责任。

一般的警告函应具备以下内容：

（1）警告函中应明确专利权人的身份，包括权利来源的途径：是申请获得授权，还是转让获得授权，或者是经专利权人许可等情况。

标杆借鉴

华为的警告函狙击

2005年9月，就在港湾发起第二次上市冲锋的时刻，港湾法务部收到一封华为公司律师函，华为表示将就港湾网络侵犯其知识产权提起诉讼。

（2）警告函中应阐明专利的具体情况，包括：专利的名称、类型、获得权利的时间，专利的效力，专利权利的内容。并且，应当将公告授权的专利文件（包括专利证书、权利要求书、说明书、附图）附随于专利警告函后一并发给被警告人。

（3）由于中国对于实用新型发明的授权并不需要经过实质审查，因此，实用新型专利权人还应当将国务院专利行政部门作出的检索报告附随于警告函后，并应当在警告函中阐明自己的专利经过检索后的结论。

（4）警告函中应当阐明被警告人侵权行为的具体情况（比如制造，或销售，或许诺销售，或使用，等等），包括产品的名称、型号、价格等。

（5）警告函中应当将被指控的产品的特征予以简要归纳，并与专利权利要求进行比对，以明确被控产品落入了专利的保护范围。

（6）警告函中应当告知被警告人必须立即停止侵犯专利权的行为，并阐明被警告人所将要承担的法律责任，以及所依据的专利法具体条文、专利法实施细则的具体条文、相关司法解释的条款等。

（7）警告函的寄送方式应以能够获得寄送凭证的目的为准，这对于证明权利人是否发出警告函非常重要。

在诉讼过程中，如果权利人提供了符合上述内容的警告函，法院将会以此作为判断被控方是否故意侵权的重要依据。

因此，收到上述警告函的被警告人绝不可置之不理，应在自己的律师的协助下，与发出警告的权利人或其代表进行联系沟通。否则在日后的庭审中很难摆脱“明知侵权”的指控。

当然了，我也必须指出，仔细考察这些警告函，一部分发出缘由确实是为了保护被侵害的合法权利，但也的确存在一部分警告函行为，或是发函者根本知道他方并未侵权，或是发函者并不拥有合法的专利权，而仅仅出于打击交易对手，破坏他人商誉，以使自己取得市场优势地位等考虑而作出。

警告函示例

**：

你好！现就贵单位所生产的防盗窗产品，严重侵害**有限公司**先生专利权的行为提出警告。

本公司专利权人**先生，拥有有关“分格式复合钢骨网防盗门、窗”的以下八项国家知识产权局所授予的专利权：

1.外观设计名称：分格式防盗窗　03342116.1

2.实用新型名称：分格式防盗窗　02238319.0

3.实用新型名称：分格式防盗网　02239667.5

4.实用新型名称：分格式防盗窗网　02295038.9

5.实用新型名称：一种分格式防盗门、窗　03257456.8

6.实用新型名称：组合式钢骨网防盗门、窗　03261693.x

7.实用新型名称：一种用于防盗窗网边框的型材　02289103.x

8.实用新型名称：复合式密码锁　02238010.8

针对贵单位所生产的防盗窗产品，我们收集了你大量侵权的物证和书证。你的产品已严重侵害了本公司**先生的“分格式复合钢骨网防盗门、窗”系列专利权。

根据专利法第11条规定：发明和实用新型专利权被授予后，除本法另有规定的以外，任何单位或者个人未经专利权人许可，都不得实施其专利，即不得为生产经营目的制造、使用、许诺销售、销售、进口其专利产品，或者使用其专利方法以及使用、许诺销售、销售、进口依照该专利方法直接获得的产品。

外观设计专利权被授予后，任何单位或者个人未经专利权人许可，都不得实施其专利，即不得为生产经营目的制造、销售、进口其外观设计专利产品。

特要求贵单位立即中止继续制造、销售和转让技术等有关侵权活动。

收到本公司警告函后，请在10天内主动与本公司市场部陶先生联系，就侵权事项协商处理方案。

收到本公司警告函后，若继续实施其行为，对于这样的故意侵权者，本公司将保留到法院诉其侵权和要求赔偿的权利。

**有限公司（章）

2006年**月**日

联系电话：**

【思考与行动】 （10分钟）

我经常为客户起草各种目的的警告函，也经常为客户处理接到的警告函，你有没有“观摩”过这类警告函？现在给你自己起草的机会，找到一个你已经愤恨已久的“侵权对象”，然后制作发给他的警告函——当然这只是份“课堂作业”，不是真的让你马上发过去，让对方来欣赏你的作业。

不过，如果你愿意，我们欢迎你把这份警告函“作业”通过本书前面留下的电子邮箱发给我，让我来为你点评一下。

先在这里写下想到的警告函要点，整理一下再另找一份A4纸完成它吧。

○ ________________

○ ________________

○ ________________

○ ________________

○ ________________

○ ________________

○ ________________

○ ________________

○ ________________

4. 诉讼也是一种策略

申请专利不是为了拥有专利而申请专利，申请专利是为达到一定的商业目的，保护某种产品，使竞争对手无法进入某新产品或业务的市场。

因此当知识产权遭到侵犯，应毫不犹豫立即采取行动捍卫自己的权利，包括起诉。我们前面关于知识产权商业工具化的内容中，就介绍了一些公司将诉讼作为重要行动策略的案例。

对你而言，通过诉讼通常可以获得如下收益：

- **分散对手的精力**

在打知识产权官司的过程中，竞争对手不得不把很多精力投入在法律纠纷上，而忽视了其他一些事情，诸如创新发明、客户服务和新产品上市等。那些直接参与诉讼官司的人员感觉打这种官司会使人筋疲力尽，心血耗尽。为了要打赢官司必须有足够的证据，那些技术人员们不得不放下手头的工作去全力搜集各种法庭上用于作证的数据资料，本来应忙于业务的经理们则要仔细地准备上庭的证词等事项——竞争对手根本不能安心于本职工作，为企业创造真正的商业价值。

- **对公司声誉的免费宣扬**

知识产权诉讼案件是媒体比较感兴趣而争相报道的焦点，这也许正是一个公司想要的，在某种情况下，一家公司可能希望给公众留下一个坚决维护其权利的形象，乘机也可以对公司的产品进行一番宣扬，很多默默无闻的小公司，能因为一场诉讼，巧妙地利用媒体纷纷扬扬的报道，而一举成名，其新产品也得到迅速推广。媒体的报道成了免费的广告，这样一场诉讼是大多数企业都愿意参与的，重要的是诉讼过程所吸引的眼球，对于结果反而无所谓了。

- **诉讼是一个强烈的信号**

它会暗示其他人不要涉侵权者的后尘，否则会遭遇同样的下场。如此可以给已有的或潜在的侵权人施加压力，有效减少自己的维权成本。

- **通过赔偿获得收益**

专利侵权损失赔偿额有三种计算方法：（1）以专利权人因侵权行为受到的实际经济损失作为损失赔偿额。其算术式可以表示为：销售量减少总数×每件专利产品利润=实际损失额；（2）以侵

实战建议

起诉时间节奏控制

当发现有企业侵犯自己的专利后，不必马上起诉，可以观望一段时间，伺机而动。等到其中某个侵权企业在较大区域范围内建立起了较大销售网络，销售额达到较大规模时，这时起诉侵权企业，不仅给其致命打击，而且自身也能获得天文数字的赔偿。

权人因侵权行为获得的全部利润作为损失赔偿额。其算术式可以表示为：每件侵权产品所获利润×侵权产品销售总数=侵权利润。这

为什么选择法庭见？

诉讼可以分散竞争对手的注意力

复杂的法律程序和高昂的诉讼费用，足以把对方拖进一个巨大的泥沼，脱身不得。

诉讼可能动摇对方客户和合作伙伴的信心

有的企业在诉讼结果尚不明朗时，就给对方的销售合作商或用户发出侵权警告或通知，要求或暗示其不要销售或使用“侵权产品”。为避免卷入侵权诉讼，销售商可能会放弃与被指控企业的合作；而用户也可能因此拒绝购买被指控企业的产品。

诉讼新闻效应可以损害对方形象和商业信誉

一些新闻评论往往先入为主把被指控的无辜企业作为侵权的反面教材予以批评。

诉讼是一个强烈的警告信号

暗示其他人不要涉侵权者的后尘，否则会遭遇同样的下场。如此可以给已有的或潜在的侵权人施加压力，有效减少自己的维权成本。

诉讼往往是赢得胜利的有效手段

由于被指控者惧怕无休止的诉讼程序、不负责任的新闻报道，以及避免过于高昂的律师费用和侵权赔偿数额，不得不达成和解，愿意接受指控方的专利许可和其他一些苛刻条件。

图13　诉讼成为重要知识产权重要斗争工具的理由

种方法因为侵权产品销售数量通过查账一般能够确定，具体数额，由法院根据被侵害的专利的经济价值、侵权持续的时间、专利权人因侵权所受到的影响程度等因素确定。

可见，法庭不过是市场的延伸，司法也是商业竞争的有效工具。有时发动知识产权诉讼的目的，纯粹就是透过诉讼来打击竞争对手，消耗其财力，损害其信誉，挫伤其客户以及合作伙伴的信心，这是以知识产权诉讼为工具的商业竞争。

专栏：中芯大战台积电

台积电在与中芯国际的诉讼和解1年7个月以后，2006年8月以中芯违反和解时的约定为由，再次在美国加州地方法院起诉中芯。至此，台积电状告中芯的官司大战再次惹起事端。

一场马拉松缠诉

从2003年，台积电在美国联邦法院对中芯国际提起侵犯专利权和窃取商业秘密诉讼开始，官司逐渐演变为一场马拉松式的缠诉。

台积电就中芯国际涉嫌侵犯其5项专利权向美国加州北区联邦地方法院提起诉讼，并寻求禁止令救济，要求中芯国际支付3倍的赔偿金及相关成本。

美国联邦法院于2004年4月21日书面裁定，驳回了台积电关于商业秘密的诉讼和部分关于专利权的诉讼。

台积电不肯罢休，2004年5月20日又在美国加州州立法院对中芯提起诉讼，而诉讼内容正是被美国联邦法院驳回的商业秘密诉讼。

不仅如此，台积电还向美国国际贸易委员会提起申诉，理由依然是侵犯专利权和商业秘密，请求其向中芯启动“337调查”。

此后，在多方的斡旋下，2005年1月30日，双方就所有悬宕的诉讼达成和解，当时台积电的指控并无任何一项经过法庭证明属实。根据协议，在双方专利授权的前提下，中芯国际将在6年内支付1.75亿美元的许可费给台积电，其中前5年每年支付3000万美元，第6年支付2500万美元，台积电撤回有关诉讼。

台积电2006年8月旧事重提，再次在美国加州地方法院对中芯国际及相关子公司提起诉讼，称中芯国际违背了双方和解时签订的和约，将技术转让给其代管的位于武汉和成都的两家工厂，并提出相关损害赔偿以及禁止令处分的要求。

面对台积电的第三次“骚扰”，中芯采取的是积极应对的态度，正式在美反诉台积电违反协议，并且强烈否认台积电的指控。

中芯国际表示：“中芯国际代管的位于武汉的工厂刚于2006年6月28日奠基，目前还处于土建的初期；在成都的工厂也处于土建阶段，没有到运营阶段，现在根本谈不上技术使用和转移。”“对台积电8月底的起诉感到十分震惊和失望，相信这是部分人士的恶意行为。”

为此，中芯反诉对方理由是“台积电不但违反和解协定，且违反双方应遵守的诚信义务及公平处理协议”，同时要求台积电进行赔偿。

在反诉状中，中芯陈述了自己在国内的领先地位如何对台积电造成实质性威胁；台积电如何摒弃公平竞争，以连串法律诉讼行动及不实不公的控诉损害中芯的声誉；台积电如何未依诚信协商，再次使用诉讼及其他行动企图干扰中芯的业务、与客户的关系等。中芯表示将积极应对诉讼，努力使美国加州法院在充分考量所有证据后驳回台积电的指控。

对于台积电和中芯之间再度爆发诉战的原因，有业内分析人士认为，“这次事件的导火索看似是中芯国际在武汉、成都工厂的建设刺痛了台积电，而内在的原因是中芯国际在中国内地的扩张速度太快，让在台湾地区遭遇阻碍‘西进’政策限制的台积电很着急，因此利用诉讼等手段，希望扼杀中芯国际的发展势头，从而继续保持在芯片代工市场上的领先地位”。

事实上，和解协议之后，中芯已经支付了4500万美元给台积电，台积电在19个月内也从未对中芯提出过疑问。

对于此类知识产权缠诉，有业内人士评价：“一般而言，这类专利诉讼都是醉翁之意不在酒，这是所谓的专利防御策略之一：恶意诉讼。跨国公司会利用自己的知识产权优势，选择具有竞争优势的对手为目标，无中生有，恶意起诉。由于知识产权诉讼时间长，两三年不结案是很正常的事情，在此期间，跨国公司往往还利用媒体的力量，制造舆论，错误引导消费者，使被诉公司背着侵权的名声，市场销售当然大受影响，即使最后跨国公司败诉，但其目的已经达到。也许，台积电并不真正关心诉讼请求的结果，而是诉讼本身的'效果'。"

纵观台积电几次诉讼时机的选择，第一次是在中芯国际准备在美国和香港上市之机，第二次是在中芯持续盈利的时候，这一次选择的是行业低迷调整期刚过，中芯重新开始盈利的时候。

而分析诉讼的潜在影响，一位业内人士认为，"这可能会影响中芯美国客户的信心，打击其订单"。不过，最近中芯国际总裁张汝京表示，对于这次的诉讼，海外客户的反应很平淡，感觉诉讼对客户的影响不大。

图14　中芯案关键数据

资料来源：《中芯"大跃进"刺痛芯片大佬》（璞玉，《英才》2006年第11期）；《美337条款成杀手锏：台积电不放过中芯国际》（顾建兵，21世纪经济报道，2004年8月25日）

5. 司法保护和行政措施的运用

◆ 救济途径选择

当专利权受到侵害时，有两个选择：到人民法院起诉或者请求专利局进行处理。

选择司法保护和行政保护之前，应先明白两者之间的差异：

（1）专利管理机关在处理专利侵权时，虽然有权责令侵权人停止侵权行为，并赔偿损失，但这种处理不是终局的，只要当事人有一方不服的（可能是专利权人，也可能是被控侵权人），他在收到专利局的处理通知之日起3个月内，可以向法院起诉。只有当双方当事人对专利局的处理决定表示接受或者在规定的起诉期间内没有到法院起诉，该处理决定才算具有法律效力；法院对专利侵权的判决是终局的，其他任何机关不能改变这种判决。

（2）专利局的救济手段有限，只能责令侵权人停止侵权和赔偿损失；而法院可以行使《民法通则》规定的一切民事救济手段。

（3）行政处理具有主动性的优势，简便、快捷、高效；而法院则实行“不告不理”，当事人必须做好充分的诉前准备，否则将会面临证据不足的尴尬。

◆ 司 法 保 护

专利侵权与一般的民事侵权行为不同，具有侵权方式隐蔽、侵权人数众多、侵权手段复杂等特性。因此，在准备起诉前，必须通过各种途径，了解和查明侵权行为的基本事实情况，譬如侵权产品的生产来源、销售途径、销售地域和销售数量、销售价格等，并应当注意收集相关的证据材料。特别是，应当及时、准确地弄清楚侵权行为人是谁，即侵权产品的生产制造商、侵权产品的销售供应商及侵权产品的直接销售者或侵权产品的使用、许诺

销售及进口者。

- **原告提起诉讼的准备**

(1)对于侵权行为及侵权行为人的确认，可以通过公证购买的方式进行取证，这样能够最大限度地提高证据的保全和证明效力。确定了侵权行为人，就可以进一步选择起诉的相对一方，即被告。对于被告的选择，从法律的角度看，凡是侵权行为人都可以成为被告，但从诉讼的角度出发，我们应当选择有利于诉讼便利、有利于诉讼成功、有利于诉讼赔偿的侵权行为人作为被告；既可以选择一个独立或主要侵权人作被告，也可以选择符合法律规定的多个侵权人作为共同被告；在存在共同被告的前提下，还应当谨慎选择第一被告，积极主张连带赔偿责任，以利于管辖法院的合理选择和损害赔偿的实际满足。

(2)管辖法院：专利侵权案件由被告所在地或者侵权行为地(包括侵权结果地)的各省、自治区、直辖市人民政府所在地的中级人民法院、各经济特区中级人民法院和最高法院同意指定的中级人民法院作为第一审法院，相应的各高级人民法院为第二审法院。在实践中，如果选择被告所在地起诉，经常会受到地方保护主义的干扰。所以在专利侵权诉讼中，侵权行为发生地是改变管辖地的一个很好的选择，通过对侵权行为的调查和取证，选择侵权行为地法院起诉，可以减少案件审理中很多不必要的干扰。

(3)举证责任：专利侵权诉讼是民事诉讼，因此其举证责任一般应遵循民事诉讼法规定的举证规则，即谁主张谁举证。如果原告指控被告侵犯其专利权，那么首先应当由原告负责提供被告侵犯其专利权的有关证据。但是，如果原告控告被告侵犯的专利是一项新产品的制造方法专利，即方法发明专利，则实行举证责任倒置，即由制造同样产品的被控侵权人提供其产品制造方法的证据。

专利权人应当提交证明其专利权真实有效的文件，包括专利证书、权利要求书、说明书、专利年费交纳凭证；利害关系人应当提供能够证明其权属的相关证明文件；专利财产权利的继承人应当提交已经继承或者正在继承的证据材料。而侵权证据材料主要包括被

控侵权产品以及专利技术与被控侵权产品技术特征对比材料，相关的票据、信函、其他侵权证据材料等。特别需要注意的是，提起侵犯实用新型专利权诉讼的原告，应当在起诉时出具由国家专利局作出的检索报告，作为实用新型专利权有效性的初步证据，否则人民法院有权不予受理。

（4）诉讼时效。专利侵权纠纷案件诉讼时效依据民法通则和专利法的规定，诉讼时效2年，自专利权人或者利害关系人得知或者应当得知侵权行为之日起计算。对于连续实施的专利侵权行为，从专利权人知道或者应当知道侵权行为发生之日起至专利权人向人民法院提起诉讼之日止已超过2年的，对侵权损失赔偿额应自专利权人向法院起诉之日起向前推算2年计算，超过2年的侵权损失不予保护。

专栏：知识产权诉讼的证据体系

采取司法保护，权利人需要向法院提供相关证据，证明知识产权权利有效的证据（权利证据）以及表明知识产权被侵害的证据（侵权证据）和有关损害赔偿的证据。

○ 权利证据

当事人所提供的权利证据通常需要证明：（1）该当事人是该权利的拥有者或其利害关系人，因此他是合法的原告或投诉人；（2）该知识产权在中国合法存在、有效并且因此可被依法行使。

就商标权而言，提交该类证据的目的在于证明商标权的归属，受保护的是何种类型的商标，是否为驰名商标，从而确定该商标权的保护范围。它主要包括：A.商标注册证（如指定颜色的须提交商标注册证的原件）及续展手续。如果是国际商标注册，则需由国家商标局发布该国际注册在中国有效的证明。B.驰名商标认证书。

就专利权而言，提交该证据的目的在于明确专利权的归属、权利状态、专利的有效期限，确定专利权的保护范围。它主要包括：A.专利权证书，包括授权权利要求书、说明书及附图。该专利权如经历无效或撤销程序，且对专利文件进行了变更的，应当提交相应的行政审查决定。如果是实用新型专利，则最好还要有国家知识产权局发布的证明该实用新型具有专利性的检索报告。B.最近一次缴纳年费的收据。C.专利独占实施许可权人与专利权人作为共同原告一同提起侵权诉讼的，还应当提交独占实施许可合同。

○ **侵权证据**

当事人所提供的侵权证据要能够证明：被告实施了或正在实施被控侵权行为。例如，被告的促销宣传材料、被告的产品样品、被告的产品销售合同、销售发票等。

被告实施侵犯其商标权行为的证据，提交该类证据的目的在于确认被告以何种形式侵犯原告的商标权，侵权行为发生的范围等。它主要包括：被告生产的被控侵权产品及销售发票、买卖合同、视听资料等。在原告不能获得被控侵权产品时，销售被控侵权产品的发票、合同也可以作为直接证据使用。

被告实施侵犯其专利权行为的证据，提交该证据的目的在于证明被告实施了侵犯原告专利权的行为，是判令被告承担侵权民事责任的事实依据。它主要包括：（1）被告生产的被控侵权产品，即侵权行为的直接证据。（2）如因客观原因不能取得被控侵权产品，则可以先提供诸如被告在报刊上刊登的销售其产品的广告，与他人签订的买卖合同等间接证据，再以其他方式获得侵权的直接证据。（3）被控侵权产品的销售和使用者明知该产品是侵权产品而仍然进行销售和使用的证据。（4）原告就被控侵权产品与原告专利权利要求书进行的对比，说明其技术特征如何落入了原告专利的保护范围，从而构成对原告专利权的侵犯。

○ 有关损害赔偿的证据

在侵权之诉中，原告要求被告赔偿，应当提交有关赔偿数额的计算方法。由于在几类侵犯知识产权案件中赔偿数额的计算方法均不止一种，且在几种计算方法都可以使用的情况下，应当由原告选择最有利的计算方法，保护自身的合法利益，并据此提交相应的证据。

侵犯商标权的赔偿数额计算方法有三种：（1）为侵权人在侵权期间因侵权所获得的利益，可以根据侵权商品销售量与该商品单位利润乘积计算；该商品单位利润无法查明的，按照注册商标商品的单位利润计算。（2）或者被侵权人在被侵权期间因被侵权所受到的损失，包括被侵权人为制止侵权行为所支付的合理开支（含调查费和律师费），可以根据权利人因侵权所造成商品销售减少量或者侵权商品销售量与该注册商标商品的单位利润乘积计算。（3）或由人民法院根据侵权行为的情节判决给予50万元以下的赔偿。人民法院在确定赔偿数额时，主要考虑侵权行为的性质、期间、后果，商标的声誉，商标使用许可费的数额，商标使用许可的种类、时间、范围及制止侵权行为的合理开支等因素综合确定。

在侵犯专利权案件中，提交该证据的目的在于以侵权事实为依据，以专利法及其相关法规规定的侵权法律责任承担为原则，说明原告提出赔偿经济损失具体数额的计算方法或考虑的主要因素，使法庭注意原告诉讼请求的合理性。

侵犯专利权的赔偿数额，按照权利人因被侵权所受到的损失或者侵权人因侵权所获得的利益确定；被侵权人的损失或者侵权人获得的利益难以确定的，参照该专利许可使用费的倍数合理确定。

（1）权利人因被侵权所受到的损失可以根据专利权人的专利产品因侵权所造成销售量减少的总数乘以每件专利产品的合理利润所得之积计算。权利人销售量减少的总数难以确定的，侵权产品在市场上销售的总数乘以每件专利产品的合

理利润所得之积可以视为权利人因被侵权所受到的损失。

(2) 侵权人因侵权所获得的利益可以根据该侵权产品在市场上销售的总数乘以每件侵权产品的合理利润所得之积计算。侵权人因侵权所获得的利益一般按照侵权人的营业利润计算，对于完全以侵权为业的侵权人，可以按照销售利润计算。

(3) 被侵权人的损失或者侵权人获得的利益难以确定，有专利许可使用费可以参照的，人民法院可以根据专利权的类别、侵权人侵权的性质和情节、专利许可使用费的数额、该专利许可的性质、范围、时间等因素，参照该专利许可使用费的1至3倍合理确定赔偿数额；没有专利许可使用费可以参照或者专利许可使用费明显不合理的，人民法院可以根据专利权的类别、侵权人侵权的性质和情节等因素，一般在人民币5000元以上30万元以下确定赔偿数额，最多不得超过人民币50万元。

○ **有关侵权人情况的证据**

侵权人确切的名称、地址、企业性质、注册资金、人员数、经营范围等情况，都是权利人必须了解的。权利人根据侵权人的具体情况，采取有针对性的策略和方案。确定诉讼或行政打假的方案和确定管辖的机关。

● **中止审理**

由于对实用新型专利和外观设计专利实行的是形式审查制度，在授予实用新型和外观设计的专利中，含有大量不具有专利性的专利，加之这些专利授权的最终审查权不在人民法院，故人民法院在审理专利侵权纠纷案件中，一旦出现被控侵权人对专利权人的专利权向中国专利局专利复审委员会请求宣告无效时，就要中止正在进行的专利侵权诉讼，待专利复审委员会就专利权人的专利有效性作出决定后，再恢复专利侵权诉讼。

但是，被控侵权人如提出宣告无效请求，应当在答辩期内提出，如果超过答辩期，人民法院可以不中止诉讼。对于发明专利，由于我国实行的是实质审查制度，故如果被控侵权人就某一发明专利提出宣告无效请求，人民法院一般不中止诉讼。

- **临时禁令**

（1）申请临时禁止令的条件。

当有证据证明他人正在实施或者即将实施侵犯其专利权的行为，如不及时制止将会使其合法权益受到难以弥补的损害的，可以在起诉前向法院申请采取责令停止有关行为的措施。例如，发现侵权产品正在申请报关出口，或者产品正在加工、制造，即将对外销售等。专利权利人在提出诉前禁令应提供相关的线索和证据，尤其是侵权产品的存放、销售、加工制造的地点等详细信息，以便诉讼禁止令能够得以执行。

有权向法院提出专利诉前禁令的申请人，必须是专利权人，或者是利害关系人（包括专利财产权利的合法继承人，独占实施许可合同的被许可人，或者专利权人不申请的情况下排他实施许可合同的被许可人也可申请）。

申请临时禁止令需要提供的文件

○ 申请人应提供证明其专利权真实有效的文件，包括：专利证书、权利要求书、说明书、附图、专利年费交纳凭证（如果申请人是利害关系人的，还需要提供证明其符合法定利害关系人的证据）等，以确定申请人专利未处于无效宣告程序中，至提出请求之日为有效专利。如果申请所涉及的是实用新型专利，还要求申请人提交国务院专利行政部门出具的检索报告。如果申请人是外国企业或个人，其委托书上中文译名必须和专利文件上专利权人中文名称完全一致。

○ 申请人应提供证明被申请人的相关资料，包括：被申请人注册地的工商行政管理局出具的登记信息，如该公司的注册地址、法人代表姓名、联系方式等信息。

○ 需要提供能够证明被申请人正在实施或者即将实施侵犯专利权行为（如生产行为、销售行为和许诺销售行为）的证据。对于生产、销售的行为，通常需要提供经公证购买、公证封存的侵权产品，最好是数份样品分别封存，其封条应完好无损。此外，到公证机关申请办理公证的最好就是申请临时禁止令的申请人，如果外国申请人还要向公证机关提供经其本国公证、认证的委托书和相关的权属证明。至于许诺销售行为，可以将被申请人商业网站、宣传册、产品目录中带有侵权产品信息的进行公证。

○ 如果申请涉及的是发明专利、实用新型专利侵权，则申请人还应提供一份详细和专业的技术分析报告或者由技术鉴定部门出具的专家意见，供法官在做侵权判定时参考。

○ 如果申请涉及的是外观设计专利，则申请人需要提供被控侵权物与申请人外观设计专利相同、相似的资料，供法官做侵权判定时参考。

○ 申请人需对被申请人正实施或即将实施行为向法院作出说明，以便法院确信如不采取有关措施将给其合法权益造成难以弥补的损害。

（2）申请人提供财产担保的证明材料。

由于诉前禁令是强制性的，一旦发出立即生效，而且可以一直持续到诉讼终结，并且不可以上诉。因此，如果有任何差错，即可能给被控侵权人造成很大损失。所以，法院要求申请人在申请时必须提供合理、有效、足额的担保。至于担保金的数额，则要考虑责

实战建议

及时提起侵权诉讼

法院对于诉前禁令和其后的诉讼案件，作为两个不同的独立案件进行处理。因此，申请人在法院采取临时禁止令措施后15日内必须提起侵权诉讼，否则法院将解除临时禁止令措施。

令停止有关行为所涉及产品的销售收入、合理的仓储保管费用、被申请人停止有关行为可能造成损失、员工工资等合理费用的支出等因素。

在申请临时禁止令的同时，申请人可以向法院同时提出对被申请人侵权行为进行证据保全的要求（如要求扣押其生产工艺图纸资料、清点其生产销售数量、扣押其财务账册及销售合同等），还可以要求法院采取财产保全措施（如查封对方的产品，冻结对方银行账号内的存款，查封其房产、车辆等财产），但同时也要提供相应的财产担保。

◆ 行政保护

● 行政部门管辖权

属于跨部门或者跨地区的侵权纠纷，当事人请求专利管理机关处理的，由发生侵权行为地的专利管理机关或者侵权单位上级主管部门的专利管理机关处理。涉及不同侵权人、不同侵权行为和地点的，首先应请求侵权产品制造地的专利管理机关处理；当制造地不明时，专利权人也可以请求侵权产品的使用地或者销售地的专利管理机关处理；对于未经专利权人许可而进口专利产品或者进口依照专利方法而直接获得的产品的侵权行为，专利权人可以请求货物抵达港口所属地专利管理机关处理。

● 请求行政保护应提交的材料

（1）请求书。

请求书应当记载以下内容：请求人的姓名或者名称、地址，法定代表人或者主要负责人的姓名、职务，委托代理人的，代理人的姓名和代理机构的名称、地址；被请求人的姓名或者名称、地址；请求处理的事项以及事实和理由。其他有关证据和证明材料可以以请求书附件的形式提交。请求书应当由请求人签名或盖章，并且按照被请求人的数量提供请求书副本。

（2）侵权证据。

小知识

请求行政保护应具备的条件

- 请求人是专利权人或者利害关系人；
- 有明确的被请求人；
- 有明确的请求事项和具体事实、理由；
- 属于受案管理专利工作的部门的受案范围和管辖；
- 当事人没有就该专利侵权纠纷向人民法院起诉。

（3）单位的营业执照或个人身份证。

（4）专利证书及专利授权文本。

（5）当年缴纳专利年费收据。

● **行政保护方式**

管理专利工作部门可以向国家知识产权局核实所涉及专利权的法律状态。专利侵权纠纷涉及新产品制造方法的发明专利的，制造同样产品的单位或者个人应当提供其产品制造方法不同于专利方法的证明；专利侵权纠纷涉及实用新型专利的，管理专利工作的部门可以要求请求人出具由国家知识产权局作出的检索报告。

管理专利工作的部门处理时，认定侵权行为成立的，可以责令侵权人立即停止侵权行为，当事人不服的，可以自收到处理通知之日起15日内向人民法院起诉；侵权人期满不起诉又不停止侵权行为的，管理专利工作的部门可以申请人民法院强制执行。

进行处理的管理专利工作的部门应当事人的请求，可以就侵犯专利权的赔偿数额进行调解；调解不成的，当事人可以向人民法院起诉。

【思考与行动】（2分钟）

1. 先考考你的记忆力，回忆一下，司法保护和行政保护的区

别是什么：

○ ______

○ ______

○ ______

2. 如果现在你被安排处理竞争对手的侵权行为，请告诉我你的处理流程以及每个流程的要点：

○ ______

○ ______

○ ______

○ ______

○ ______

○ ______

○ ______

我在本部分的收获与心得

○ ______

○ ______

○ ______

○ ______

○ ______

○ ______

○ ______

○ ______

○ ______

○ ______

○ ______

○ ______

○ ______

______

第三部分

技术追随、模仿知识产权战略的战术运用

“水之形，避高而趋下；兵之形，避实而击虚。”

——《孙子兵法》

所谓“扮猪”，即孙子所说的“藏于九地之下”，“吃虎”是“动于九天之上”。不是我教你诈。确切地说，我在这里不是教你如何去偷，或者去抢别人的技术，因为这样太不负责任。我要强调的是，合法、有策略的追随与模仿策略是诸多中国企业的理想选择。

作为追随和模仿企业，采取的策略不外乎“侧攻战”和“缝隙战”。

“侧攻战”是通过用“奇”，改变现专利的竞争内容、方式，打破现状，建立新的竞争规则的方式来赢得专利竞争的胜利。目标在于通过利用外部变化，发现产业中改变了的新的专利关键因素和环节。在此战场上胜利的关键在于创新。

“缝隙战”我也称其为“游击战”，是市场实力较弱的企业所运用的谋略，要求企业嗅觉灵敏，一切以机会为转移，只要有机可乘，立即冲上去占领一块阵地。具体要求是以灵活性作为企业的根本行动准则，以占领一处小到足以能够守得住的细分市场为目标，活动走势以寻找边缘地带为主，从现有产品、技术或服务体系的不协调中寻找机会，从意外的成功、失败和外部变化中寻找机会，必要时发展联盟壮大自己的竞争实力。

本部分就是围绕这些内容，与你一起探讨如何进行合法、合理的技术追随与技术模仿，打好侧攻战和缝隙战。

- 战术运用10： 以逸待劳——免费利用现有技术
- 战术运用11： 釜底抽薪——请求宣告专利权无效
- 战术运用12： 无中生有——知识产权不用保护的空间
- 战术运用13： 暗渡陈仓——寻找漏洞，避开他人知识产权
- 战术运用14： 假道伐虢——获得他人知识产权的实施许可
- 战术运用15： 水乳交融——活用交叉许可
- 战术运用16： 反客为主——知识产权收购
- 战术运用17： 防身有道——综合运用知识产权抗辩策略

为避开技术开发的种种风险和高额成本，一些具有一定技术研发能力，资金并不雄厚的公司会选择技术追随和模仿战略。

松下公司就奉行 “自来水”哲学，通常是在其竞争对手的新产品推向市场之后，迅速总结“领先者”的经验教训，力求开发出更符合用户要求的技术和产品，努力在“领先者”的基础上再提高一步，然后通过规模效应来降低成本，通过低成本的生产运作力争后来居上。

技术追随战略是跟随某一行业的主导企业开展相应的技术创新活动，目的在于对技术领先的企业作出竞争反应或者消除技术领先者的影响，针对技术领先企业的新技术或新产品进行改进和提高，以生产出在性能、质量、价格等方面富有竞争力的产品，获取尽可能多的经济效益的战略。这种战略要求企业具有敏锐的眼光、良好的情报能力、快速的反应能力以及相应的研发能力。

技术模仿战略是企业不进行新技术的研究和开发，而是依靠购买技术进行仿制，走的是一条引进、消化、创新的道路，尽量缩小与新技术和市场之间的距离的战略。

技术追随、模仿战略必须建立在技术领先者的知识产权基础上，一不小心，即可能构成侵权，而侵权的代价是惨重的，随时会有遭受技术领先者围剿的可能。为避开技术领先者的知识产权陷阱，技术追随、模仿者必须认真研究、分析技术领先者的技术，充分利用知识产权法律，合理利用，甚至免费利用他人的知识产权技术。

跨国公司在中国的专利申请越来越多，在多个领域提前排兵布阵，构筑专利网，国内公司的发展空间越来越受限制。在国际巨头众多知识产权的层层包围之下，国内公司如何突围，运用他人的技术发展自己的事业，成了大量的国内公司所要考虑的首要问题。

一方面，竞争对手在中国申请的专利越多，其公开的技术也就越多，可以通过其专利文献分析对手的排兵布阵，然后针对其排兵布阵实施战略突围。

另一方面，在他人专利的基础上进一步开发，规避专利的保护范围也是一种很好的办法。专利保护的是知识产权而不是知识，同样也不保护发明的灵感。只要把国外的专利技术吃透了，完全可以

在其基础上进行改进，进行进一步发明。很多技术是在某一个标准的基础上进行的，在这种情况下只要置换一个技术特征，就会轻而易举地规避专利侵权。

另外，知识不等于有产权的知识，有没有产权要看其专利文本，看其权利要求书及说明书，看其向公众公开的是什么。如果法律申请文件有漏洞，或者专利权有水分，只要把水分挤掉，企业就可以免责。

战术运用10：以逸待劳

——免费利用现有技术

【本章提要】

☐ 使用未在中国申报专利的外国专利技术

☐ 使用失效专利

“以治待乱，以静待哗，此治心者也。以近待远，以佚待劳，以饱待饥，此治力者也。”

——《孙子兵法》

1. 使用未在中国申报专利的外国专利技术

专利具有地域性，只有在中国申请专利的技术才受到保护，未在中国申请专利的技术不受法律保护。

任何专利的申请和维持都需要成本，大多数公司从成本控制角度出发，在申请专利保护时，对国别的选择非常谨慎。在资金有限的情况下，中国并不是他们的第一选择。如果竞争对手在外国申请专利，而未在中国申请专利，则国内公司完全可以不经对方同意，在国内免费实施其技术。

国内公司必须有能力在全球范围内进行专利检索，搜查具有市场前景的未在中国申报专利的外国专利；为充分了解专利技术，需要一定的语言翻译能力。

我国绝大部分的公司不具备全球专利检索的能力，因此建议聘请技术检索能力经验丰富的科技情报中心进行该项工作。

"免费"外国专利技术使用的注意要点

技术虽然可以在国内实施、销售，但是不能出口，甚至过境该技术具有专利权的国家或者地区；根据国际公约，在国外申请专利之日起12个月，PCT成员国18个月在我国申请专利具有优先权。如果期限内其在我国申请了专利，则该项技术受我国法律保护。

2. 使用失效专利

失效专利是指失去专利保护的技术。

专利权失效是指原来受专利保护的技术不再受专利法的保护。但是，这并不意味着该项技术已经丧失了市场价值，实际上许多失效专利仍然有市场价值甚至有很大的市场价值。这对一些企业来说，是一种宝贵的技术资源。

任何专利都是有保护期限的。在我国，发明专利的保护期限是20年，实用新型和外观设计专利的保护期限为10年，均自申请日起算。保护期限届满后，专利技术即不再受专利法保护，而进入公有领域。专利权除因期限届满而进入公有领域外，还会因其他原因失效。主要的情况有：

- **因未按规定缴纳年费而终止。**专利权人在享有专利权的同时，也负有缴纳专利年费的义务，并且专利年费是逐年递增的。专利年费又称为专利维持费，若专利权人不按期缴纳专利年费，专利局就会注销其专利，并在专利公报上公告。

- **专利权人以书面声明放弃其专利权。**专利权人可以作出放弃专利权的书面声明并通知专利局，以便在专利权期限届满前终止其专利权。专利权人书面声明放弃专利权的，专利权自专利局收到

该声明之日起终止。

● **专利权被宣告无效**。为保证授予的专利权能合法律的规定，自专利权被公告授权之日起，任何人都可以向专利复审委员会申请宣告该专利权无效。被宣告无效的专利权视为自始即不存在。

另外，在发明专利申请过程中，如果不按时缴纳发明专利申请维持费、未在自申请日起3年内提出实质审查请求并缴纳实质审查费，以及无正当理由逾期不答复专利局要求修改专利申请或陈述意

失效专利使用注意要点

（1）对专利权人自动放弃或者被宣告无效的专利，往往存在法律纠纷或与申请日在前的相同专利有抵触，使用时要注意检索申请日在前的相同专利的法律状态，方可决定是否能无偿使用。

（2）必须对失效专利进行进一步的技术经济可行性分析，判断其是否具有经济价值，以及怎样的经济价值。

（3）发明人和专利代理人在申请专利时，往往在符合技术方案充分公开要求的前提下，保留技术秘诀。这就给单纯依据其专利说明书所公开的技术内容实施技术方案增加了极大的难度。这样的专利在失效以后，同样会给人们利用开发设置障碍。因此，在使用这类失效专利时，就需要研究分析，巧妙使用，而不能完全生搬硬套其专利说明书所描述的技术方案，否则很易遭受挫折。因此，在使用失效专利时，要弄清楚在失效专利之外是否尚有技术秘诀。如果自己不能破解这些秘诀，就要向发明人购买技术诀窍。如若购买不成，就要考虑检索与之相关的专利文献和科技资料，综合利用，分析判断，再通过自己的科研投入，二次开发找到制成产品的切实方法。

见的通知等。该发明专利申请将被视为撤回；申请人在收到专利局发出授予专利权的通知后，未能在规定期限内办理专利登记手续的，将被视为放弃取得专利权的权利。这些情况都导致已经被公开的发明创造不能取得专利权，其效果同前述失效专利相似，也成为社会公有技术，可以为企业所用。

【思考与行动】 （10分钟）

1. 马上利用搜索引擎，到网络上查查看有哪些触手可及的免费专利资源网站，或者可购买的免费专利数据光盘，把它们列下来备查备用：

○ ____________________

○ ____________________

○ ____________________

○ ____________________

2. 你所在的企业过去有没有想过系统利用这些“免费专利”？如果没有，那就不要再放任这么珍贵的资源白白流失。现在由你根据自己公司的实际情况，来起草一份“免费专利午餐品尝行动计划”要点。

记住了，计划一定要包含硬性的时间要求、明确的目标，有可执行性，这样的计划才是真正有效益的计划。

____

____

____

____

____

____

____

____

____

战术运用11：釜底抽薪

——请求宣告专利权无效

【本章提要】

□ 可请求宣告专利权无效的法定情形

□ 专利权无效宣告的提出

"不敌其力，而消其势，兑下乾上之象。"

——《三十六计》

首先你可以请求撤销，即当被他人控告侵权时，如果对方的专利公告时间在6个月以内，经过检索，发现缺乏新颖性或者创造性，则可以向中国专利局请求撤销该专利权。专利局经审查维持专利权继续有效的，还可以请求中国专利局专利复审委员会复审。

如果请求撤销的期限已过，则可以请求宣告无效。请求宣告无效的理由比请求撤销的情形更广泛，如公开不充分、权利要求未以说明书为依据、修改超出原申请公开的范围等，具体详见下一部分。因此，如找不到请求撤销的理由而存在请求宣告无效的理由，便可以在授予专利权公告之日起满6个月后请求宣告专利权无效。

1. 可请求宣告专利权无效的法定情形

向专利复审委员会请求宣告专利权无效的理由有如下几条，其中任何一条都可能导致专利权被宣告无效或部分无效：

● **基于现有技术使专利无效**

即使没有诉讼，这种抗辩措施也可以提高使用人的谈判地位。在确定专利权人的专利权利要求范围后，使用人需要仔细检索专利和其他文献，以期发现早期的、与专利权人的权利要求相同或仅具有细微区别的对比文献（现有技术）。最好是审查员在专利授权审查过程中没有考虑过的现有技术参考文献。

一般而言，权利要求的范围越宽，发现现有技术的可能性就越大。为此，需要广泛检索全文。检索现有技术的资源包括前苏联等很难获得的国家的专利和文献、日本专利局的文献中记录的日本公司申请的研究工具专利、欧洲和美国专利局的文献以及其他地方如因特网。

● **授权专利的主题不属于可授予专利权的客体的范围**

即发明创造违反国家法律、社会公德或妨害公共利益（《专利法》第5条），或者属于科学发现、智力活动的规则和方法、疾病的诊断和治疗方法、动物和植物品种或用原子核变换方法获得的物质（《专利法》第25条）。

● **所授权专利不具备相应类型专利的条件**

相应类型即发明、实用新型、外观设计，指的是：授权的发明专利不是对产品、方法或其改进所提出的新的技术方案；授权的实用新型专利不是对产品的形状、构造或其结合所提出的新的适于实用的新技术方案；授权的外观设计专利不是对产品的形状、图案或其结合以及色彩与形状、图案的结合所作出的富有美感并适于工业应用的新设计（《专利法实施细则》第2条）。

● **所授权的专利不具备专利的实质条件**

即发明和实用新型专利缺乏新颖性、创造性和实用性（《专利法》第22条）。外观设计专利缺乏新颖性或与他人的在先权利相冲突（《专利法》第23条）。

● 违反了先申请原则

即曾有两个以上的申请人就该发明创造申请专利，但专利权授予了在后的申请人（《专利法》第9条），或者两个申请人就相同发明创造均取得了专利权（《专利法实施细则》第13条第1款）。

● 专利申请文件不符合法律规定

即说明书没有对发明或者实用新型作出清楚、完整的说明以达到本领域的技术人员能够实现的程度；摘要没有简要说明发明或者实用新型的技术要点（《专利法》第26条第3款、第4款）；权利要求书没有说明发明或实用新型的技术特征，没能清楚、简要地表述请求保护的范围（《专利法实施细则》第20条）；或者权利要求书中的从属权利要求没有用附加的技术特征对引用的权利要求作进一步限定。

其中特别是基于说明书对技术内容公开不充分使专利无效。专利法要求专利申请人在申请日时已经拥有整个发明，清楚、完整公开技术方案，使所属技术领域的一般熟练技术人员根据说明书不需要创造性劳动就能重现。说明书公开不充分、权利要求书得不到说明书支持，对说明书的修改超出了原说明书的范围、不符合专利"新颖性、创造性和实用性"原则都可以使专利无效。专利的权利要求越宽，需要支持的信息越多，越容易因为不能满足"实现"和"支持"标准而无效。为了覆盖竞争对手的活动，专利权人往往会对原申请文件进行修改。因为最初的申请文件可能没有考虑对手的竞争活动，修改可能超出原说明书公开的范围，避免缺乏足够信息支持而无效。

● 修改过的申请超出原申请记载的范围

授予发明或实用新型专利权所根据的修改过的申请超出了原说明书和权利要求书的记载范围；授予外观设计专利权所根据的修改过的申请超出了原图片或者照片表示的范围（《专利法》第33条）。

请求人应当对专利权人的专利进行全面分析，从中找出足以使该专利权无效的理由作为突破口，就上述理由中的一项或多项提出

宣告专利权无效的请求。提出宣告专利权无效请求时，只能根据上述六类法定的无效理由，否则，无效宣告的请求会被专利复审委员会驳回。

使用人可以论证从法律上分析、利用专利权人公开不充分的弱点进行抗辩的可行性和攻击力度。法律允许和欢迎这种抗辩，而且对方对此往往缺乏防御办法。

2. 专利权无效宣告的提出

根据专利法的规定，任何人都可以向专利复审委员会提出宣告某个专利权无效的请求。但事实上，对他人的专利提出无效宣告请求，多数都发生在专利侵权诉讼中，或者同行竞争对手之中，没有利害关系的人一般很少会去关心他人的专利是否有效，当然也就不会请求宣告他人的专利权无效。

若在专利侵权诉讼中，被告基于前述目的提请宣告专利无效，应当注意提出请求的时间，即在答辩期间内就要提出请求。

《最高人民法院关于审理专利纠纷案件适用法律问题的若干规定》第11条规定："人民法院受理的侵犯实用新型、外观设计专利权纠纷案件，被告在答辩期间届满后请求宣告该项专利权无效的，人民法院不应当中止诉讼，但经审查认为有必要中止诉讼的除外。"

此时，诉讼中止的可能性比较小，就无法达到争取准备诉讼事务的时间的目的。非但如此，即使日后原告的专利权因某种原因被宣告无效，根据《专利法》的规定，无效宣告对已经执行完毕的专利侵权判决、裁定，已经履行或者强制执行完毕的专利侵权纠纷行政处理决定一般没有溯及力。若被告在侵权诉讼中败诉，侵权判决生效并已经被法院执行完毕，在这种情况下，其损失是难于挽回的。

【思考与行动】（3分钟）

怎么样，有没有感觉这一招特别狠？不过别人既然都已经"欺负”到你家门口来了，用这招来自卫反击倒也理所当然。

也许“战争”明天即将来临，请你现在就列出你能够想到的所有反击手段要点，比如我在上面提到的“可请求宣告专利权无效的法定情形”。

○ ____________________

○ ____________________

○ ____________________

○ ____________________

○ ____________________

○ ____________________

○ ____________________

○ ____________________

战术运用12：无中生有

——知识产权不用保护的空间研究及运用

【本章提要】

- □ 不侵犯专利权的行为
- □ 不侵犯商业秘密权的行为
- □ 不侵犯计算机软件版权的行为

"诳也，非诳也，实其所诳也。少阴、太阴、太阳。"

——《三十六计》

专利制度保护专利权人对其专利技术的垄断权，但要求申请人首先向社会充分公开其技术，目的主要在于通过技术的公开使社会公众尽早接触、了解最先进的技术，通过对先前技术的研究获得新的进展，将技术水平推进到新的高度。法律在保护知识产权的同时，也创造了一定的空间，允许对他人的专利合法利用而不侵犯他人的专利权。

企业从自身利益出发，则会利用专利法的有关制度，充分利用公开的专利技术信息，确定自己的技术开发计划，推动自己的技术进步。

1. 不侵犯专利权的行为

- **专利权用尽原则**

即专利权人制造或者经专利权人许可而制造的专利产品售出

后，使用或者销售该产品的情况。

（1）专利权人制造或者经专利权人许可制造的专利产品部件售出后，使用并销售该部件的行为，应当认为是得到了专利权人的默许；

（2）制造方法专利的专利权人制造或者允许他人制造了专门用于实施其专利方法的设备售出后，使用该设备实施该制造方法专利的行为。

● 先用原则

在专利申请日前已经制造相同产品。使用相同方法，或者已经作好制造、使用的必要准备，并且仅在原有范围内继续制造、使用的。

享有先用权的条件是：

（1）作好了制造、使用的必要准备。必要准备，是指已经完成了产品图纸设计和工艺文件，已准备好专用设备和模具，或者完成了样品试制等项准备工作。

（2）仅在原有范围内继续制造、使用。原有范围，是指专利申请日前所准备的专用生产设备的实际生产产量或者生产能力的范围。超出原有范围的制造、使用行为，构成侵犯专利权。

（3）在先制造产品或者使用的方法，应是先用权人自己独立研究完成或者以合法手段取得的，而不是在专利申请日前抄袭、窃取或者以其他不正当手段从专利权人那里获取的。

（4）先用权人对于自己在先实施的技术不能转让，除非连同所属企业一并转让。

对依据先用权产生的产品的销售行为，也不视为侵犯专利权。

● 临时过境原则

临时通过中国领土、领水、领空的外国交通运输工具，依照其所属国与中国签订的协议或者共同参加的国际条约，或者依照互惠原则，为运输工具自身需要而在其装置和设备中使用有关专利的。但不包括用交通运输工具对专利产品的“转运”，即从一个交通运输工具转到另一个交通运输工具上的行为。

● **专为科学研究和实验而使用有关专利的**

这主要是指将有关专利产品或者方法作为科学研究和实验的对象，具体包括：

（1）专为科学研究和实验而使用有关专利中的使用，应当包括专为科学研究和实验而制造有关专利产品的行为。

（2）专为科学研究和实验而使用，是指以研究、验证、改进他人专利技术为目的，使用的结果是在已有专利技术的基础上产生新的技术成果。

（3）在科学研究和实验过程中制造、使用他人专利技术，其目的不是为研究、改进他人专利技术，其结果与专利技术没有直接关系，则构成侵犯专利权。

● **非生产经营目的的使用**

我国专利法所规定的构成对专利权侵犯的前提条件之一，是“为生产经营目的”制造、使用、销售专利产品，使用专利方法等。那么，“非生产经营目的的使用”专利，当然就不应被视为侵权。

2. 不侵犯商业秘密权的行为

（1）独立开发、研制而获取或使用与他人商业秘密相同或近似

小知识

反向工程

反向工程指通过对从公开渠道取得的产品进行拆卸、测绘、分析等技术手段而获得有关技术信息的方法。通过反向工程获得的信息，符合商业秘密条件的，应当依法受到保护。

的技术信息、经营信息；

（2）根据公开知识，对公开的文献、产品或信息加以观察、研究而获取和使用他人的商业秘密。

3. 不侵犯计算机软件版权的行为

（1）为了学习和研究软件内含的设计思想和原理，通过安装、显示、传输或者存储软件等方式使用软件的，可以不经软件著作权人许可，不向其支付报酬。这就是说，在学习、研究软件的设计思想和原理的范围内，安装、显示、传输或者存储软件等方式使用软件，属于合理使用范围。

（2）合法软件复制品所有人。它是指向权利人或者其许可的经销商购买、接受权利人赠予和许可使用正版软件复制品的自然人、法人等民事主体。软件合法复制品所有人享有下列权利：

一是装入权，即根据使用需要把软件装入计算机等具有信息处理能力的装置内的权利；

二是备份权，即为了防止复制品损坏而制作备份复制品的权利；

三是必要修改权，即为了把该软件用于实际的计算机应用环境或者改进其功能、性能而进行必要的修改权。

软件合法复制品所有人在行使上述权利的同时，也应履行以下义务：

一是不得以任何方式将备份复制品提供他人使用；

二是在丧失正版软件所有权时，将备份复制品销毁；

三是除另有约定外，未经权利人许可，不得向任何第三方提供原来行使必要修改权而修改后的软件。

（3）涉及软件开发法律责任的例外规定。按照著作权法保护作品不保护创意只保护表达的基本原理，法律一般都规定对软件的保护不能扩大到开发软件所用的思想、概念、发现、原理、算法、处理过程和运行方法。但是在软件开发实践中，某一种创意只有少数几种表达方式，这时，对此种情形就已经很难区分是创意还是表达，对此种表达很难给予保护。因此 “由于选用的表达方式有限而与已

经存在的软件相似，不构成对已经存在的软件的著作权的侵犯”。

【思考与行动】（2分钟）

上面这些知识产权不保护的空间有没有你或你所在企业能够利用的，或者给了你一些启示？如果有，赶紧记下来，好记性不如烂笔头。

○ ________________

○ ________________

○ ________________

○ ________________

○ ________________

战术运用13：避实就虚

——寻找漏洞，避开他人知识产权

【本章提要】

□ 法院判断侵权的一般规则

□ 减除（省略）策略非等同替代策略

"兵者，诡道也。"

——《孙子兵法》

模仿竞争产品，最好请知识产权专业律师协助，围着竞争对手专利技术的周边设计产品。千万不要依赖一个技术人员的意见认定自己公司的产品是否侵权。

法院判断侵权的一般规则是特征覆盖论，只要被告使用了原告专利独立权利要求中所有的必要技术特征就算侵权，即使其技术特征多于原告专利的独立权利要求也不例外；然而，如果其技术特征较少，导致没有使用某一必要技术特征，或者某一特征与专利权利要求中的对应特征有实质性的区别，则往往不能判定为侵犯专利权。

因此设法避开对方专利的方法是，放弃或改变其独立权利要求中的某个或某些必要技术特征，例如改变其专利产品的结构或组成，节省其专利方法的工艺步骤或改变其工艺条件等。

在专利制度中，判断一个技术事物是否落入一个专利的保护范围（是否可能侵权），有技术特征"相同"与"等同"两种判断原则。与此相对应，为了使技术开发的成果"绕过"他人专利，有技术特征的"减除（省略）"与"非等同替代"两种方法。

● **减除（省略）技术特征**

所谓“相同”判断原则的大意是，判定一个技术事物落入一个专利权的保护范围，其必要条件是它完全具有该专利独立权利要求中记载的技术特征，即专利技术方案的技术措施、要素、环节，如零件、部件、子系统、形状、材质、位置关系、工序、工步、工艺参数等。因此，只要使技术开发的成果缺少竞争对手专利的至少一个技术特征，就可以绕过该专利的保护范围。

从技术上看，设法省略一个技术措施，特别是较“小”的措施，是比较容易成功的技术改进思路。省略的意义并不是技术人员通常关心的简化技术和降低成本，而是冲出竞争对手设置的专利保护重围，觅得一线生机。

● **非等同替代**

在减除了若干技术特征就不能实现发明目的时，可以用非等同的技术特征替代一个专利的某技术特征，也能绕过该专利的保护。所谓“等同”是指，技术事物的替代技术特征与专利的对应技术特征相对比，其功能、手段（结构方式、工艺方式等）、效果都基本相同，并且无需创造性劳动就能联想到。因此，“非等同”就是功能、手段、效果三者至少有一方面非基本相同，或者具有一定创造性。为了进行非等同替代，可以从寻求新的结构方式或工艺方式入手，也可以寻求功能的变化或效果的变化。

1. 这种通过漏洞避开知识产权问题的案例现在不少，开动脑筋想一想，找到两到三个这样做的案例。如果你能想到三个，说明这一部分内容你已经完全没问题了，理论与实际结合得很好。

【思考与行动】（5分钟）

○ ____________________

○ ____________________

○ ____________________

2. 试着记下这一战术里面你或你所在企业能够利用的地方，包括它带给你的思考：

○ ____________________

○ ____________________

○ ____________________

○ ____________________

战术运用14：移花接木

——获得他人知识产权的实施许可

【本章提要】

☐ 通过获得实施许可提升竞争力

☐ 被许可人的自我保护

“故善战者，求之于势，不责于人。”

——《孙子兵法》

1. 通过获得实施许可提升竞争力

对于技术力量薄弱的企业，引进专利实施是迅速缩短同发达国家先进企业技术差距、增强自身竞争能力的最有效手段之一。

日本索尼公司的前身东京通讯工业公司，是1946年由几位退伍军人合伙建立的一家只有资金19万日元、职工20来名的小企业，产品就是2波段电子管收音机。1952年，该公司老板井深大获悉美国贝尔实验室发明晶体管并取得专利权的信息，尽管当时的晶体管还不能用于制造产品，一些权威专家甚至预言，即使能够用于制造产品，也只能作助听器之类的元件，不能用于收音机的高频电路。但井深大独具慧眼，认为其应用前景无限，商业价值很高。1953年，他花3000美元便将该项技术引进。他的目的不是用来做助听器——那个市场太小了，而是要用来制造可以进入千家万户的收音机。引进之后，他集中全公司的精锐技术力量研究改进，经过多次失败，终于在1957年制成当时世界上最小的可以放在衬衣口袋里的晶体管收音机，并使用“SONY”这四个字母作为商标。一投放市场，便大受用户欢迎。公司也于1958年改用“SONY”作为名称。索尼产品由此起步，走向世界。

索尼公司也以此为契机，不断推出世界市场上从未见过的新产品，如晶体管电视机、袖珍录音机等，由一个默默无闻的小公司，一跃而成为名闻全球，在美国、欧洲、澳洲等地设有多家分公司和近20家工厂的跨国公司，“SONY”商标，也成为世界十大名牌商标之一。

据统计，1960~1975年，日本耗资57亿美元，从世界各地（主要是美国及西方发达国家）引进2.5万件专利。这些技术，如果全部都靠日本自己从零开始研究，将花费2000亿美元，时间的损失更无法估量。通过大量先进技术的引进，日本经济迅速腾飞，竞争能力大增。1952年，日本出口贸易仅8亿美元，到1990年，竟达2860亿美元，38年增长356倍，跃居世界第3位。

由此可见获得他人知识产权实施许可的价值。

2. 被许可人的自我保护

技术实施许可中被许可人的自我保护非常重要，一些企业花了不少代价获得实施许可，却因为忽视细节，留下后遗症。

你需要关注的主要事项包括：

- **明确专利权终止或被宣告无效的法律责任**

专利权人与他人订立专利实施许可合同是基于其专利权，因此，作为合同的转让方，应当在合同有效期内维持专利权的有效性。但是，如果在合同有效期内，专利权终止或被宣告无效的，如何承担相应的法律责任，当事人应当在合同中明确约定。

（1）专利权终止的法律责任：根据我国《专利法》规定，发明专利权的有效期限是自申请之日起20年，实用新型和外观设计专利权的有效期限是自申请之日起10年。专利权人应在专利权的有效期限内与他人订立专利实施许可合同。如果在合同有效期限内专利权终止，导致合同同时终止，转让方应当向受让方支付约定的违约金或者赔偿受让方因此受到的损失。同时，当事人还得注意两种在期限届满前终止专利权的情形：一是专利权人没有按规定缴纳年费；二是专利权人以书面声明放弃其专利权。

（2）专利权被宣告无效的法律责任：在专利实施许可合同的有效期内，一旦专利局宣告专利权无效，该专利视为自始无效，即专利权自始不存在。专利实施许可合同也就失去了基础，应予撤销。此时，转让方应当赔偿由此给受让方造成的损失，但已给付的使用费不再返还。

- **审查专利实施许可合同的有效性**

转让方的某项发明创造被授予专利权是专利实施许可合同有效性的最主要的标准之一。此外，当事人还应根据下列相关的规定去全面审查合同的有效性：

（1）转让方是否为合法的专利权人，即转让方是否有权处分该项专利技术；

（2）转让方就共有专利权的专利技术订立专利实施许可合同，应当取得共有专利权人的同意；

（3）转让方就从属专利订立专利实施许可合同的，应当取得从属专利权人的授权；

（4）转让方根据专利局的强制实施许可决定订立的专利实施许可合同，受让方仅享有普通实施权，并无权许可他人实施；

（5）作为专利权人的转让方如果没有按照规定缴纳专利年费的，专利权在期限届满前终止。

凡与上述规定相违背的专利实施许可合同都是无效合同。

- **全面约定转让方的义务**

专利实施许可合同的转让方除应履行法定的义务外，还应履行当事人约定的义务。具体法定和约定的义务有如下几个方面：

（1）许可受让方在合同约定的范围内实施专利技术：在独占实施许可合同中，转让方除应许可受让方在约定的范围内实施专利外，不得就该项专利在同一范围内再许可他人实施，并且转让方自己也不能实施；在排他实施许可合同中，转让方除应许可受让方在约定范围内实施专利外，不得就该项专利在同一范围内再许可他人实施。

（2）提供实施专利技术的有关资料和必要的技术指导：这是受让方实施专利技术的必要条件。专利技术转让的完成依赖于受让方对技术的掌握程度，因此，转让方应按照合同约定的期限和要求提供技术资料和必要的技术指导，并应达到能使受让方技术人员实施该项专利技术的程度。

（3）承担对专利权完整性的担保义务，包括订立合同后对专利权完整性的全面担保：因为在订立合同后，可能出现专利权被宣告无效；由于专利侵权诉讼，使用专利权保护范围受到限制；专利先用权的存在；专利实施过程中受到另一个专利权的限制；强制实施许可的存在等情况。如果订立合同时，不对相关问题及其解决办法作出承担约定，必然因合同缺陷导致合同部分或全部无效，引起合同纠纷。

（4）承担如实向受让方说明专利权保护范围的义务。

（5）承担如实向受让方说明订立合同前专利实施许可的有关情况。

（6）承担合同约定的专利技术性能担保的义务。

- **确保被许可技术具有商业应用价值**

技术转让是技术由研究开发成果进人工业化使用的关键环节，在决定就某一技术订立技术转让合同时。你至少应考虑以下因素：

（1）标的技术的成熟性、稳定性；

（2）是否有可替代的其他技术；

（3）标的技术与已有技术的配套使用和衔接；

（4）转让方可能提供的技术服务和指导；

（5）受让方的技术接受能力；

（6）合同的价数和支付能力；

（7）后续改进的可能性；

（8）转让方对标的技术的权属如何；

(9) 标的技术在何种程度和范围上曾经转让或正在使用；
(10) 标的技术的实施是否含有技术秘密；
(11) 标的技术是否须由特殊培训人员实施；
(12) 标的技术的实施是否需要特殊的设施配合。

● **技术许可合同中，你应要求许可方作出两个担保**

你至少应该要求许可方在以下两个方面作出担保：

《专利实施许可合同》样本

国家专利局制定的《专利实施许可合同》样本可从“公司法律风险防范沙龙”下载，其主要条款为：

第一条　名词和术语（定义条款）
第二条　专利许可的方式与范围
第三条　专利的技术内容
第四条　技术资料的交付
第五条　使用费及支付方式
第六条　验收的标准与方法
第七条　对技术秘密的保密事项
第八条　技术服务与培训
第九条　后续改进的提供与分享
第十条　违约及索赔
第十一条　侵权的处理
第十二条　专利权被撤销和被宣告无效的处理
第十三条　不可抗力
第十四条　税费
第十五条　争议的解决方法
第十六条　合同的生效、变更与终止

（1）“技术性能担保”：即技术提供方保证，被许可方使用相关技术，一定达到合同约定的目标。衡量此类担保的尺度，是双方约定的技术标准。实践中，当事人常常忽视详细约定技术标准，或对重要指标约定不明，导致在发生纠纷时，法院很难判断技术许可方是否违反担保义务。因而，无论从技术实施角度讲，还是从“防范于未然”观点看，当事人都应对被转让技术各项指标加以明确。

（2）“权利担保”：即许可方就所提供技术法律状态所作的保证。一般涉及两方面内容。一是“合法拥有担保”，即许可方保证，其对所提供的技术享有合法权利。二是“不侵权担保”，即许可方保证，就其所知，被转让技术至今未侵犯技术实施地域内任何人的合法权益，并保证，今后如发生第三方指控技术被许可方因使用许可方技术而侵犯第三方有效权利时，许可方应为此进行抗辩。如果侵权指控成立，被许可方为此承担责任，许可方应赔偿由此产生的经济损失。

【思考与行动】（10分钟）

1. 国内很多企业可能还不习惯用真金实银购买软性的专利实施许可，但随着中国知识产权制度的完善，你得习惯起来，否则就要冒被指控的风险了，起码现在满天飞的针对盗版软件使用的警告函就是明证，最好不要到那时候才意识到侵权距离自己是如此之近。

为了不要出现这一幕，请在这里记下购买实施许可对企业、社会有哪些好处，越多越好，这样能给自己留下许多正面的暗示，你也许会发现自己真的需要立刻就去购买实施许可了。

○ ______________________________

○ ______________________________

○ ______________________________

○ ______________________________

○ ______________________________

○ ______________________________

2. 找一份上面的专利实施许可合同来阅读一下，看能不能把握整个协议的关键。

3. 让我们一起来回忆一下，你作为被许可人，自我保护要点具体有哪几个：

○ ____________________

○ ____________________

○ ____________________

○ ____________________

○ ____________________

○ ____________________

○ ____________________

战术运用15：水乳交融

——活用交叉许可

【本章提要】

□ 专利篱笆

□ 环绕专利战略

□ 获得强制许可

□ 专利池

"凡战者，以正合，以奇胜。"

——《孙子兵法》

"交叉许可"策略运用比较多元化，既可以是技术领先企业实施的防御战重要战术，也可以是追随和模仿者运用的侧翼战战术。

交叉许可也称互惠许可、互换许可，就是双方当事人以价值大体相当的专利互相许可对方实施。当价值不等时，一方可给另一方一定补偿。例如，日本东莱公司从美国联合碳化物公司引进碳纤维制造技术，采用的就是这种战略。东莱公司许可联碳公司实施其丙稀晴技术，联碳公司许可东莱公司实施其碳纤维专利。又如，1992年，飞利浦公司推出数字密集型（DCG）音响，索尼公司也将推出微盘录音机，为避免发生侵权纠纷，相互许可对方实施自己的有关新专利技术。

经济实力较弱、技术上不具有竞争优势的企业常常会在市场竞争中受到其他企业的专利战略进攻，或竞争对手的专利对企业经营活动构成妨碍或威胁，此时没有力量研究开发基本专利技术的企业

专利篱笆

采用购买、引进等防御型专利战略并大量申请改进专利、实用新型专利等外围专利对原企业基本发明实施包围。基本专利人在制造某专利产品或采用某专利方法时，如果必须采用这些外围专利，“专利篱笆”就具有强大威力。

可着重分析用外围专利、下游专利封锁各种改进发明的技术发展路线，编织严密的专利网，进行侧翼战，同基本专利权人进行对抗。即利用对专利技术的二次开发、技术引进、专利对抗、专利诉讼等方式要求与对方进行专利的交叉许可，抵御竞争者的专利攻势，打破竞争者的技术垄断，改变被动地位。

环绕专利战略是侧翼战中最有效的一种，对他人的基本专利进行研究，发现缺陷，作出改进，然后提出专利申请，日本企业惯用此方法来获取成功。精明的日本企业往往在参考美国原专利的基础上，采用改造和创新相结合的方法，绕过原专利的权项，开发不抵触的技术，并以此来抢占美国厂商的市场份额。

佳能就通过另辟途径开发价廉物美的小型办公和家用复印机，挑战并击败大名鼎鼎的原复印机发明者美国施乐公司。

如美国联合碳化物公司于1959年发明了碳纤维工业化生产方法，日本东莱公司于1970年引进了这一基本专利技术，并着手从基本材料到长纤维的各种研究开发，取得了从应用技术到改进碳纤维质量的一系列专利权，其产品市场占有份额也后来居上，跃居世界第一。

所以，对于试图突破专利壁垒的企业来说，避开常规的思维发展方式，反向寻找突破口，是实施侧翼战的成功策略。

在对方专利的基础上进行二次开发，例如开发专利产品的新方法或新用途，得到依存专利或称从属专利后，反过来限制对方，作为交叉许可时讨价还价的筹码。

这是因为专利的保护范围和是否可以获得专利是两个互不相干

的事情，即使已有产品专利的保护范围包括了所有的制造方法和应用领域，也不妨碍别人就其产品专利文献没有公开的其他制造方法和用途进行研究开发。而且，对此基础专利进行进一步研究开发所作出的新的制造方法和用途发明，只要符合专利法规定的新颖性、创造性和实用性等实质性条件，仍然可以被授予一项方法专利或用途专利。

法律规定

获得强制许可

《专利法》规定，一项取得专利权的发明或者实用新型比以前已经取得专利的发明或者实用新型在技术上先进，其实施又有赖于前一发明或者实用新型实施的，专利局根据后一专利权人的申请，可以给予实施前一发明或者实用新型的强制许可；在依照本规定给予实施强制许可的情况下，专利局根据前一专利权人的申请，也可以给予实施后一发明或者实用新型的强制许可。

外围专利的实施必然导致侵犯在先的产品专利，因而需要得到产品专利权人的许可才行，故此称为依存专利或从属专利。

另外，由于该方法或用途本身也是一项专利，专利权人对其专利技术也有法定的独占权，任何人未经专利权人许可都不得使用其专利方法，包括在先的产品专利权人，这样就形成了对在先产品专利权人的反限制。

由于后来研究开发并得到专利的制造方法和用途肯定比产品专利权人已有的方法和用途具有突出的实质性特点和显著的进步，因而更具有市场竞争力，所以，产品专利权人无疑也会对其感兴趣，这就为交叉许可奠定了牢固的基础。

适用交叉许可的基本前提，是存在着两个均已取得专利的发明

在核心专利周围布署改进专利

日本企业在战后曾经成功地运用了这一专利战略，积极地对国外的基础专利进行二次开发，形成对基础专利呈包围之势的众多的外围专利，从而在国际技术贸易中打了一个漂亮的翻身仗，有效地提高了日本企业的竞争力。

此外，在核心专利周围布署改进专利、下游专利也可以帮企业获得核心专利权人的交互授权。例如，台湾地区的富士康、鸿海，韩国三星跟踪国外企业的核心技术，大量布署外围专利，也创造了可靠的杀手锏。

或者实用新型，并且从技术的角度看，这两个发明或者实用新型各自的实施与对方的实施存在着密不可分的、直接的相互依赖关系，这种情况经常出现在一个发明创造产生后，在对这个发明创造进行部分改进后又完成的新的发明创造之间，如果这两个发明创造分别取得了专利，并且这两个专利分属于两个专利权人，那么两个专利权人在实施各自的专利时就可能有赖于自己也能实施对方的专利。

基础发明或者实用新型的专利权人为了能生产性能更好的产品，使用更为先进、完善的技术，就需要在实施自己专利的同时，也能实施改进发明或者实用新型专利权人的专利。而改进发明或者实用新型的专利权人如果不能同时实施基础发明或者实用新型专利权人的专利，就可能无法生产完整的产品，或者使用完整的技术（因为改进发明或者实用新型专利权人所拥有的可能不仅仅是改进部分的专利）。

在这种情况下，如果他们相互之间不能以合理的条件通过自行协商得到实施对方专利的许可时，就有必要通过专利局得到实施对方专利的强制许可。否则，两个专利权人将都无法实施自己的专利或者虽能实施，但却无法达到最理想的经济和技术效果。

为避免两个专利技术比较接近的企业相互发生侵权现象，并节

专利池

“专利池”（Patent Pool），是不同企业联盟合作，注入自己的专利技术，建立成一个共有的“专利仓库”，然后可以将这个“专利池”授权转让给其他公司。

最初专利池主要用于减少技术交易成本。专利池是“把作为交叉许可客体的多个知识产权，主要是专利权放入一揽子许可中所形成的知识产权集合体”。进入专利池的公司可以继续用池塘中的全部专利从事研究和商业活动，而不需要就池塘中的每个专利寻求单独的许可，甚至池塘中的公司彼此间不需互相支付许可费。池塘外的公司可以通过一个统一的许可证自由进入池塘中并使用全部知识产权。

飞利浦、索尼、先锋即组成了DVD专利联盟集团3C，建立了“DVD专利池”。它们凭借专利技术之优向全球DVD生产商、销售商征收专利许可费用。同时，因为3C专利联盟集团和它的交叉许可合作伙伴不需要支付专利费，它们至少占有了3.5元的优势，在6C和3C专利联盟集团之间，交叉许可协议至少给予它们7.5元的优势。

省开发成本，企业知识产权部门可寻求两个或多个企业之间的专利双边或多边“交叉许可”，推行“专利同盟”战略。交叉申请专利权是一种战略机会，而不仅仅是一种折中办法。

【思考与行动】（15分钟）

1. 上面介绍了专利池，现在请你列举三个现实个案出来，如果一时想不到，可以通过搜索引擎查询，再分析一下它们的组织者、领域、主要特点。

○

○ ____________________

○ ____________________

2. 国内企业运用知识产权交叉许可工具的也越来越多，请你现在试着通过搜索引擎查询三个运用实战案例。

○ ____________________

○ ____________________

○ ____________________

3. 作为弱势的知识产权战争参与者，如何通过交叉许可对强势的知识产权参与者进行侧翼作战，也许是你现在在思考的问题。那么就不要让这些思考只在大脑皮层的浅层徘徊，拿出笔来迫使自己朝更深层次前进，看看对你而言这一策略中有什么机会可以利用吧。

○ ____________________

○ ____________________

○ ____________________

○ ____________________

○ ____________________

战术运用16：反客为主

——知识产权收购

【本章提要】

□ 对目标知识产权的审查

□ 收购注意要点

□ 通过收购转守为攻

"故兵无常势，水无常形；能因敌变化而取胜者，谓之神。"

——《孙子兵法》

拥有专利就意味着排他性地拥有一个技术产品市场。为了阻止竞争对手的市场攻势，企业会考虑收购一批核心专利，或者收购几家拥有这些专利的公司。

专利收购是在短时期内增加专利储备的最直接的方法，LG购买美国王安计算机公司的专利后，很快从一家生产性企业转变为拥有很多核心专利的真正的高科技公司。购买专利和基于拥有专利而进行的并购应成为公司对迫在眉睫的专利战的选择。

- **对目标知识产权的审查**

知识产权属于无形资产，购买前的审查要比不动产和动产的审查困难的多，必须由技术专家、法律专家、财务专家联合组成的小组共同对涉及专利技术先进性、专利有效性、专利的资产价值等方面进行专业的评估。

通常，在专利并购中，并购者要对专利组合的以下方面进行考察：

标杆借鉴

反面案例：TCL 收购汤姆逊

国内企业绝大多数还不会利用收购战略，或者走了一条错误的收购之路。仔细观察 TCL 收购汤姆逊这一轰轰烈烈的国际并购，就会发现收购的是除了专利之外的一切，而渠道、生产线、市场都不是中国企业缺少的，唯独最致命的偏偏没有收购到。截止到 2006 年 9 月，TCL 集团欧洲业务亏损已经超过 20 亿元，出现了依旧受专利困扰，依旧挨打的局面。

与其相对应，罗孚汽车创建于 1904 年，是一家拥有百年历史的英国老字号企业，但因各种原因经营业绩大幅下滑。2004 年 6 月，上汽与濒临绝境的罗孚签订了意向性的合作协议，后因罗孚财务等状况太差，2005 年 4 月双方谈判破裂，罗孚不得不宣布破产。不过，在罗孚破产前，上汽斥资 6700 万英镑获得了罗孚 75、25 两款轿车和全系列发动机的知识产权。

（1）专利的有效期到何时？

（2）专利费是否按时缴纳？如果延迟缴纳诉讼费，专利局会认定专利权人主动放弃了权利。有的专利组合中就有这种已经放弃的专利。

（3）专利组中的专利在哪些国家有效？由于专利是有国家地域限制的，也就是说，中国不保护任何公司在美国申请的专利，如果你想你的专利在中国得到保护，那你必须取得中国知识产权局的专利授权。

（4）专利的权利请求设计是否漏洞？

（5）是否存在侵权官司或者可能引起侵权官司？

（6）专利的实际价值如何？购买以前，并购公司必须对专利的下列方面进行考察：这种专利技术的先进性如何？还有多少升值潜力？他们为下一代技术投入了多少？其核心专利被其他公司引用的

注意，重要的是人！

并购中要关注是否包括有关的技术骨干。如果没有创造这些知识产权的工程师和发明家，如果没有新技术的开发，没有新的专利的不断更新，这个被并购的知识产权还值这么多钱吗？

次数是否开始减少？公司创新的步骤是否开始放缓？专利是否受到了限制性许可证协议的拖累？这些都要有技术专家的参与才能有结果。

- **知识产权收购注意要点**

（1）确认转让方是否为合法的专利权人。

任何单位和个人都可以作为专利权转让合同的受让方，支付约定的价款后取得专利权，成为新的专利权人。但作为专利权转让合同的转让方，则必须是具有专利权的人或单位，即专利权人。专利权转让合同的转让方可以包括以下几种：专利申请被批准后，提出申请的个人；专利申请被批准后，提出申请的单位；专利权的合法继承人，包括通过继承、转让取得专利权的个人或单位。

（2）明确专利权转让前发明创造的实施情况及后果。

在专利权转让之前，专利权人可能已经实施其发明创造，或者通过技术秘密转让合同或专利实施许可合同许可他人实施其发明创造。由于专利权的转让，专利权人发生变化，实施专利和许可他人实施专利的权利归属于受让方。转让方不再享有专利权。因此，对在专利权转让合同成立以前原专利权人已经实施或正在实施的专利，或通过合同许可他人实施专利的情况，应当作出适当的处理。

在订立专利权转让合同前，转让方已经实施或正在实施发明创造专利的，在订立专利投转让合同时，当事人应约定转让方是否能够继续实施该发明创造。如果当事人未就此作出约定，则合同成立后，转让方应当立即停止实施该专利。

在订立专利权转让合同前，转让方已与他人就该项专利订立专利实施许可合同并正在履行的，在订立专利权转让合同时，当事人可以约定在合同中约定原实施许可合同中权利义务的处理。如果当事人未就此作出约定，则合同成立后，原实施许可合同约定的权利义务，全部由受让方承担。

（3）明确专利权被宣告无效的理由及法律后果。

在专利权的有效期内，任何单位或者个人认为专利权的授予不符合（专利法）的有关规定，都可请求专利局复审委员会宣告专利权无效。

专利权被宣告无效，专利权人被认为自始不存在。因此，可以认为专利权转让合同的转让方无权订立专利权转让合同。根据我国《合同法》的规定，专利权转让合同成立后，专利权被宣告无效的，转让方应当返还价款。专利权被宣告无效，往往会使专利权转让合同的受让方蒙受经济损失。

因此，在订立合同时，受让方应要求转让方就其专利权作出适当的保证，即保证其有权就该专利权进行转让，并约定其承担因专利侵害他人合法权益而被宣告无效的责任。

专栏：通过收购转守为攻

○ **越来越精准的打击，越来越多的受攻击者**

2005年是中国企业面临专利诉讼不平凡的一年，春节刚过，就有四场专利战在美国上演。与以往不同的是，以前还是挥舞大棒乱打一通的老外已经逐渐摸清了中国企业的诉讼脾气和手段，开始有的放矢地“精确诉讼”，也许看起来没有那么凶猛，但杀伤力却大大增加了。

2004年12月29日，日立在美国加州对南方汇通提出诉讼，理由是南方汇通侵犯了日立GST硬盘机的多项产品专利权。

2005年1月初，美国SIGMATEL公司在德州对珠海炬力提起诉讼，理由是珠海炬力侵犯了其MP3播放器系统级芯片“SoC”控制器的多项专利。

2005年春节前夕，中国一家著名的家电厂商收到来自美国的诉状，称其生产的VCR\TV存在侵权。

2005年2月24日，法国汤姆逊提请美国国际贸易委员会（ITC）发动337调查，称来自明基及其三家子公司的LCDTV、LCD显示器及相关零部件侵犯了其知识产权。

挑在春节前后起诉已经成为国外企业摸索出来的必备招数，因为这时国内无论是企业、协会还是媒体都在放假中，无法及时应对；而他们可以利用这段时间在媒体上把被告描述成一个技术窃贼。

这四场专利战更加致命的是将知识产权诉讼和337调查捆绑进行。中国企业在应对国外诉讼中摸索出一条经验，用送达程序拖延时间。根据美国联邦法院规则，诉讼状必须要送到中国企业的手中才开始计算诉讼时间，而诉讼状要通过外交部、司法部、当地高院和地方法院等一层层机构，各级机构办事效率不同，时间上就差别很大。最快的有两三个月就送到的，如果故意拖延也可以长达半年多乃至一年。

而337调查不需要送达程序，起诉就受理，很快就出裁决结果，首先遏制被告企业产品进入美国，同时也会影响联邦法院最后的判决。

国外企业在选择法院上也逐渐摸出一条路子：尽量挑东部和南部法院。因为美国西海岸面向亚洲，对中国比较有好感，相对宽容，而东部、南部社会意识比较保守。像这次受理明基的法院就号称“火箭法院”，因为它结案速度像火箭一样快，而主审法官出了名的偏向本地企业，很不利于中国企业应诉。

面对越来越精准的打击，中国企业用拖延、不理睬等消极手段应对越来越无济于事，需要更加积极、专业的战略和战术。

除了防守，还能做些什么？

应对专利诉讼，最根本的战略是重视研发，有自己的核心技术，但研发需要积累，不是立杆见影，对于火烧眉毛的中国企业远水解不了近渴。还没有研发成功就被别人扼杀在摇篮里，这也是国外企业打击的目的之一。

但其实还是有捷径的，如同一场战争，不一定所有的武器都要自己造，没有高端武器可以去买，上哪里买、买什么、如何买？有一个例子，中国台湾的一家企业被专利诉讼搞得焦头烂额，老总都做好把企业卖掉的准备了，后来在别人的指导下去美国收购了一批小公司，其实就是买它们的技术，这些买来的技术有些是对手也在用的，有些是可以绕过对手专利的，拿到法庭上对抗，拿到谈判席上作交换，最终渡过难关。

对于中国企业而言，最便宜的收购是到科研院所。那里每年有无数的技术束之高阁，研究人员很多没有专利意识，一旦论文发表就不再申请专利保护，收购这些技术一则可以拿来作专利对抗、绕过对手或者交叉授权；二来价格便宜，降低企业研发成本；三则还可以激励这些院所的研究。

不过，科研院所的专利是需要仔细寻找和再次开发的，更加便捷的手段是收购小企业。不要忽视国内的一些小企业，它们中很多创始人来自国际大公司，有自己的发明专利，它们的专利尤其是发明专利持有量不一定比大企业少，而且它们已经对这些专利设计了完善的保护机制，拿来即用。如果国内没有相关的专利，还可以通过国际专利检索，到国外收购小企业。这比诉讼失败或者自己研发的成本低得多。

资料来源：《“挑衅者”朗科》（郑重、陈亮，《互联网周刊》2006年4月）

【思考与行动】 （10分钟）

1. 有没有你或你的企业“觊觎”已久的知识产权，如果盘算以后，确认它能创造的效益将大大超过收购成本，同时风险基本在可控范围内，那就立刻行动吧。现在，写下你心目中的收购目标名单：

○ ______________________________

○ ______________________________

○ ______________________________

○ ______________________________

2. 确定了收购目标名单，现在就再温习一下主要的收购注意要点和审查方面。写下来，能够强化记忆，把这本书上的精华融入到你的脑海中，变成你的财富。

○ ______________________________

○ ______________________________

○ ______________________________

○ ______________________________

○ ______________________________

○ ______________________________

○ ______________________________

○ ______________________________

战术运用17：防身有道

——综合运用知识产权抗辩策略

【本章提要】

□ 接到律师函时的应对措施
□ 联合其他潜在被告
□ 排除他人专利抗辩
□ 先用权抗辩
□ 禁止反悔原则抗辩
□ 自由公知技术原则抗辩
□ 抗辩方式选择策略
□ 和解措施的运用

"战争无非是政治通过另一种手段的继续。"

——卡尔·冯·克劳塞维茨（普鲁士）

1. 接到律师函时的应对措施

专利权人往往会一封通知函，暗示如果使用人不同意对专利权人优厚的许可条件，就将起诉使用人侵权。

为此，公司往往需要在有限的时间内权衡自己赔偿可能性的大小，将来研究的自由空间大小，被控侵权专利的力度，获得许可的成本，专利诉讼的成本和胜诉的可能性大小。面对专利权人的通知函，使用人的应对策略包括以下内容。

首先，不能轻视这封信，否则将有利于专利权人，也没有必要慌张。即使专利权人已经起诉，多数情况下，使用人也有足够的时间充分判断所处地位。即使专利权人准备好了诉讼，也未必就会急于起诉，因为诉讼可能使其专利无效，而该专利可能是它唯一的财产。

其次，应尽快初步调查，对专利权人的通知函作出反应。调查包括以下内容：

- 对方主张专利的范围；
- 评估公司过去侵权行为赔偿的可能性；
- 研究可能的防御措施；
- 减少今后侵权的可能性；
- 权衡各种措施的利弊。

故意侵犯专利权的损害赔偿数额比较巨大。因此，在收到专利权人的通知书后，如果使用人仍然使用有效的专利方法将构成故意侵权。为了减少侵权可能性，应当注意几点：

- 从知识产权律师处获得有充分理由认为专利无效或不侵权的法律意见，即使将来被判侵权，这种法律意见也可以减轻使用人的侵权责任；
- 使用其他不会侵权的技术；
- 考虑获得专利权人授权许可。

在进行了上述调查和分析后，使用人有足够的根据评估风险和收益，决定是否接受许可或应诉。即使已经开始谈判或诉讼，使用人也可以细化其分析、修改其结论。如果专利权人给予的许可条件太苛刻，专利绕不过，但是其有效性值得怀疑，这时，尽管成本可能比较高，诉讼可能是较好的选择。

总之，如果一个公司被控侵犯专利权，使用人应当迅速、勤勉收集和分析有关决策所需要的信息，制定适当的防御策略。即使专利权人迅速推进有关诉讼，使用人也没有必要也不应该屈服于其要求。通过发现专利权人专利的弱点，使用人可以争取时间，确定最佳应对措施。

【思考与行动】 （6分钟）

记得我曾经建议你自己起草一份警告函，想必你已经对发送者的心态和目的有大致了解。现在想一下，当你处于被动的接收者地位时，如果让你列一份处理计划要点，你将怎样做？比如你何时与律师联络，何时报告上司，如何梳理对方的要求要点，如何调查自己是否侵权，是否准备与对方联络谈判等。现在就列出来，这就是危机管理的关键原则之一——把事情做在前面。来吧，把它当做一个实战演练。

○ ____

○ ____

○ ____

○ ____

○ ____

○ ____

○ ____

○ ____

2. 联合其他潜在被告

通过媒体可以发现同时被控侵权的伙伴，帮助获得公众支持，找到新的抗辩理由。

与其他受到侵权指控的公司共享信息，比如共享文献检索结果，专利有效性和范围的结果。这样做的好处是可以减少收集信息的成本。通过共享专家以及发现的文

谨防信息泄露

披露给其他被控侵权人的有价值抗辩信息可能被后者传给专利权人，使专利权人有所防备。

献或建立抗辩基金还可以减少或分散诉讼开支。

共享信息还有助于使专利无效或对权利要求作狭义解释，一旦对专利进行狭义解释，所有的被指控使用专利技术的人都可以更加容易绕过被控侵权专利的权利要求。专利一旦在一个案子中被判无效，其他可能的侵权人都逃脱了责任。

所有被控侵权者一般可以分享抗辩的信息，交流专利权人的弱点，摊诉讼成本。由此，可以增强对付专利权人的反击力量。

3. 排除他人专利抗辩

即针对对方专利的漏洞、缺陷，及时采取措施，采取我们前面阐述过的请示撤销和请求宣示无效策略进行抗辩。

4. 先用权抗辩

它也是作为专利侵权诉讼的被告经常使用的一种策略。

在专利申请前就使用专利技术的人享有的权利称为“先用权”，该行为人一般称为先用人。

在我国实行的先申请原则下，授予在先申请人垄断性的专利权对于在先使用人显失公平，因此法律规定了先用权制度，授予在先使用人在原有范围内继续实施该发明创造的权利。目前先用权已经被德国、英国、瑞典、日本、瑞士等国家的相关法律所确立。

《专利法》第63条第1款第2项规定，在专利申请日前已经制造相同产品、使用相同方法或者已经做好制造、使用的必要准备，并且仅在原有范围内继续制造、使用的，不视为侵犯专利权，还可以在原有范围内继续制造或者使用，无需承担任何法律责任。这就使我们可以以先使用行为进行“不视为侵犯专利权抗辩”。

在专利侵权诉讼中进行先用权抗辩的的关键在于把握先用权成立的条件：

（1）独立性：先使用人所使用的发明创造必须是独立完成或者合法获得的且应与专利权人无关，以非法途径得到的发明创造不能产生优先权。如果以盗窃商业秘密等非法方式获得该技术成果则不产生任何先用权，行为人还要承担法律责任。

（2）时间：在先使用行为必须是在该项专利的申请日或优先权日以前已经制造相同产品、使用相同方法或者已经做好了制造、使用的必要准备。

（3）使用性：先使用人必须在他人专利申请日前至少已经做好了制造或者使用的必要准备。

（4）使用范围：先用权的制造或使用行为，只限于原有的范围之内，不得扩大使用范围。对先用权的范围，学术界观点还不统一。2003 年10月《最高人民法院关于审理专利侵权纠纷案件若干问题的规定（会议讨论稿）》的第47条对这个问题作出了规定。

如果一家企业发明一项技术但不愿意申请专利，同时又担心其他人发明同样技术并申请专利会导致自己颗粒无收，就需要对自己在先使用的事实和使用范围保留足够证据。

通常，要证明先使用你需要证明的事实包括：

（1）先发明的事实。做好所有研究相关的记录。技术开发记录越详细越好，包括有关构思、试验、试制、讨论、修改，到各种测试的各种文件、图纸、设备、样品、会议和通讯记录等。其中开发过程无论是成功还是失败的记录都应该完整保留，以增强对在先发明事实的说服力。

（2）关于先用的事实。应该有足以证明专利产品生产、销售的证据。另外，还要保留证明专门生产专利产品或者主要用于专利产品的设备规模和生产材料购买。这对决定权利人今后能在多大范围内继续使用系争技术是关键的证据。

5. 禁止反悔原则抗辩

禁止反悔原则是指，在专利审批、撤销或无效宣告程序中专利权人为确立其专利的新颖性和创造性通过书面声明或者文件修改，对权利要求的保护范围作了限制或者部分地放弃了保护，并因此获得了专利权，那么在专利侵权程序中法院适用等同原则确定保护范围时，禁止将已被限制排除或者已经放弃的内容重新纳入专利保护范围。

在适用禁止反悔原则判断专利侵权时，不仅要注意专利权人放弃了什么，更要考虑专利权人为什么而放弃。如果为克服原权利要求相对于现有技术缺乏新颖性或非显而易见性的缺陷所放弃的范围，不得在侵权判断时通过解释而扩大到这些范围，但是如果放弃的范围不涉及现有技术所披露的内容或者放弃该范围是基于除权利要求缺乏新颖性或非显而易见性以外的其他理由（如权

标杆借鉴

“优化五笔字型”专利侵权案

该案就是适用禁止反悔原则的一个典型例子。在这个案子中，原告专利权利要求所记载的必要技术特征之一是220个字根组成的编码体系。而被告使用的五笔字型技术是原告发明的并且已进入公有领域的199个字根组成的编码体系，比专利少了21个字根。专利权人指控被告侵犯其专利权。

法院经审理认为，发明人王永民在对他人就其专利提出无效请求的答辩中说，整个形码设计的过程就是“这220个字根的选取和科学组合的过程”，是本发明的精华和核心。如果有人试图随便减少或者增加这个字根表中的字根，即使是三五个字根，或者打乱现有的组合，那就不但会出现大量的重码，而且会破坏现有的规律性和操作员指法的协调性。因此，这220个字根及其排列，是缺一不可的整体，增加、减少或者打乱这些字根，都会使本发明成为任何人都无法实施的。故法院根据禁止反悔原则，认定220个字根是专利权人的必要技术特征，不能扩大到199个字根的保护范围，判决被告不侵权。

利要求不清楚），则不能以此原则来阻止将权利要求解释到合理的等同范围。

禁止反悔原则在司法实践中是经常适用的一项专利侵权抗辩方式。

6. 自由公知技术原则抗辩

自由公知抗辩原则是指，在被控侵权物与专利权利要求所记载的专利技术方案等同的情况下，如果被控侵权物与一项自由公知技术相同或更为接近，那么侵权就不成立。

自由公知抗辩理论依据是，专利权人只能从其真正的发明中取得利益，而对于已有技术以及从已有技术中以显而易见的方式得到的技术，专利权人不享有任何独占性质的权利，这与专利法第22条规定授予专利权的发明、实用新型不但必须具备新颖性，而且还必须具备创造性如出一辙。

自由公知抗辩适用条件：

（1）必须是可自由使用的公知技术。该技术必须是在专利申

抗辩注意要点

用自由公知技术进行抗辩，这个自由公知技术不应当仅仅是专利法中的某个技术特征，而应当是一个完整的技术方案。

专利法规定宣告专利权无效的权力属于专利复审委员会，法院无权受理专利无效宣告请求，因此被告不能用自由公知技术来否定专利权的有效性，也就是说，用自由公知技术进行抗辩只能得出被控侵权产品是否侵权的结论，而不能得出由于原告的专利权无效，法院不应保护的结论。

请日或优先权日之前已公知公用，成为可自由使用的已有公知技术。换言之，在专利申请日或优先权日之前尚处于保密或尚未公知公用的已有技术，不能作为抗辩的依据。

（2）必须是非组合而成的公知技术。用于抗辩的公知技术，不应当是公知技术组合而成的技术，因为基于特定发明目的对已有公知技术的组合，往往本身就是一项新的发明创造，而非公知技术。作为抗辩他人专利权的公知技术，应当掌握一对一的原则，即用一项已有公知技术与他人的一项专利进行比较，切忌将分散的公知技术加以综合或组合后作为抗辩的公知技术。这也就意味着，用以抗辩的公知技术应当使起诉其侵权的专利技术的新颖性、创造性同时都将足以被否定。

（3）必须是极为近似或完全相同的公知技术。只有当被控侵权的技术与公知技术极为近似或完全相同时，才应考虑作为抗辩成立的依据。所谓极为近似，一般是指仅存在一些枝节上的不同，或实质上相同，但文字描述上不同，或者只有某些细微的不同。

7. 抗辩方式选择策略

在一件专利侵权诉讼中，如果有几种抗辩的理由可供选择时，应注意选择最方便、最有效的抗辩事由进行抗辩。具体抗辩策略包括以下：

（1）如果原告请求权的诉讼时效已过，被告应首先考虑这一抗辩理由。利用这一理由进行抗辩，可不战而胜。

（2）依法可免费使用该技术的抗辩理由优先考虑。如主张原告的专利已不受法律保护、所实施的技术不属于原告专利的保护范围等。

（3）先用权抗辩，宜在原告的专利确实存在、有效的前提下提出。也就是说，当同时具备请求宣告原告专利权无效和先用权抗辩理由时，应先提起无效请求，当原告的专利经复审仍成立时，再考虑先用权抗辩。因为原告专利权被宣告无效后，被告即可任意使用，而不像仅拥有先用权那样，生产规模仍受原告控制。

（4）要掌握请求宣告原告专利权无效的时机。如：双方争议的产品或方法确属原告专利的范围，但被告依法对其具有免费使用权，同时，被告又掌握了请求宣告无效的证据和理由。此时，被告可先通过法院认定所具有的免费实施权。如不能获得免费使用权，再考虑向专利复审委员会提出无效请求。

更多抗辩理由你可以根据自己实际面临的情势以及自己可选择工具来采纳，比如Intel诉NEC微处理器专利侵权案中，NEC利用美国法律文化特点，就抓住Intel没有在产品上做版权标记这样的小疏忽，竟反败为胜，迫使后者丧失了对版权的所有权。

【思考与行动】（4分钟）

1.不要往前翻看，马上写下前面刚刚讲过的抗辩方式有哪几种：

○ ____________________

○ ____________________

○ ____________________

○ ____________________

○ ____________________

2. 你的记忆力怎么样？如果没有过目不忘的本领也不用沮丧，慢慢来。现在你再来用简洁的文字要点归纳一下以上各种抗辩方式分别在何时运用比较合适：

○ ____________________

○ ____________________

○ ____________________

○ ____________________

○ ____________________

8. 和解措施的运用

法庭不过是市场之外的第二战场，对方真正要得到的，有可能是通过诉讼增加谈判的筹码，得到较高的专利使用费，或是以专利诉讼来作为一个施压的手段。

因此搞清对方发动专利侵权诉讼的目的，分析对方发起侵权诉讼的真正目的，了解对方需要什么，想达到什么结果，才能对症下药，提出解决办法，有针对性地展开和解谈判。

对对方的判断，寻求其弱点：诉讼一旦发动，必然要投入很多的精力，开支庞大的费用，更重要的是专利诉讼的时间漫长，经过一审二审再加上反诉专利无效等程序，可能要好几年时间才能结束诉讼战。而对于企业来讲时间就是金钱，效率就是生命，市场瞬息万变，专利也在高速更新换代，将大量的时间投入诉讼，就算最终打赢了官司，也许已经失去了最佳的时机。

如果自己确实侵犯了对方专利权，胜诉的可能性也微乎其微，在权衡利弊后，如即使向对方支付一笔使用费，自己仍有利可图，最好主动提出侵权赔偿，请求与对方开展合作，以自己市场换对方专利。一方面可以化解双方的纠纷，保全企业名誉；另一方面由于主动赔偿表达了自己的诚意，为双方开展合作扫清障碍。

一般而言，当涉外专利侵权纠纷刚刚开始之时，各方态度都比较强硬，知识产权人可能对和解方案置之不理，执意走上法庭，

实战建议

根据指控目的不同确定应对策略

国内企业针对对方的专利侵权指控，可以根据其不同的目的，提供不同的合作模式。如果对手的专利存在未使用，或者其专利权即将丧失等情形，可以合适的价格，请求受让对方专利或取得对方的专利许可；如对手以出卖专利为商业策略，则合作不限于专利的受让或许可，也可以自己的销售渠道、政策优势和市场份额等条件，与对方展开亲密的合作。

可能比较难以达成和解。作为被告不必心灰意冷，可以采用延长诉讼时间的战术，使对方长时间陷入诉讼之争，久而久之，面对惊人的诉讼开支和漫长的时间消耗，对方会重新考虑和解方案。此时，被告再开出条件，适当让步，和解成功的可能性就会增加许多。延长诉讼时间的一个有效途径是提起专利无效宣告，中止法庭审理，从而延长涉外专利侵权诉讼的时间。

另外，被诉人还可以反攻为守，通过威胁对方专利的有效性，迫使对方让步寻求和解。

随着侵权纠纷的进展和双方利益的博弈，基于各种考虑，对方可能会接受和解的方案。

主动赔偿可以减少双方的诉讼开支，节省精力，因此在谈到赔偿数额时，可以提出减少赔偿数额，甚至是象征性的赔偿。

和解，最佳方案是庭外和解，也可在法官主持下和解。和解方式，庭外和解可签和解协议，或补签实施许可合同。在法院开庭调解达成协议的，法院将制作民事调解书。

【思考与行动】 （8分钟）

1. 利用搜索引擎，寻找一些以和解为结果的专利纠纷，然后在下面列举一下具体的和解途径，比如交付赔偿金、购买专利权人产品、双方合作开发等，然后你再列出这一和解途径的典型案例。

○ ______________________________

○ ______________________________

○ ______________________________

○ ______________________________

2. 让我们再总结一下，通过和解解决知识产权纠纷的好处有：

○ ______________________________

○ ______________________________

○ ______________________________

专栏：知识产权诉讼民事判决书实例

浙 江 省 高 级 人 民 法 院

民事判决书

（2005）浙民三终字第207号

上诉人（原审被告）东阳市旭东工艺品有限公司，住所地东阳市横店第二工业区。

法定代表人……

委托代理人……

被上诉人（原审原告）浙江年年红实业有限公司，住所地义乌市稠江镇江湾。

法定代表人……

委托代理人……

上诉人东阳市旭东工艺品有限公司（以下简称旭东公司）因专利侵权纠纷一案，不服杭州市中级人民法院（2004）杭民三初字第370号民事判决，向本院提出上诉。本院于2005年7月19日立案后，依法组成合议庭于2005年9月1日公开开庭审理了本案。上诉人的委托代理人张晓、被上诉人的委托代理人翁霁明到庭参加了诉讼，本案现已审理终结。

原判认定：金樟溪是一项“沙发（祥云满堂）”外观设计专利权人，该专利于2003年5月31日向国家知识产权局专利局申请，于2004年1月7日授权公告，专利号ZL03348758.8，至今专利有效。该专利的主视图整体呈框架式结构，由沙发垫和靠垫组成，沙发垫和底座呈矩形状。沙发框的靠枕呈阶梯圆筒状（由直径大小不同的圆筒串连接在一起），两边大直径的圆筒和中间大直径的圆筒通过两段小直径的轴连接在一起，靠枕中间的圆筒雕刻有装饰花纹。左右扶手的两端为对称圆筒状鼓出，然后呈水平直线延伸至靠枕，在扶手的下端各镶嵌有一对称的圆形扬声器；沙发框的底端上镶嵌有呈排列的竖状栏栅装饰条。在沙发的左侧，有一条由圆筒状靠枕以水平方式延伸至扶手，然后以弧形迂回至沙发左下角的装饰线。沙发的背部左右排列各两块矩形板，中间为一大型矩形板，在矩形板的中间露出沙发靠垫。旭东公司生产的被控侵权产品的整体呈框架式结构，由沙发垫和靠垫组成，沙发垫和底座呈矩形状。沙发框的靠枕呈阶梯圆筒状（由直径大小不同的圆筒串连接在一起），两边大直径的圆筒和中间大直径的圆筒通过两段小直径的轴连接在一起，靠枕中间的圆筒雕刻有装饰花纹。左右扶手的两端为对称圆筒状鼓出，然后呈水平直线延伸至靠枕，在产品的左侧，有一条由圆筒状靠枕以水平方式延伸至扶手，然后以弧形迂回至沙发左下角的装饰钱。后视图的外轮廓除中间圆筒的花纹图案不一致外，其头枕的大小、排列位置及形状与专利相近似。被控产品在靠枕中间圆筒的图案、沙发底端的装饰线方面与专利产品略有区别。2004年1月15日，专利权人金樟溪（甲方）与年年红公司（乙方）签订了 份专利实施许可合同，约定甲方将一项专利号ZL03348758.8的“沙发（详云满堂）”外观设计专利许可乙方实施，甲方同意乙方以普通许可的方式获得实施专利，许可使用期限为6年，乙方应向甲方支付许可使用费100万元，第一次于本协议生效后一个月内支付50万元（包括专利设计人的报酬）。合同还对其他事项作出约定。2004年11月 20日，专利权人金樟溪（甲方）与年年红公司（乙方）又签订了一份补充协议，将涉案专利许可由普通许可变更为独占性许可，许可使用费变更为200万元。 2004年10月20日，浙江省临安市公证处工作人员应年年红公司证据保全申请，前往位于临安市江南日用品市场二楼的旭东工艺直销处，年年红公司委托代理人以普通消费者的身份从旭东公司购买了被控产品檀木沙发（单人沙发一对，茶几一只），共支付了货款10400元，当场获得了浙江省货物销售统一发票一份，并于2004年10月20日、22日分别制作《现场笔录》各一份。年年红公司向临安市公证处支付了2000元的公证费。年年红公司成立于2001年8月 21日，注册资本为6000万，法定代表人金樟溪。经营范围为：家具、工艺品制造销售等。旭东公司成立于2000年8月30日，注册资本100万元，经营范围为：工艺品、红木家具制造、加工。

原审法院认为：

一、专利号为ZL03348758.8“沙发（祥云满堂）”外观设计专利在有效期限内，法律状态稳定，并已履行了缴纳专利年费的义务，故该专利为有效专利，应受国家法律保护。年年红公司与专利权人金樟溪签订了独占性实施许可合同，成为涉案专利的实施许可人后，依法取得对侵犯ZL03348758.8外观设计专利行为之诉权。

二、《中华人民共和国专利法》第56条第2款规定“外观设计专利的保护范围以表示在图片中的该外观设计专利产品为准”。对此，判断外观设计专利是否侵权的原则和观察方式及标准应该是以整体综合判断，以是否造成消费者的误认和混淆作为判定相同或相近似的原则，对所保护的外观设计专利权的视觉要部与被控产品进行比对。本案中，经庭审比对实物，旭东公司制造销售的被控产品的主要视图与本案ZL03348758.8外观设计专利相比，均表现为整体框架式结构，由沙发垫和靠垫组成，沙发垫和底座呈矩形状。沙发框的靠枕呈阶梯圆筒状（由直径大小不同的圆筒串连接在一起），两边大直径的圆筒和中间大直径的圆筒通过两段小直径的轴连接在一起，靠枕中间的圆筒雕刻有装饰花纹。左右扶手的两端为对称圆筒状鼓出，然后呈水平直线延伸至靠枕，在沙发的左侧，有一条由圆筒状靠枕以水平方式延伸至扶手，然后以弧形迂回至沙发左下角的装饰线，沙发的背部左右排列各两块矩形板，中间为一大型矩形板，在矩形板的中间露出沙发靠垫。可见，两者主要视觉部分的相同、多面视图的相近似，构成了整体图案的相近似，旭东公司生产、销售的被控产品虽然与涉案专利外观在靠枕中间圆筒的图案、沙发底端的装饰线等方面存有差别，但这只属于局部的差别，没有改变整体图案的视觉效果，也不产生两者视觉效果上的明显差异。在观察主视图时仰视图的差别亦不易被发现，故并不影响整体视觉效果。综上，被控产品与涉案专利就整体视觉效果而言，应属相近似，容易使普遍消费者在视觉上产生混淆而误认为是外观设计专利产品，故应视为被控产品已落入ZL03348758.8专利的保护范围。

三、《中华人民共和国专利法》第11条规定："……外观设计专利权被授予后，除本法另有规定的除外，任何单位或个人未经权利人的许可，都不得实施其专利，即不得为生产经营目的制造、销售、进口其外观设计专利产品。"本案中，旭东公司未经权利人许可，为生产经营目的，生产销售与专利外观相近似被控产品，侵犯了年年红公司的专利权；年年红公司指控旭东公司侵权成立，予以支持。旭东公司辩称其生产的被控侵权产品与专利产品外观不相同及不相近似、不构成专利侵权的抗辩理由不能成立。对于旭东公司认为"其早在涉案专利申请之前就已经开始生产，应享有先用权"的抗辩，原审法院认为，先用权是对专利权的一种限制，并不是一种单独存在的权利，仅仅是一种对抗专利侵权的抗辩权。现旭东公司提出自己享有先用权，即负有证明先用权存在之举证责任，然从旭东公司提供的所有证据来看，其并没有提供有效证据证明或不足以证明先用权的存在，即旭东公司尚未能提供有效证据证明其在涉案专利申请日之前已经制造被控侵权产品或已经做好了必要的准备。旭东公司对其享有先用权之事实负有举证义务，而其提供的证据缺乏效力，不足以支持其主张的事实，因而应承担举证不能的法律后果。故，旭东公司的上述抗辩不能成立。

四、根据《中华人民共和国民法通则》第118条规定："公民、法人的著作权（版权）、专利权、商标专用权、发现权、发明权和其他科技成果权受到剽窃、篡改、假冒等侵害的，有权要求停止侵害，消除影响，赔偿损失。"年年红，提出的要求旭东公司停止侵权、赔偿损失的请求正当，予以支持；至于其提出"旭东公司销毁侵权产品"的请求，因上述

请求属于民事制裁范畴，并不属于民事诉讼权利请求范围，应予驳回。对于其要求旭东公司赔礼道歉的诉讼请求，因专利权表现为财产权时，其本身并不具有人身权性质，而赔礼道歉属人身权受到侵害时的救济方式，年年红公司要求旭东公司赔礼道歉之诉讼请求缺乏事实依据，不予支持。

五、根据《中华人民共和国专利法》第60条规定："侵犯专利权的赔偿数额，按照权利人因被侵权所受到的损失或者侵权人因侵权所获得的利益确定；被侵权人的损失或侵权人所获得的利益难以确定的，参照该专利许可使用费的合理倍数合理确定。"最高人民法院《关于审理专利纠纷案件适用法律问题的若干规定》第21条规定"被侵权人的损失或者侵权人获得的利益难以确定……没有专利许可使用费可以参照或专利许可使用费明显不合理的，人民法院可以根据专利权的类别、侵权人侵权的性质和情节等因素，一般在人民币5000元以上30万元以下确定赔偿数额，最多不得超过人民币50万元"。因年年红公司并没有向法院提供有效证据证明其在被侵权期间因侵权所受到的具体损失或侵权人在侵权期间因侵权所获得的具体利益，而对于其主张的以专利许可使用费作为赔偿依据的请求，由于被许可人年年红公司的法定代表人与涉案专利权人系同一人，两者之间存有法律上利害关系，且年年红公司亦未提供有效证据证明其已经支付了许可使用费，故该合同约定的许可使用费仅能作为确定赔偿数额的一个参考因素。对于赔偿数额，法院将综合考虑各种因素，包括侵权产品价格及其生产起始时间、生产规模、销售范围、数额、侵权性质等因素，按照法定赔偿的数额方式，酌情予以确定。同时，法院也注意到如下事实：（1）涉案专利于2004年1月7日取得，年年红公司成为涉案专利独占性许可人是2004年11月20日，许可人和被许可人的法定代表人为同一人，专利许可使用费6年共计200万，年年红公司未能提供有效证据证明其已支付。（2）年年红公司为购买被控侵权产品支付了人民币10 400元，公证费1 000元，诉讼代理费5 000元。（3）旭东公司注册资本为人民币10万元。（4）涉案专利为外观设计专利，被控产品为红木家具，产品外观是决定产品价格、销售的一个重要原因，但同时，其所使用的材料及生产者的知名度也是重要因素之一。综上，依照《中华人民共和国专利法》第11条第2款、第56条第2款、最高人民法院《关于审理专利纠纷案件适用法律问题的若干规定》第21条、第22条，《中华人民共和国民法通则》第118条，最高人民法院《关于民事诉讼证据的若干规定》第2条之规定，原审法院于2005年4月30日判决如下：一、旭东公司立即停止制造、销售落入ZL03348758.8“沙发（祥云满堂）”外观设计专利保护范围产品的行为。二、旭东公司赔偿年年红公司经济损失人民币10万元，于判决生效之日起10日内履行完毕。三、驳回年年红公司的其他诉讼请求。案件受理费10 010元，由旭东公司负担5 805元，年年红公司负担4 205元。宣判后，旭东公司不服，向本院提出上诉。

旭东公司上诉称：1.被控侵权产品与本案专利在视觉效果上既不相同也不相似，原审判决认定两者相似与事实不符。本案被控侵权产品仅是整套产品中的1/3部分，且1/3部分与本案专利比对也存在用料等方面的差异。原审法院以点及面，以部分的少许类似而认定整套产品的类似不当。2.旭东公司提供的证人证言可充分证明先用权的存在，原审法院不予采信不当。本案证人证言，因时间的因素虽有一定影响，但这一点正恰好可以证实证人证言的客观性，且证人证言能相互印证，法院应予采信。3.年年红公司即未证明其存在损失，也未证明损失多少，旭东公司被控侵权产品的销售总额不足5万元，原审法院判令旭东公司赔偿10万元依据不足。综上，旭东公司要求二审法院撤销原判，驳回年年红公司的诉讼请求。被上诉年年红公司辩称：1.原判认定被控侵权产品与本案专利属于相近似的产品客观、公正。年年红公司的专利是单人沙发，并不是整套沙发也不是多人沙发，原审法院将被控侵权产品与本案专利比对并无不当。2.原审中旭东公司虽申请了几

位证人出庭作证，欲证明其先用权的存在，但几位证人的证言均不能证明先用权的存在。3.年年红公司一审依据专利实施许可合同，要求赔偿经济损失50万元，原审法院不予采纳正确。年年红公司购买红木家具就花了1万多元，所以原审法院判令旭东公司赔偿10万元不高，要求二审法院驳回上诉，维持原判。

二审中双方当事人均未提交新的证据。

综合旭东公司上诉理由及年年红公司答辩理由，双方当事人就本案事实存在以下争议焦点：

一、关于本案被控侵权产品与本案专利是否相近似问题

本案专利是单人沙发的外观设计专利，本案被控侵权产品也是单人沙发，原审法院将两者进行比对并无不当。经比对两者在外观设计上除部分细节存在差别外，其整体视觉效果相近似，由于本案专利不要求保护色彩，故两者是否存在用料不同而导致色彩差异并不影响本案侵权判断，故可以认定，本案侵权产品与本案专利产品，在普通消费者就一般注意力的情况下，容易发生误认误购。因此，原判认定两者相近似并无不当。

二、关于旭东公司对本案专利是否享有先用权问题

旭东公司主张其享有先用权的主要依据是四位证人证言，未提供相应的图纸和实物，法院仅凭证人的陈述及对产品的描述，无法进行比对，以确定旭东公司是否享有先用权，故旭东公司主张其享有先用权的依据不足。

三、关于年年红公司的损失问题

根据专利法及最高法院有关司法解释，侵犯专利权的赔偿数额，按照权利人因侵权所受到的损失或者侵权人因侵权所获得利益确定，被侵权人的损失或侵权人的获利难以确定的参照该专利许可使用费的合理倍数合理确定，没有专利许可使用费可以参照或专利许可使用费明显不合理的，法院可根据专利权的类别、侵权人侵权的性质和情节等因素在5 000元以上30万元以下确定赔偿数额，原审法院依据上述规定，并结合旭东公司的生产规模，产品类别以及年年红公司为制止侵权所付费用等因素，酌情判定旭东公司赔偿年年红公司损失10万元无明显不当。

对原判认定的其他事实，双方当事人无异议，本院予以确认。

本院认为，本案专利为有效专利，专利权人也履行了缴纳专利年费的义务，故本案专利应受国家法律保护，旭东公司在未获得本案专利权人许可的情况下，擅自生产销售外观设计与本案专利相近似的同类产品，侵犯了本案专利权人享有的专利权，旭东公司应承担相应的民事责任。上诉人旭东公司上诉认为，其生产的本案被控侵权产品与本案专利既不相同也不近似，以及原判认定的赔偿数额过高等上诉理由，与事实不符，本院不予采纳。原审判决认定事实清楚，适用法律正确，依照《中华人民共和国民事诉讼法》第153条第1款第（1）项之规定，判决如下：

驳回上诉，维持原判。

二审案件受理费10 010元，由旭东公司负担。

本判决为终审判决。

（此页无正文）

审　判　长周　平
代理审判员 周卓华
代理审判员 王亦非
2005年12月17日

本件与原本核对无异

书记员 郭剑霞

资料来源：《上诉人东阳市旭东工艺品有限公司与被上诉人浙江年年红实业有限公司专利侵权纠纷一案民事判决书》（浙江法院网www.zjcourt.cn，2005年12月）

我在本部分的收获与心得

○ ______

○ ______

○ ______

○ ______

○ ______

○ ______

○ ______

○ ______

○ ______

○ ______

○ ______

○ ______

○ ______

○ ______

○ ______

第四部分

品牌知识产权战略的战术运用

“道者，令民与上同意也，故可以与之死，
可以与之生，而不畏危。”

——《孙子兵法》

品牌是一个文化概念，并不是一个法律概念。品牌价值的形象化代表、商品的商标和企业的标志物才具有法律意义。对于商标和标志物，企业应及时进行法律注册寻求法律保护。

品牌是一种名称、术语、标记、符号或设计，或是它们的组合运用，是用以识别某个销售商或某群销售者的产品或服务，并使之与竞争对手的产品或服务区别开来的商业名称及其标志。品牌是一个企业通过管理集约成的对外形象展示。它以企业自身的产品质量、服务水平和管理能力作为支撑，是企业核心能力的集中体现，是其市场竞争力的主要依托。

一个品牌不仅仅是一个产品的标志，而是产品的质量、性能、满足消费者效用的可靠程度的综合体现。同时，一个品牌还凝结着企业的科学管理、市场信誉、追求完美的企业精神等诸多文化内涵。品牌是信用、技术、管理各方面的集中表现。拥有品牌就是拥有市场，就是拥有现在和未来，就可以获得最大的市场价值。

因此，所谓的品牌便是指包括企业的产品、包装、名称、商标、服务等在内的，给顾客留下的关于对于该企业商品和整体形象的印象。这种印象，更多地通过对企业的产品名称和商标的记忆上表现出来。对于公司各种识别标识的塑造和保护，是企业品牌战略的重要步骤。

品牌战略是指企业在变幻莫测，竞争激烈的市场中，为求得长期生存与发展而制定的产品品牌的创建、发展和保护的总体设计。

强化品牌概念，是企业实施品牌战略的核心内容。通过概念化的品牌形象塑造，提高产品和企业的知名度，靠品牌开拓市场、扩大市场份额，提高企业和产品的市场竞争力。

战术运用18：名重天下
——商标申请与管理策略

【本章提要】

□ 商标的价值
□ 商标申请策略
□ 商标日常管理
□ 积极制止商标侵权
□ 驰名商标的创立与保护

“师必有名，人之称斯师也者。”
——《礼记·檀弓》

1. 商标的价值

商标是商品的牌子，任何能够将某一企业的商品或服务与其他企业的商品或服务区分开来标记或标记的组合，均应能够构成商标。

商标就是区别不同生产者或经营者的商品或服务的标记，商标的这种区别功能使商标产生了商业价值。人们根据商标的区别功能来识别不同企业的同类商品或服务，久而久之，人们对质高价廉的商品或服务的商标产生了认同。对同一个商标认同的人越多，这个商标的品牌效应就越好，其价值就越高。

因此，商标的功能不仅仅是区别不同商品或服务，还包含了人们对商品质量、服务水平和企业商誉等各方面的评价。

在市场经济中，商标扮演着非常重要的角色具有下述几个一般性功能：

- **认知功能，**又称区别或识别功能。这一功能可以使消费者在众多的同类竞争的商品或服务中作出消费抉择。
- **品质保证功能，**又称质量或担保功能。它并不是（也不可能是）在保证一定的高质量的意义上说的，而是指品质的同一性，即一定的或一致的质量水平或质量标准。品质的同一性正是商标信誉建立的基础。这既体现了商标所有者的利益，又符合消费者的利益。
- **广告功能，**这一功能是与前面两个功能尤其是品质保证功能相联系，商标是一种典型而又有效的广告工具。消费者通过特定的商标了解、特定的产品和服务；企业凭借商标来刺激并维持消费需求，具有潜在的促销功能，它诱发消费者再次消费同一品牌的商品。

商标注册是法律意义上的行为，它的效能，是使商标使用人获得商标专用权，从而排斥他人的非法使用，并得到法律救济。商标注册保护制度是通过授予商标权人使用申请注册的商标，来标示其商品或服务（以区别于其他人提供的商品或服务）的独占权，或者

标杆借鉴

超前的知识产权扩张意识

由于知识产权有显著的国界性，国外企业为将产品打入他国市场，会提前很久就做好竞争的准备。如在中美关系处于非正常化的五六十年代，美国企业无法进入中国，但看好中国潜在的巨大市场，于是一些美国企业家纷纷到中立国瑞士注册公司，再以瑞士公司的名义在中国注册自己的商标、如“RAY-BON”（雷朋），“博士伦”等，耐心等待了二三十年后，随着中国的改革开放，他们就顺理成章地进入了中国市场。

是许可他人有偿使用，来实现商标权人的经济利益。

2. 商标申请策略

● 商标申请注册流程

（1）由知识产权、公关、销售等部门提出商标设计思路，组织专业机构进行商标设计；进行商标申请前的检索，防止与他人在先取得的合法商标权利相冲突。

（2）组织专业设计与知识产权管理人员，按《中华人民共和国商标法》及其实施细则要求，制作、提交商标注册申请书和商标图样。

（3）专人监控申请全过程，负责在商标审查、复审过程中与相关部门的联络、交涉和费用支付。

（4）在企业需要的情况下，可以委托商标代理机构代办涉外和国内商标。

法律规定

申请在先

与大多数国家一样，我国的商标注册也以申请在先为原则，《商标法》第29条规定，两个或者两个以上的申请人，在同一种商品或者类似商品上，以相同或者近似的商标申请注册的，初步审定并公告申请在先的商标；同一天申请的，初步审定并公告使用在先的商标，驳回其他人的申请，不予公告。如果一家商标意识淡薄的企业，即便使用其商标多年，也可能被别人依据申请在先原则而抢先获得该商标的注册，自己反而还因此不能再使用它了。

（5）注册商标10年有效期满，需要继续使用的，应办理商标续展；对拟在法定期限届满放弃或终止的商标，应予以论证确认并建立档案。

（6）在使用过程中，如果要扩大使用的商品范围，不论扩大使用的商品与原来注册商标适用的商品是否属于同一种类，都必须按新商标另行提出注册申请。

- **如何防止自己的商标被别人抢注或模仿**

（1）申请撤销被他人抢注的商标。商标注册依据申请在先只是一个原则，《商标法》第31条规定："申请商标注册不得损害他人现有的在先权利，也不得以不正当手段抢先注册他人已经使用并有一定影响的商标。"如果申请注册的是知名商品的特有名称，或者驰名商标，别人可以阻止其他人的注册申请，而且依《商标法》第41条的规定，自商标注册之日起5年内，商标所有人或者利害关系人可以请求商标评审委员会裁定撤销该注册商标。对恶意注册的，驰名商标所有人不受5年的时间限制。

（2）先申请后使用。由于商标注册申请的提出与商标的注册获准有一个时间差，所以，应在产品投入市场前先申请商标，有的企业将商标申请与产品开发同时进行，这不失为一个英明的策略。不然先行使用商标，等著名后才去申请注册，则可能已被他人抢注了。此外，不注册商标，就不能排斥别人在相同的商品上使用相同的商标，这就给别人搭便车提供了机会。

标杆借鉴

失落的"阿司匹林"商标

德国拜尔发明的阿司匹林，可能是最有商业价值的药物之一。但当拜尔为阿司匹林注册时，竟忽略了将"A"字用大写。所以aspirin就变作一个西语里面的普通名词而不是一个专有名词。

（3）使用有版权或专利权的商标。除驰名商标外，一般情形下，别人可以在不相同或者不相类似的商品上使用相同或者近似的商标，从而为法律规避提供了可能。但是，如果使用有版权或者外观设计专利权的标识作商标，情况就不一样了。虽不能根据商标法来阻止别人在其他类别商品上使用同一标识，但是可以根据版权或外观设计专利权来阻止别人的使用。同时，这样也不会给别人以商标抢注、商标淡化——包括暗化、退化和丑化商标——的机会，因为其他人在其商品上以任何形式利用，都可能侵犯版权或外观设计专利权。

（4）注册使用联合商标和防御商标。类似商品、相似商标中，只要一家做广告，另一家也会受益，一家出名，另一家也跟着沾光。这是一种常见的搭便车行为。主动防止他人搭便车的有效手段就是防御性商标注册。

（5）商标、商号和域名的一体化。由于商标、商号和域名的注册登记机关不一致，而且法律在这方面的漏洞也较多，没有完善的权利协调机制，因而这几种标志之间经常发生相互抢注的情况，如果不是驰名商标，很难解决这些冲突。而且，现在不是驰名商标

联合商标与防御商标

联合商标是指同一个企业在同一或类似商品上申请注册两个或两个以上的近似商标，其中一个指定为正商标，与其他近似的商标一起构成具有防卫性质的联合商标。联合商标中任一商标的使用视为其他商标也在使用。例如上海冠生园就申请了几种“大白兔”不同姿势的近似的图形商标。

防御商标是指同一商标所有人把自己的商标同时注册在其他非同种或非类似的商品上的商标，以阻止别人为借用自己的商誉，而在其他商品上使用、注册与自己相同的商标。例如“可口可乐”就是在一切商品上都注册了的防御商标。

的，以后却可能成为驰名商标，到那时，想阻止相同的商号和域名的使用，从而避免来源混淆，但由于已是历史形成的既成事实，可能将无力回天。所以，对于新成立的企业，从一开始就要注意将商标、商号和域名统一起来，形成三位一体的态势，这样，既可防止别人的抢注，也可通过商标权、商号权和域名权这个交织起来的权利网络相互保护，抗拒他人的规避行为。

专栏："馋嘴鸭"为什么会失败

"馋嘴鸭"最先起始于北京的一种烤鸭，后来经过重庆厨师的改造，由重庆的一家企业将其命名为"风光"馋嘴鸭而投入上市。重庆企业当时也考虑到可能会有对其商标的侵犯，于是将"风光"二字进行注册，作为这种烤鸭的品牌。当"风光"馋嘴鸭上市后，由于其独特的味道而受到人们的啧啧称赞，企业的利润也日日攀高。因为其生意的空前兴隆，一些商户也蠢蠢欲动。于是在重庆以及周边城市出现了"风华"馋嘴鸭、"华英"馋嘴鸭、"江南"馋嘴鸭等相同或相近类型的烤鸭店。消费者对此品牌的反应不是对风光的印象，而是因为"馋嘴"二字的上口及其诙谐的意义。所以消费者在消费时就凭这种非理性的感觉，只认有"馋嘴"二字的品牌。所以，在全国各地，以"馋嘴"为构成部分的烤鸭便遍地开花。

那么，为什么当初"风光"的老板不对"馋嘴"二字进行注册，而导致后来自己风光不在呢？难道此二字不能进行注册吗？ 我们可对商标注册的条件作以下分析。

首先，商标的法定构成要素，根据2001年的《商标法》，有文字、图形、字母、数字、三维标志和颜色组合，以及上述要素的组合。"馋嘴"二字在这个要求上属于文字，可以作为商标的一部分。

其次是是否具有显著性。商标的基本功能是具有区别性，不能混同于商品名称，也不能等同于商品本身的性质，并且要

> 易于识别。商标可以也必然要适合使用商标的商品的特性，传达商品信息，描述商品的特点；但是，不能直接使用该商品的通用名称和图形，不能直接叙述该商品的内在性质决定的商品种类、外形、质量、主要原料、功能、用途、重量、数量、价值、产地、生产时间等。如果使用上述内容，则是一种“缺乏固有显著性”的表现。“馋嘴”既不是烤鸭的通用名称，也符合其他各个要件的要求。
>
> 所以“馋嘴”二字符合商标法的要求，可以与“风光”一起构成该烤鸭的商标。而“风光”集团却没有将其进行注册，没有意识到“馋嘴”二字的价值，实在是出于对法律知识的缺乏和疏忽大意。最终造成各路“诸侯”纷争天下的局面。

● 注册商标时如何保证商标的有效性

申请商标注册不得损害他人现有的在先权利。在先权利一般包括商标权、姓名权、肖像权、专利权、版权、商号权、地理标志权等。

保持商标的原创性。商标应是基于自己的想法设计的，而且应是原创的。应尽量避免模仿他人的商标，特别是驰名商标的搭便车。根据商标法规定，就不相同或者不相类似商品申请注册的商标是复制、摹仿或者翻译他人已经在中国注册的驰名商标，误导公众的，致使该驰名商标注册人的利益可能受到损害的，不予注册并禁止使用。

慎用地名商标。县级以上行政区划的地名或者公众知晓的外国地名，除具有其他含义或者作为集体商标、证明商标组成部分的除外，不得作为商标。地名的第二含义有些捉摸不定，最好慎用与地名相同的商标，尤其是在商标未注册就先行使用的情况下，不然，最后若申请不到商标注册，品牌塑造的先期努力就前功尽弃了。

选择显著性商标。在注册申请前应考虑选择有显著性的商标，那种任意虚构的与商品或服务的特征联系越少的商标，越能得到法律的保护，也不易被别人规避使用。

申请前的查询。通过有关机构对商标注册申请进行查询，看是否已经有人在相同或类似商品或服务上申请或注册了该商标或与该商标近似的商标。

【思考与行动】（2分钟）

1. 你了解“土家烧饼”吗？它也是个很有意思的案例，本来我可以也把它拿出来帮你们作分析，但既然已经有了“馋嘴鸭”的案例，我想就把这个烧饼留给你分析一下吧。请你根据对它的了解，或者到网络上搜寻更多信息，然后列出土家烧饼的主要商标策略失误。

○ ______

○ ______

○ ______

○ ______

2. 就商标申请的策略和技巧我们上面列出很多示例，你认为有哪些是你过去特别忽视的，现在就记下来，不要让自己的商标知识防线出现缺口。

○ ______

○ ______

○ ______

○ ______

○ ______

○ ______

3. 商标日常管理

（1）商标权人内部建立商标保护机构，配备专业人才负责，长期聘请律师或商标代理人等专业人士做商标法律顾问。“防患于未然”，将商标服务与公司的日常管理紧密结合起来。

商标使用日常管理内容包括

○ 是否按照商标注册证核准注册的商标图样和核定使用的商品或服务使用商标；

○ 是否擅自改变图形、字体或二者的比例；

○ 是否正确有效地使用商标注册标记；

○ 商标标记的印制是否委托了有资格的印制单位；

○ 商标标识的使用的商品或服务的数量和方式是否作了有效的记录和管理；

○ 注册商标在许可他人使用时是否签订了合法的许可合同，许可合同是否备案；

○ 许可他人使用的商标的商品的质量管理制度是否建立；

○ 许可使用中许可人和被许可人的责任承担是否明确等问题。

（2）商标使用的日常管理。

（3）加强企业商标的广告宣传，做到针对性强、覆盖面广，有持续性；努力通过广告等合法途径提高自己商标的知名度，并通过创建驰名商标、著名商标使自己的商标得到及时、有效的保护或者扩大保护。

（4）应防止商标被作为商品名，而导致商标退化；一种新产品上市时应创造一个可以接受的通用名称，以区别商标。

（5）注意保存商标文献，特别是商标申请文件和商标使用的相关证据，例如显示商标最早使用时间、商品在各国各地区的逐年销售量和销售额的发货单、销售合同等，以及商标广告宣传情况的情况记录和相关证据。

（6）应密切注意市场动态，发现自己的注册商标被人盗用、假冒，应及时向当地有关部门控告，并积极配合进行查处。

【思考与行动】 （3分钟）

想一想，就你公司的商标日常管理，有哪些需要做改进的地方？

○ ______

○ ______

○ ______

○ ______

○ ______

4. 积极制止商标侵权

● 商标侵权的认定

根据我国商标法及相关司法解释之规定，具体侵害商标权的行为有以下几种：

（1）未经商标注册人的许可，在同一种商品或类似商品上使用与注册商标相同或近似的商标的行为，又称使用侵权。

通常，对“近似商标”的认定通常应从两个方面考虑：一是两

“商品分类表”和“商品区分表”

“商品分类表”和“商品区分表”是商标注册和行政管理中的检索工具，不具有法律规范性质，纯属是为便于商标注册管理而被人为划定的工具性参照标准，是先验和预测性的，不具有“终局性”和法律上的“确定性”。“分类表”和“区分表”不是判断类似商品的依据，仅可作为参考。

个商标所使用的商品或服务是否相同或相类似；二是两个商标的标识的主体部分是否相近似。具体认定以普通消费者的一般注意力作为评判的主观标准，并采用整体比较与商标显著部分比较相结合的方法，进行综合判断。实践中多以商标的音、形、义三个要素考察。即读音是否相同；外形是否相近，是否可能导致普通消费者直观上的误认；意思是否相同等来判断。如果有一个以上的因素相同，并且可能造成混淆，基本可以认定为近似商标。

类似商品是指在功能、用途、生产部门、销售渠道、销售对象等方面相同，或者相关公众一般认为其存在特定联系、容易造成混淆的商品。

商标的基本作用在于区分商品或服务的不同产源。混淆是指相关公众无法分辨或错误地认识事实上产自不同企业的商品或服务，这就从根本上破坏了商标的识别作用。因此，制止混淆无疑就成了商标法律保护的核心。

由于混淆的可能性是一个贯通判断类似商品、类似服务、商品和服务的类似以及近似商标的总的指导原则。在不可能存在混淆的情况下，不宜轻易认定商品类似。

商品的功能、用途、销售渠道等是判断类似商品的客观标准，相关公众的一般认识是判断类似商品的主观标准。

相关公众的一般认识，是指相关市场的一般消费者对商品的通常认知和一般交易观念。这种对商品类似的认识，是来源于一般生活常识和消费习惯。

（2）销售侵犯注册商标专用权的商品的行为，属流通领域的商标侵权行为，又称销售侵权。

（3）伪造、擅自制造他人注册商标标识或者销售伪造、擅自制造的注册商标标识的行为，又称为商标标识侵权。

（4）未经商标注册人的同意，更换其注册商标并将该更换商标的商品又投入市场的行为，在国外称为反向假冒行为。

反向假冒注册商标是指行为人将注册商标人的商品合法取得后，未经其同意更换其注册商标，并将该更换了商标的商品又投入市场的行为。

反向假冒行为违反公平竞争和诚实信用的法律原则，擅自在他人的商品上使用自己的商标，借他人的优质商品为自己树立品牌，其后果使商标权人失去利用商标树立产品信誉的机会，违背商标和商品不可分离原则，侵害商标权人利益，欺骗消费者，扰乱市场秩序。

（5）在同一种或类似商品上，将与他人注册商标相同或近似的文字、图形等作为商品名称或者商品装潢使用，并足以造成误认的。

（6）故意为侵犯他人注册商标专用权的行为提供仓储、运输、邮寄、隐匿等便利条件。

（7）将与他人注册商标相同或者相近似的文字作为企业的字号在相同或者类似商品上突出使用，容易使相关公众产生误认的。

（8）复制、模仿、翻译他人注册的驰名商标或者其主要部分在不相同或者不相类似商品上作为商标使用，误导公众，致使该驰名商标注册人的利益可能受到损害的。

（9）将与他人注册商标相同或者相近似的文字注册为域名，并通过该域名进行相关商品交易的电子商务，容易使相关公众产生误认的。

● **法律保护方式的选择**

商标权人应时刻注意对他人的商标使用行为监控。对正在发生的商标侵权，商标权人要根据情况的不同采取不同的法律保护措施：

（1）对一般商标侵权的，如果情况很紧急，建议通过工商行政管理机关实行行政保护，其特点是及时、效率高，可以对当事人采取一定的强制措施，但行政保护不能就民事损害赔偿作出决定，只能调解。

（2）如果案件比较复杂，涉及的金额比较大，建议通过法院民事诉讼程序解决，其特点是程序性强，主要是就侵权民事损害赔偿作出判决。在诉讼开始后，商标权人可以依据《商标法》申请诉讼保全和证据保全等措施。

（3）如果是商标假冒，就涉及是否涉嫌犯罪的问题。商标权人在不确定的情况下，可以先通过工商行政管理机关进行处理，如果涉嫌犯罪，由工商行政管理机关移送公安机关处理或联合执法然后移送公安机关处理。

（4）如果比较确定涉嫌犯罪，对情况比较复杂，情节比较严重的，建议通过公安机关侦查，其特点是法律手段比较有力和全面，能对付各种复杂和困难的情况。

（5）如果情况比较简单，情节显著轻微，可向法院提起刑事自诉，由法院直接受理。

对商标侵权假冒行为有管辖权的部门包括假冒行为发生地、销售地、伪造擅自制造商标的销售地等地的法院、工商机关和公安机关。

- **证据是取得胜利的关键所在**

商标案件证据包括商标权利证明、涉嫌违法的商标标识和使用违法商标的商品、服务证据、作案工具等。

（1）权利证明一般包括商标注册人提供的商标注册证书原件、复印件；商标局根据其商标档案查询出具的商标注册情况的证明、商标注册人就商标事宜与他人签订的许可、转让等法律文书；商标注册人及其许可人在商品与服务上实际使用的注册商标标识以及商标注册人针对涉嫌侵权商品真伪而出具的鉴定结论等，这些证据中有些需要公证、认证。

（2）侵权商标证据包括生产和流通中的侵权商标标识；使用了侵权商标标识的商品或服务资料，如照片、样品、宣传资料、发票及其他销售证据等。侵权证据还包括执法机关现场查获的专门用于制造侵权商品、伪造注册商标标识的工具等。此外证人证言、当事人陈述也很重要，其中包括通过不公开形式获得的证据。

（3）商标权人要积极配合执法机关的执法行动，如侵权窝点信息的搜集和提供、提供商标标识和商品是否真实的鉴定书和其他必要的证据等。

【思考与行动】（3分钟）

通过搜索引擎查找一些最新的商标侵权案例，看一看它们是如何侵权，被侵害方又是如何应对的。

5. 驰名商标的创立与保护

商标战略的直接目标是创立、发展和保护企业驰名商标，驰名商标是一个企业的经济实力和竞争力的象征和标志。当产品的市场占有率和销售网点扩大时，应尽快申报驰名商标。

- **驰名商标的特别保护**

小知识

商标淡化与反淡化理论

商标淡化，俗称“搭便车”、“坐蹭车”，是指无权使用人将与驰名商标相同或相近似商标用于与该驰名商标不同类商品上，导致消费者对商品来源及其在其他方面与生产者的关系产生误认或混淆,进而使该驰名商标的特殊吸引力和识别、广告作用发生弱化、损害、玷污驰名商标商誉的行为。

反淡化理论突破了传统上以是否存在混淆为区分的商标权保护原则,并不考虑驰名商标所有人与淡化行为人之间有无竞争关系和消费者混淆、误认的可能性，着眼于驰名商标形成的巨大价值不被他人行为所侵损。

与一般商标相比，我国对驰名商标提供的特别保护措施包括：

（1）对驰名商标的注册保护。凡是与驰名商标相同或者相似商标的注册申请，而且不论该申请的商标是否属于与驰名商标使用在同类商品或服务项目上，有关国家的商标管理机关均应拒绝给予注册。如果已经得到注册的，驰名商标注册人得以在他人商标注册后5年内向商标评审委员会请求予以撤销，而对于恶意注册的则不受5年的时间限制。

（2）禁止他人使用驰名商标。对于一般的商标，他人只要使用在非注册商标核定的使用范围内，就算商标相同或者相似，也不构成侵权；但是由于驰名商标具有的影响力和公众对其特有的关注，他人虽未将驰名商标注册于其他类别的商品或服务项目上取得专用权，但是使用在其他类别的商品上或者其他的服务时，使用者这种有意识地暗示驰名商标与自己的商品或服务存在某种必然的联系，欺骗消费者、导致消费者的错误认识，从而增加销售额。这不仅侵害了消费者的权益，也直接地侵害了驰名商标注册人的权益。因此，当驰名商标注册人知道或者应当知道之日起两年内，可以请求工商行政管理机关予以制止。

（3）禁止他人将驰名商标作为企业的名称的一部分使用。根据企业名称登记的有关规定，只要在特定的地域范围内、在同行业内申请的名称与已经存在的企业名称不相同，一般都会获得登记认可。由于企业名称登记与商标注册属于两个不同的审查登记系列，而且所规定的条件也不尽相同。事实上就存在着一些企业有意或无意地将他人的驰名商标中的一部分，作为自己企业的名称使用。根据《规定》的，自驰名商标认定之日起，他人将与该驰名商标相同或相似的文字作为企业名称一部分使用，且可能引起公众误认的，工商局不予核准登记；已经登记的，驰名商标注册人可以自知道或者应当知道之日起两年内，请求工商行政管理机关予以撤销。

（4）对未在中国注册驰名商标的保护。《商标法》第13条第1款规定：就相同或者类似商品申请注册的商标是复制、摹仿或者翻译他人未在中国注册的驰名商标，容易导致混淆的，不予注册并禁止使用。

专栏：“杉杉”西服身后崛起的“彬彬”西服

1994年，“杉杉”已是在前使用的高知名度西服商标，“彬彬”却还是刚刚投入后发使用的默默无闻的商标。“彬彬”在后发使用过程中至1996年已经获得了显著性，最后“杉杉”和“彬彬”都成了上海最显著的西服品牌之一。

始创于宁波、发达在上海的“杉杉”西服于20世纪80年代已蜚声沪上。“杉杉”注册商标也相继成为上海著名商标乃至全国驰名商标。作为每套价格在1000元上下的中高档西服“杉杉”在上海拥有很高的知名度、美誉度和亲和度。大约在1994年，在人称“中华第一街”的上海最繁华的南京路销售“杉杉”西服的商店相邻出现了第一家“彬彬”西服专卖店，之后一家家“彬彬”西服专卖店接踵出现在上海各主要商业区域。一时间，“杉杉”周边一定有“彬彬”，就像“肯德基”附近一定有“麦当劳”一样，成了上海市场的一道风景线。

然而，由于1994年“杉杉”商标已成驰名品牌，“彬彬”商标却是初出茅庐，而“杉杉”与“彬彬”商标标识又相近似，“彬彬”西服的价格又几乎只是“杉杉”西服的一半，所以在市场上一度引发较严重的混淆和联想，不少消费者误将“彬彬”当“杉杉”；或者，看到“彬彬”想“杉杉”。当时社会上纷纷议论“彬彬”借了“杉杉”的光，搭上了“杉杉”之便车。

但是，从1994年至1996年底，“杉杉”西服公司一直没有对“彬彬”公司表示任何权利主张与侵权指控，也没有进行任何法律或非法律形式的交涉。而“彬彬”公司锁定以蓝领工薪阶层为主体的中低消费群体，通过其低价位，大批量，专卖店，连锁网等特定的经营模式迅速得以发展，其本身的知名度和美誉度不断提升，从而也不断增强了“彬彬”与“杉杉”两者之间的识别性。1996年底以后，上海市民大多已分清中高档的“杉杉”西服与中低档“彬彬”西服两者之间的区别，不易再发生混淆和联想。“彬彬”商标在使用中已经获得了显著性，使相关公众能够容易地区别“杉杉”和“彬彬”商标，不再“误看彬彬是杉杉”。在这种情况下，“彬彬”商标依法应当得到相应的法律保护。

同时，根据世界贸易组织有关规定，中国驰名商标还将在世贸组织所有成员国得到跨国界的保护。

法律规定

我国未注册驰名商标与注册驰名商标在法律保护上的区别

○ 我国《商标法》并未把违反《商标法》第 13 条第 1 款规定的行为明确规定为侵权行为，商标侵权行为不包括违反《商标法》第 13 条第 1 款的行为。

○ 实施违反《商标法》第 13 条第 1 款规定的行为,行为人只应承担停止侵害的民事法律责任,并不存在适用其他民事责任问题,未注册驰名商标所有人无权要求侵权人承担排除妨碍、消除危险、赔偿损失、消除影响等民事责任。

○ 法律亦未规定未注册驰名商标所有人有权在诉前向法院申请采取责令停止有关行为和财产保全的措施及申请诉前保全证据。

○ 对未注册的驰名商标，不实行跨类保护。如果他人将复制、摹仿、翻译的未注册驰名商标在不相同或不相类似商品上作为商标使用,未注册驰名商标所有人无权禁止他人注册和使用。

- **驰名商标的认定**

驰名商标认定是实施驰名商标保护的第一步。

(1) 谁有权力认定驰名商标。

《商标法实施条例》规定商标局、商标评审委员会根据当事人的请求，在查明事实的基础上，可以认定其商标是否构成驰名商标；司法解释规定人民法院审理域名纠纷案件和商标纠纷案件中，可以对涉及的商标是否驰名依法作出认定。

因此有权认定驰名商标的主体包括商标局、商标评审委员会和各级人民法院。

(2) 认定驰名商标所考虑的因素。

《商标法》对认定驰名商标应考虑的因素作出了规定，即：①

相关公众对该商标的知晓程度；② 该商标使用的持续时间；③ 该商标的任何宣传工作的持续时间、程度和地理范围；④ 该商标作为驰名商标受保护的记录；⑤ 该商标驰名的其他因素。人民法院和商标主管机关对驰名商标的认定应当严格依照上述标准依法进行。那些宣传工作持续时间和使用持续时间不长、相关公众知晓程度不高的商标，不能认定为驰名商标。

在认定驰名商标时，一般有如下重要的通用衡量指标：

A. 使用该商标的商品在中国的销售量及销售区域；

B. 使用该商标的商品近三年来的主要经济指标（年产量、销售额、利润、市场占有率）及其在中国同行业中的排名；

C. 使用该商标的商品在外国或地区的销售量及销售区域；

D. 该商标的广告发布情况；

E. 商标在最早使用及连续使用的时间；

F. 该商标在中国及其外国或地区的注册情况；

G. 该商标驰名的其他证明文件。

（3）认定方式。

我国对驰名商标的认定采取了“被动保护，个案处理”的国际通行惯例。根据商标法律规定，有关国家机关认定驰名商标以当事人的请求为前提。人民法院或商标主管机关在处理侵权纠纷或权利冲突时，有必要认定某个商标是否驰名，是以商标所有人的请求启动的；当事人未主张的，商标主管机关和人民法院不予主动认定。

【思考与行动】（3分钟）

1. 有没有申请过驰名商标？结合你所在企业的情况，列举一下申请成功驰名商标的利益所在，然后用这个来试着说服决策层。

○ ______

○ ______

○ ______

○ ______

2. 如果决策层确定由你来执行申请工作，你将如何进行可行性研究以及具体的申请安排，花一分钟迅速设想一下，如果你认为需要，还可以再做一份执行计划要点清单出来。

战术运用19：独善其身

——识别标志知识产权策略

【本章提要】

- □ 以商号进行保护
- □ 商品外观设计专利权
- □ 商品的装潢保护
- □ 产品和服务的版权保护
- □ 域名保护

"质胜文则野，文胜质则史，文质彬彬，然后君子。"

——《论语·雍也》

除商标外，公司识别标识还有商号、域名、产品外观设计、包装装潢以及产品说明书等，具体采用哪一种保护方式，抑或采取综合保护的方式，应根据公司自身的情况有所选择。

例如通过外观设计专利来防止包装设计被侵权，虽然具有取得权利周期相对较短，授权时一般只进行形式审查，直观保护色彩和颜色及其组合，且可申请系列外观设计专利等优势，但存在权利的不稳定性，保护期有限，易引起争议等缺陷；与外观设计专利相比，商标到期后在有效期内还可以申请延续，只要企业需要，就可以一直拥有它，但注册商标采取分类注册原则，作为注册商标要想得到全面保护，就需要多项注册；如按照《反不正当竞争法》以知名商品特有的名称、包装、装潢进行保护，这意味着被保护公司首先应该是知名企业，对于正在创立、成长，还没有成为所谓知名的企业，即使包装设计确实新颖、独特，可能也得不到该法的保护。

因此，在提高知识产权保护意识的同时，要根据自身情况选择有利的保护方式。同样应对侵权，不同的保护方式，很可能形成不同的判决结果。

1. 以商号进行保护

企业名称是表明企业的注册地或营业地、商号、行业、组织形式等特点的全称。企业名称由以下部分依法组成：字号（或者商号）、行业或者经营特点、组织形式。商号是企业名称的法定构成因素。

商号是企业以及其他商业主体为表明不同于他人的特征而使用的名称。

商号是公司名称中最重要的核心部分，反映了公司名称最大特性和实质性内容。例如“上海和明企业管理咨询有限公司”，其中“和明”即是公司商号，属于该公司名称中的显著性部分。法律保护公司名称专用权，其实质和核心是保护商号。

商号对于企业树立和维护自己的形象及信誉具有重要意义。很多人不知道日本松下公司的企业全称，但是却知道“松下”这一企业商号，这充分说明了商号的重要性。

商号与企业信誉紧密相连，它本身标志着一种商品质量和企业形象。著名的企业商号是无价之宝，它包含了几代人的心血与汗水。加强企业商号的法律保护，不仅可以加强生产者对产品质量的责任心，保证产品质量的稳定，而且便于消费者按自己的需要购买如意的商品或选择称心如意的服务。

企业在市场中运作经营时，通常很少会将自己企业的全部名称标注并宣传。在大多数情况下，企业在市场中，重点突出的只是企业名称最为核心的商号，由于简单易记，所以这样做可以充分使消费者快捷、牢固地记住该企业的商号，使其在听到或者看到该商号时，便会自动地与质量优异、可靠的商品或服务联系在一起。无形之中，便又扩大了该企业产品的市场份额，增加了企业的商业利润。

商号与商标一样，其作用不仅仅在于指示商品或服务来源的不同，更重要的是体现在通过积聚的商业信誉，可以吸收广大消费者，为企业带来良好的经济效益，这同时也是商号作为知识产权客体之一受知识产权法律保护的原因所在。

- **商号权的法律属性**

商号权就是商品生产经营者依法对其注册商号所享有的专用权，其内容具有人身权和财产权双重属性，在权利类型上属于知识产权。商号权与商品生产经营者的人身不可分离，是商品生产经营者法律人格的化身，相对于商标权、专利权等具有更强的人格性。

商号作为企业经营能力、资信状况等的象征，是企业无形资产的重要组成部分，商号权也因此具有财产权属性，这也是商号权与一般民事名称权的根本区别所在。

与其他知识产权一样，商号权也具有强烈的排它性和独占性：商号权主体在商号注册地域范围内可以禁止同行业其他企业使用相同或近似的商号，除特定权利主体之外的任何人都不得非法干预和妨碍商号权人行使商号权，也不允许他人侵犯其商号权。

商号权还有不同于其他知识产权的特殊性，主要体现以下几个方面：

（1）没有时间性。商号权与企业共存亡，而企业的存续一般无时间限制，所以商号权依附于企业无限期地受法律保护。

（2）主体具有单一性。商号是商事主体资格的表征，由其主体识别功能所决定，同一商号在核准注册范围内只能为一个商品生产经营者所拥有，而不存在多个商事主体共有一个商号权的情况。一个总公司的商号可为其数个子公司共同使用，但只有总公司才有权转让该商号，总公司是该商号的唯一所有者。

（3）商号权的转让具有特殊性。表现为：其一，商号权的转让不可重复进行，只能转让给一家企业，这是商号权主体单一性所决定的。其二，商号权的转让须与企业全部资产转让一并进行，否则将出现出让人与受让人竞业局面，对受让人是不公平的。其三，商号权的转让只能在同一注册地域内的同行业企业间进行，这是由商号权的行使范围所决定的。

● 商号与商标的比较

商号与商标一样，其最终目的都是生产者、经销者用来区别不同主体提供的商品或服务。它有利于商号的拥有者增强其竞争能力，获取更大的经济效益。使用商号与使用商标一样能起到表示商品或服务的来源或出处、保证商品或服务的质量、广告宣传的功能。

商号权与商标权的不同之处：

（1）依附性不同。商号权的实现不需要依附于特定的商品或服务之上，但必须依赖于生产经营该商品的厂商或服务提供商；商标权的实现则大多标志于特定商品或服务之上。

（2）法律依据不同。确立商号权的法律依据是公司法或企业登记法等，商标权的产生依据则是商标法。

（3）商号权比商标权更具地域性。二者虽然原则上都在注册登记国有效力，但商号权的效力范围更小一些，因为它只有在其所在的登记机关的管辖范围内有效力。

（4）商号权无法定时间限制。商号权与商事主体并存，只要该主体存在，商号权就存在，而商标权有法定的期限。

（5）保护程度不同。对商标权的保护更为充分一些，有时即使在非故意侵权的情况下，商标权人也可获得救济；对商号权的保护则一般限于欺骗性冒充或其他不正当竞争的场合。

● 商号权与商标权的冲突与处理

名目众多的商号纠纷案或者商标纠纷案之所以频繁发生，皆是由于知名商号或者驰名商标、著名商标背后隐藏着的巨大商誉而造成的。如果某些企业能够顺利的“搭上便车”不仅能够使广大消费者误认为其生产的产品与拥有知名商号或者驰名商标、著名商标的企业所生产的产品来源相同，而且还可以通过这种“免费”广告宣传的行为在市场上获取巨大的商业利益。

这种现象在商标侵权或者商号侵权案中常常出现，被称为“顺向混淆”，即在后的商标或者商号所有人让消费者产生一种虚假印象，自己的商品或服务来源于在先的商标或商号所有人。

小知识

商号权与商标权的冲突

商号权与商标权这种冲突是我国商标注册与企业名称登记管理体制实行条块分割的结果。条块分割是指商号与商标分别由不同的部门管理和保护，块分割是指商标与商号的登记按行政级别区域进行，在不同的系统、不同的地域检索。这就使得商标权与商号权的冲突不可避免。

商标权与企业名称权冲突的情况主要是：有一定知名度的商标被其他企业有意或者无意地作为企业名称的核心部分使用，或者将他人有 定知名度的企业名称中的显著部分作为商标申请注册，引起注册商标与企业名称的混淆，使国家对商标专用权的保护和对企业名称权的保护发生冲突。

在商号权与商标权发生冲突的案件中，判断一方是否侵权首先必须查清两者有没有使消费者产生“混淆”。

侵害他人商号权或商标权的行为本质上属于不正当利用他人隐含在商号或商标内的“商誉”的行为——骗卖。商号权人或商标权人对商号、商标的表述文字并无垄断权，法律所保护的是表述文字的“第二含义”，即消费者看到表述文字联想到的商号权或商标权人的商誉。因此，当权利人分处不同行业 ，一方并没有进行误导性宣传等情况下就不会产生“混淆”。相应地如果一方当事人诉另一方当事人侵权，法院理应不予支持。

- **商号与商标冲突的处理原则**

（1）权利在先原则。企业名称登记注册和商标注册时间的时间先后顺序，以及商标或者企业名称相比较，哪个知名度更高。

（2）禁止欺骗及误导公众原则。已登记的企业名称与注册商标的使用是否会发生商品或服务来源误认：这种误认既包括对商品或服务来源的误认，也包括造成商标注册人或者企业名称拥有人与商

标或者企业名称实际使用人之间存在某种联系的错误认识。如果企业名称可能对公众造成欺骗的或者误解的，登记机关有权纠正。

2. 商品外观设计专利权

外观设计专利是指对产品的形状、图案或者其结合以及色彩与形状、图案的结合所作出的富有美感并适用于工业应用的新设计。

外观设计专利以产品为依托，以美感为核心，可以大量的复制。外观设计应当具有创造性，新颖性和实用性，其中创造性仅是不抄袭或模仿他人的外观设计，实用性是指美感。简而言之，外观设计专利保护的客体是一种产品装饰。

- **外观设计专利与著作权的冲突与处理**

著作权保护具有独创性的作品。一件外观设计专利尤其是实用美术作品比如工艺美术挂历，其首先是一幅作品，具有独创性，所以设计人对其享有著作权，受到我国著作权法的保护，这就产生了同一作品既受著作权法保护又受专利法保护的情形。

如果外观设计专利申请人在其外观设计中使用了他人的作品，且未经著作权人的许可，该外观设计被授予专利权后，必然发生外观设计专利权与著作权冲突的问题，即著作权人认为该外观设计专利权人侵犯了自己的合法在先著作权，而外观设计专利权人认为自己的外观设计专利权是合法的，不侵犯著作权人的著作权。

为解决著作权和外观设计专利权的这一重合，可采取“一次卖绝”的方式，产品生产者拟将绘画、书法、摄影、影视、图形等作品用于工业品外观设计时，应要求著作权人将在该产品上使用的著作权中的财产权利转让给生产者。权利转让后，该产品的专利权人和著作权人即为同一主体，产品生产者受到著作权和专利权的双重保护。

外观设计专利权人使用他人著作权作品的操作：

（1）外观设计专利权人首次将著作权所保护的作品在其生产的产品上使用时，必须征得著作权人的许可，并支付报酬。

（2）外观设计专利权人和作品的著作权人签订著作权转让合同，将在同类产品上使用作品的权利转让给外观设计专利权人；该作品的其他著作权权利，仍可属于著作权人。

（3）作品著作权转让后，该产品可直接适用专利法，取得外观设计专利的，他人不得仿制。

- **外观设计专利权的保护**

外观设计专利是专利的一种类型，适用《专利法》保护。与发明专利、实用新型专利不同，外观设计专利在侵权认定上具有一定的特殊性。

根据专利法规定，我国对外观设计专利的审查不适用实质审查制度。取得外观设计专利的程序如下：第一，外观设计专利申请人依法提出外观设计专利申请。第二，审查和批准。我国对外观设计专利申请的审查、批准程序采用的是形式审查制度，即外观设计专利申请经初步审查没有发现驳回理由的，由专利局授予专利权。如果专利申请人对专利局驳回申请的决定不服的，可以在收到通知之日起3个月内，向专利复审委员会请求复审； 对专利复审委员会的复审决定不服的，可以自收到通知之日起3个月内向人民法院起诉。

判定外观设计专利权被侵害，需要满足被控侵权产品外观和受保护的外观设计相同或者近似的要求。

判断被控侵权产品外观是否与受保护的产品外观设计相同或者相近似是比较复杂的问题。很多情况下不同的审查员、代理人、当事人和法官对同一组被比和对比外观是否相同或者相近似都会有不同观点，也常发生专利复审委员会与法院意见相左的情况。在判断者主观因素起到很大作用的情况下，在判断过程中正确运用基本规则是判断结论是否具有说服力的重要依据。

相同外观设计，是指被控侵权产品在与外观设计专利产品相同的产品上使用的与外观设计专利产品的外观设计在视觉上无差别的外观设计。如果被控侵权产品在与外观设计专利产品完全相同则肯定落入专利权的保护范围。

近似外观设计，是指被控侵权产品在与外观设计专利产品相同或者相似产品上使用的与外观设计专利产品的外观设计相近似的外

观设计。

对近似外观设计的一般判断程序遵循从整体对比到要部对比的顺序：

（1）首先是整体对比或者称综合判断。综合判断是指由被比外观设计的全部来确定是否与受保护的外观设计相同或者相近似。如果两者在整体上构成相近似，一般消费者常常会发生混淆。而这也正是侵权者所希望看到的。但是在做综合判断时必须注意有两种可能需要排除。首先是在整体设计中必须排除不属于外观设计专利发明点的在先公知设计。其次是应当能将具有功能性的设计部分报排除在比较之外。虽然外观设计和艺术作品的区别就在于前者具有功能性，但外观设计专利保护的却不是产品的功能性而是其美学成分。

（2）其次是要部判断。即使被比外观设计从整体来看并不相似，仍然需要对要部是否近似进行判断。要部就是某些产品存在着容易引起一般消费者注意的部位。按照审查指南，要部的确定与吸引一般消费者注意的因素密切相关。在确定要部时，可以结合产品的使用状态、在先的同类或者相近类产品的外观设计状况、美感等加以确定。

一般来说，使用时使用者观察不到的部分以及不易观察到的部分，例如桌子和椅子的底面、壁挂式固定信箱的背面、车牌的背面、电视机等视听家用电器的背面和底面、手表的背面、地毯的底面、瓶和罐的底面、吸顶式卫生间通风器的进气面板以外的部分等，不会受到一般消费者的关注，不能作为判断的要部。

同样，在做要部对比时也需要将属于在先公知设计和功能性的要部加以去除，然后才能对比。例如，由匙扣、匙牌和匙圈组成的钥匙产品在匙圈的形状是常规的圆形的情况下（即在此种设计构成公知设计而不构成发明点的情况下），可将容易引起一般消费者注意的匙扣以及匙牌作为钥匙的要部。

如果整体对比部不相似，但是要部对比相似，则可以认定构成侵权。而如果被比外观设计的要部的外观与受保护设计相应部位的外观不相近似，则两者即使整体相似也不发生侵权。

3. 商品的装潢保护

所谓装潢是指为识别和美化商品之需，在商品或者商品包装上所附加的文字、图案、色彩以及排列组合。

一个好的装潢设计，能给人以美感，刺激消费者的购买欲望，在消费者脑海中留下深刻印象，成为消费者认购商品的依据之一。由于商品外观装潢与商标一样，具有一定的识别作用，因此有可能被他人仿冒，造成购买者误认。

- **商品装潢与商标的比较**

商品装潢与商标两者同附一商品为同一商品服务二者的共同点是：都用于商品表现或包装上，对商品起一定的装饰作用。

商品装潢是以图案、绘画、色彩或文字来装饰、美化、宣传商品的附着物或包装物。它与商标所区别的基本特征为：

（1）使用的目的不同。装潢的使用目的就是为了保护商品、美化商品和宣传商品，引起人们对商品的美感和需求欲望；使用商标是为了区分商品，即把不同企业的同一种或类似商品区别开来；商标是表明生产者、销售者所生产、销售商品的标记。以示同一种商品或近似商品的不同生产者和销售者。

（2）专用性不同。商品装潢是非专用的，亦无须注册，任何人都可以根据市场和顾客的需要，随时加以变动或改进。但有时商品装潢的包装图案作为其商标依法注册，则该商品装潢又有商标性质、具有商标专用性，享有注册商标专用权；商标是专用来区别生产者或经营者及其商品的。商标一旦依法注册，商标所有者便取得商标专用权，其他任何人未经许可，不得在同种商品或类似商品上使用与该注册商标相同或近似的商标，否则即视为侵权。

（3）表达的内容不同。装潢的立意在于介绍、渲染和美化商品内容，装潢的内容必须与商品的内容相一致；商标表示的形式为文字、图形、记号或其组合，并且须有显著特征便于识别，商标必须使用在商品、或商品的包装、容器上，并行销于市场，商品上所使用的商标必须与所注册的商标一致，不得更改。

法律规定

商品装潢的保护

在同一或类似商品上，将与他人注册商标相同或者近似的标识作为商品名称或者商品装潢使用，误导公众的，属于侵犯注册商标专用权的行为。

擅自使用知名商品特有的名称、包装、装潢或者使用与知名商品近似的名称、包装、装潢，造成和他人的知名商品相混淆，使购买者误认为是该知名商品，属于“不正当竞争行为”，要承担相应的法律责任。

● **受保护的商品装潢之构成条件**

主要构成条件为：

（1）根据我国《反不正当竞争法》，一般只有“知名商品”的商品装潢才能够得到保护。“知名商品”是指市场上具有一定知名度，为相关公众所知悉的商品。商品的名称、包装、装潢被他人擅自作相同或者近似使用，足以造成购买者误认的，该商品即可认定为知名商品。

（2）该装潢为非相关商品所通用，具有明显的区别性特征。所谓“非相关商品所通用”是指该商品装潢不为特定行业所普遍采用，不是经长期使用所形成的业界公认的通用装潢。而“明显的区别性特征”则要求该商品装潢具有一定的显著性、独特性，具有区别于其他装潢的个性特征，经过商家对这种装潢的使用，消费者可以凭借其装潢的特点来识别商品。正是由于装潢的区别性，才给仿冒行为提供了条件，区别性特征的仿造是消费者误认的关键。

（3）该装潢被作相同或者近似使用，导致消费者的误认。

4. 产品和服务的版权保护

著作权是指作者或其他著作权人依法对文学、艺术和科学作品所享有的各项专有权利的总称。

一件作品是否受到著作权保护，其实质要件是作品是否具有独创性，即只要作品是由作者创作而产生的，体现了作者的思想感情，非单纯模仿或抄袭他人的作品，即使与他人的作品有某种雷同之处，也不影响其所享有的著作权。

法律规定

著作权取得适用“无手续原则”

《著作权法》第2条规定：“中国公民、法人或者其他组织的作品，无论是否发表，依照本法享有著作权……外国人、无国籍人的作品首先在中国境内出版的，依照本法享有著作权。”我国著作权的取得适用“无手续原则”，是指作品在作者创作完成后，不需在著作权管理机构办理登记手续、交存样本、手续费或者办理其他手续为条件即取得著作权。

当企业所生产出的产品迅速占领一定市场，仿冒品很快就会铺天盖地。细心观察会发现，很多产品大同小异，甚至连产品说明书的介绍也是一个字不落。这种情形不仅让原创企业的研发优势不复存在，也让原创企业的产品优势也随之消失，给原创企业的研发与生产经营带来了巨大的挑战与损失。

从著作权法的角度看，产品说明书是企业产品应市后向消费者说明自己产品性能、质量、使用及维修诸多方面的一种详尽产品指导，其知识量代表了一个原创企业在研发产品过程之中对产品所包括的相关技术资料的全部介绍，这需要企业科技人员根据产品的使用特征从技术含量上、产品使用上、产品服务上进行高度的概括与精练，以较明确的语言向消费者进行介绍，作品一经创作完成，只要符合法律保护的条件，即具备独创性，就可获得著作权保护。

专栏：工业领域侵权应对 小小说明书也能阻挡侵权冲击

“东风电气”是东风汽车有限公司的子公司和配套供应商。该公司于上世纪90年代初耗资上百万元研发出A3913790整体式发电机和QD26C起动机，这两项产品是“东风电气”的主要产品，也是东风汽车有限公司的配套产品。2002年9月，“东风电气”的销售人员在市场上发现大量由“一电”生产的、与自己产品非常相似的发电机和起动机，且价格比“东风电气”的产品低200元左右，对“东风电气”的产品造成很大的冲击。

2003年1月15日，“东风电气”向襄樊市版权局递交了申请，要求“一电”停止侵权行为并赔偿“东风电气”的经济损失。襄樊市版权局经过鉴定，“一电”产品的《使用维护说明书》与“东风电气”产品的说明书的文字说明及线路图相同。起动机《使用维护说明书》的文字说明及线路图与“东风电气”的也基本相同。也就是说“一电”的两份说明书均属侵权作品。依据《著作权法》第47条和《实施条例》第36条规定，襄樊市版权局对“一电”处以警告、罚款、没收两种产品说明书的行政处罚。襄樊市反盗版联合会接受“东风电气”的委托，向“一电”追讨经济赔偿，最后“一电”向“东风电气”赔偿了经济损失8 000元，并出具了保证书，承诺不再生产和销售这些产品。

资料来源：《工业领域侵权该如何应对》（中国知识产权报，2003年6月24日）

5. 域名保护

域名是因特网上用户在网络中的名称和地址。域名具有技术性和标识性两方面的功能。技术功能是指域名注册人在网络上的地址；识别功能是指域名注册人在因特网上代表自己的标志。

随着互联网商业化进程的加快，众多的企业把网络作为一种全新的业务模式加快推广，于是作为企业上网第一步的域名，其功能也得到了极大的扩展，并发展成为一种新的品牌存在形式。

原本只是在互联网上发挥“门牌号码”作用的域名，唯一性和绝对排他性的特点，使其从一个单纯的技术名词转变成为一个蕴藏巨大商机的标识，被众多网络营销专家誉为企业的“网上商标”。

企业域名战略的主要实施内容包括四个方面：一是将企业的商标商号等和域名通盘考虑，使用统一的识别符，实现网络时代的企业识别系统（CIS）的整合；二是高度重视CN国家域名的注册和使用；三是强化域名的防御性注册，即基于一个或多个关键词，在不同的类别和语言上注册各类主域名及其衍生或相似域名，形成一个完整的域名防御圈，以防范于未然；四是对域名恶意抢注行为采取坚决的法律措施，包括通过司法途径和借助域名争议解决机制等。

根据互联网本身的特点，现在世界各国普遍实行的通例都是“先申请，先注册”原则。域名注册机构仅对域名注册申请人申请材料进行真实性审查，而不负责对域名是否侵犯他人在先商标专用权等在先权益进行实质审查，域名注册组织仅提供技术服务，其基本职责是接受域名注册，做域名注册目录并提供解析服务。

我们可以通过投诉方式取回被他人抢注的域名，对注册域名提出的投诉获得支持的前提条件是：

○ 投诉人享有受中国法律保护的商标权；

○ 被投诉的域名与该商标相同，或者具有足以导致混淆的相似性；

域名保护工作注意事项

○ 域名争议受理的时效：若所争议域名注册期限满两年，域名争议解决机构将不予受理相关争议申请，以保护域名注册人权利的稳定性；

○ “恶意”注册的解释：“抱有出售、出租目的注册域名”不再是判断恶意的标准，注册者只有向“民事权益所有人的投诉人或竞争对手出售、出租或者以其他方式转让该域名，以获得不正当利益”才能被定义为“恶意注册”；

○ 域名持有人权益：是否拥有商标不能成为简单衡量域名归属的标准，被投诉人虽未获得相应商标或有关服务商标，但所持有的域名已经获得一定的知名度，便可以享有合法的域名权。

○ 域名持有人对该域名及包括该域名的其他字符组合不享有商标权，也没有受法律保护的其他权利和利益；

○ 域名持有人对该域名的注册与使用具有恶意；

○ 投诉人的业务已经或者极有可能因该域名的注册与使用受到损害。

域名抢注警告函

警告函

**先生

我司兹受**公司（以下简称我委托人）之委托，作为其代理人，向你提出如下警告。

正如你所知，我委托人自1895年创建以来，生产销售以电子测量仪器为主的各种网络机器、精密测量仪器、工业机械等产品，并已确定了世界级电子通讯、测量仪器制造商的地位。我委托人在世界各国家销售电子通讯、测量仪器等产品。由于我委托人的产品具有优良的品质，因而深受中国及世界消费者的青睐。

我委托人在中国从1965年开始销售标有“**”商标的电子通讯、测量仪器等产品，销售区域遍及全中国。我委托人还积极对标有“**”商标的电子通讯、测量仪器产品进行了广告宣传活动，“ANRITSU”商标在中国享有极高的知名度。“**”商标早在二十余年前已在中国工商行政管理总局商标局注册（中国商标注册号为：254224、256258、257559、260747、363027、382752）。

经我委托人调查发现：

你于2006年5月29日注册的域名“**.CN”的显著部分“**U”与我委托人所有的上述注册商标完全相同。并且，该域名并没有投入实际使用，在由“**.CN”建立的网站上销售。这种注册行为严重阻碍了我委托人通过互联网宣传其产品，阻碍了我委托人的正常经营活动。

鉴此，你应立即注销该域名，并保证今后绝不再注册或使用“**”及与其近似的域名。

请自收到本通知书之日起一周内，向我委托人反馈你就上述要求所采取的措施。

希望你尊重我委托人的商标权，并诚心诚意地回应本通知书为盼。

本警告函以电子邮件方式送达。

**公司

代理人：**

商标代理人：**

2007年**月**日

【思考与行动】（2分钟）

现在请你根据上面提到的各种识别标识知识产权保护方式，

根据你所在公司的情况，如竞争态势的客观要求、过去忽视的标识保护环节等，设计一套综合的识别标识知识产权保护方案。

○ ____________________

○ ____________________

○ ____________________

○ ____________________

○ ____________________

○ ____________________

○ ____________________

○ ____________________

○ ____________________

○ ____________________

○ ____________________

○ ____________________

战术运用20：高屋建瓴

——品牌经营策略

【本章提要】

□ 特许经营

□ 商标实施许可合同

“将欲夺之，必固与之。”

——《道德经》

1. 特许经营

● 特许经营与知识产权

特许经营的根本特点是特许者把商标、商号、品牌、经营模式以合同的方式授权给他的加盟商，以商业存在的方式经营他原来成功的店的经验，形成的一个规定的模式。特许经营可以从两个角度理解，一是特有的东西供他人复制，一是许可他人使用你的东西。

特许经营的特许权，其核心就是知识产权。特许权的转让方是加盟总部，接受方是加盟店。总部转让的特许权一般包括商标、专利、商业秘密、技术秘密、经营诀窍等无形资产，如果总部没有形成这些无形资产，就不会出现特许经营模式。这些无形资产都属于知识产权范畴。

“特许经营”作为一种先进的经营模式，是基于特许商拥有了其所特有的并且是驰名的注册商标、商号、产品及服务、专利和专有技术、管理技术、经营模式等知识产权，加盟商则希望利用这些知识产权发展自己企业，由此而形成的特许加盟体系。因此，无论是商品销售特许经营，还是经营模式特许经营，要取得真正的成功，没有相应的知识产权为基础是不可能的。没有相应的知识产权体系的依托，特许经营也不能成为企业扩张的灵丹妙药。

当企业决定采用特许经营模式发展本企业时，应建立完善的知识产权预警保护制度，从行政管理上设立专门的业务部门对本企业所有的商标、商号、专利技术进行整理、归档，申请登记注册，对与其有关的合同进行管理等，使企业建立起有序的管理机制。

特许经营正是由知识产权的许可使用而产生的一种经营模式，没有知识产权的法律保护，特许经营企业必将失去存在的基础。

特许方必须具备的条件之一是，必须具有已经注册的商标。商标许可协议中的商标必须经中国商标局批准注册，否则，由于商标保护的地域性原则，这些商标在中国不受保护。

特许方，作为其注册商标的真正所有人，应将商标许可合同向中国商标局备案，并取得中国商标局颁发的相关备案证明。

特许经营遇到的主要问题就是知识产权的许可和保护，要解决这些问题，关键是要求企业内部的专门法律部门对现行法律的规定

小知识

加盟特许体系的条件

○ 拥有一个信誉良好的注册商标和商号，或者拥有专利、独有的、产品技术等经营资源；

○ 拥有成功的单店管理经验且容易被复制；

○ 产品或经营模式有良好的获利能力；

○ 稳定的、品质有保证的物品供应系统；

○ 有确保特许经营体系正常运转的管理及支持系统。

有一个基本的了解，并掌握与特许经营有关知识产权法的关系：

（1）商标：如何保护商标专用权、何为驰名商标、如何申请联合商标、防御商标、独占许可与普通实施许可的区别，如何限制受许人对商标的使用；

（2）商号：了解连锁店登记管理有关规定，适用什么样的法律解决商标与企业名称中的问题；

（3）著作权：在特许经营中哪些文件资料受著作权保护；

（4）专利权：了解专利技术的后继改进的专利权归属问题及独占实施许可、排他实施许可和普通实施许可如何区分的问题。

- **通过完善严谨的特许合同保护知识产权**

合同是联系特许企业与加盟企业之间关系的纽带，而且由于目前国际和国内对特许企业的约束通常是通过合同进行的。因此起草和签订一份完善严谨的特许经营合同对于特许商和加盟商来说至关重要。

一份完善的特许经营合同应包含如下与知识产权相关的内容：（1）特许经营授权条款；（2）商号使用条款；（3）特许区域和特许企业所在地；（4）特许连锁总部的经营指导及技术援助；（5）广告促销条款；（6）特许企业筹办条款；（7）质量控制条款；（8）财务监督条款；（9）商标使用条款；（10）专利使用条款；（11）商业秘密保护条款；（12）限制竞争条款。

完善、严谨的合同对于保障特许双方的权利能起到至关重要的作用，这种作用主要是防止加盟过程中出现权责不明，难以监督的情形，但任何一个合同都无法避免违约的出现。

合同是处理违约的依据，因此只有合同完善，严谨才能切实有效地保护特许者和加盟者各方的权益，以使运用这种先进的经营模式发展的企业得到有效的发展。

- **怎样开始特许经营**

特许经营要获得成功，必须考虑以下几个基本的因素。如果其中有缺少的，则在进一步工作之前必须解决这个问题。

（1）形象和品牌：必须要有很容易被认识的品牌和标记。加盟

商要付费使用品牌名——确定品牌名是值得拥有的，标记和品牌名称应该是受法律保护的。形象和品牌必须在营业中被统一使用，不仅仅是标记，而且在制服、文具和任何可能出现的地方。

（2）产品供应：将被销售的产品或服务必须是有持续来源的，并且没有很大的货币或成本波动的风险。对于这类产品或服务必须有个长期的被确认的市场。

（3）标准和系统：对于业务的各个方面，必须有一个运作系统和标准，这将被持续应用于每天的运作。业务的各个方面必须能被编制成文本，并且通过适当的培训可以被应用。

（4）管理：公司本部组织的管理必须能够处理与具体情况各异的业主操作者的关系。一个特许经营体系的变化是通过说服来获得的，而不是单方的宣告。特许经营的关系是一种相互的信任和合作。

（5）利润和营业额：业务必须是可获利的，营业额必须有增加的潜力，这是通过商品销售和大量的特许经营权购买来获得的。加盟商必须能获取高于一般投资回报的较可观的利润。同时，特许经营的商店应该能够承受支付盟主的费用（以使盟主能提供相应的服务）并且仍能盈利。

（6）业务模式能被复制：业务的运作必须能够被教给其他人，而不是依赖于业主的风格和人格。通过培训，一个详细的运作指南和随后的支援服务，必须使加盟商能够像盟主一样成功地运作业务。除此之外，每次在一个新的地区开设新业务时不需要作太大的改动。

2. 商标实施许可合同

● 商标使用许可的类型

商标使用许可类型的划分非常类似前面我们曾经讲过的专利实施许可类型，它具体包括：

（1）独占使用许可：是指商标注册人在约定的期间、地域和以约定的方式，将该注册商标仅许可一个被许可人使用，商标注册人依约定不得使用该注册商标。

（2）排他使用许可：是指商标注册人在约定的期间、地域和以约定的方式，将该注册商标仅许可一个被许可人使用，商标注册人依约定可以使用该注册商标但不得另行许可他人使用该注册商标；

（3）普通使用许可：是指商标注册人在约定的期间、地域和以约定的方式，许可他人使用其注册商标，并可自行使用该注册商标和许可他人使用其注册商标。

在发生注册商标专用权被侵害时，独占使用许可合同的被许可人可以向人民法院提起诉讼；排他使用许可合同的被许可人可以和商标注册人共同起诉，也可以在商标注册人不起诉的情况下，自行提起诉讼；普通使用许可合同的被许可人经商标注册人明确授权，可以提起诉讼。

● **商标使用许可法律事务办理程序**

程序的第一步是证照、资质的审查。要求许可人（商标注册人）出示商标注册证，审查欲许可他人使用的商标的合法性及有效性，只有经国家商标局核准注册并在有效期内的商标才能许可他人使用。

程序的第二步是许可合同的起草及审查修改。在确认了商标的合法、有效性后，起草商标使用许可合同一般要注意以下几个问题：

（1）有效约定许可使用的期限。由于许可人只能在注册商标的有效期内许可他人使用，因此许可合同中，关于许可使用商标的期限应当短于或等于注册商标的有效期为有效。

（2）产品的生产者、生产地标识。依据《商标法》的规定，被许可人必须在使用许可人注册商标的商品上标明其名称和商品产地，因此，许可合同中应当约定在使用注册商标的产品上及广告宣传中标明被许可人的企业名称、详细地址。

（3）商标标识的提供。有些许可人与被许可人商定商标使用费的数额与产品的销量挂钩，而对于许可人来讲，产品销量的真实情况往往难以掌握，但产品的销量应与商标标识的使用数量有着一定

的关系，那么商标标识的提供便成为问题的关键。此种情形下，为切实维护双方的利益，许可合同中应当约定商标的标识统一由许可人提供，被许可人不得自行制作或委托第三方制作。

（4）使用注册商标产品的质量。依据《商标法》的规定，被许可人应当保证使用该注册商标的商品质量，许可人应当监督被许可人使用其注册商标的商品质量。为此，双方应在许可合同中详细约定使用注册商标产品质量的标准，同时，在合同的履行过程中，许可人应严格监督被许可人生产的产品质量是否符合该标准，以免自己的商誉毁于一旦。而作为被许可人，应当保证生产的产品质量符合约定标准，并接受许可人的监督。

● 许可合同的备案

《商标法》第46条规定，商标使用许可合同应当报商标局备案。因此，许可合同签订后，律师需持许可合同、商标注册证等资料到商标局进行备案登记。同时，《商标法》第18条还规定，外国人或者外国企业在中国申请商标注册和办理其他商标事宜的，应当委托国家认可的具有商标代理资格的组织代理。那么，如果许可人是外国人或外国企业，将其在中国拥有合法专用权的商标在中国许可他人使用，应当委托一家国家认可的具有商标代理资格的组织代为办理备案事宜。

根据《商标法》和《商标法实施条例》的规定，《商标使用许可合同》字签订之日起3个月内应当将合同副本报送商标局备案，而不是必须备案。如果合同不备案，不会影响合同的生效，但当事人另有约定的除外。另外，商标使用许可合同未在商标局备案的，不得对抗善意第三人。

如果申请备案，应当注意以下问题：

（1）应当在合同签订之日起3个月内进行备案；

（2）不能超过被许可商标有效期限；

（3）不能超过被许可商标核准注册的商品；否则不予备案；

（4）在许可合同中必须必备如下条款：许可使用的商标及注册号、许可使用的商品范围、许可使用的年限、许可使用商标的标识提供方式、许可人对被许可人使用其注册商标的商品质量进行监督

的条款、在使用许可人注册商标的商品上标明被许可人的名称和商品产地条款。

【思考与行动】 （15分钟）

1. 越来越多的企业开始进入特许经营行业，你有没有这种设想？如果有，那就在这里列下你认为有特许经营可行性的必要性和可行性：

○ ____________________

○ ____________________

○ ____________________

○ ____________________

○ ____________________

○ ____________________

2. 请你再寻找几家最失败的特许经营实施企业，列出它们的名字和主要失败原因，这也许会让你的实施设想更为深入。

○ ____________________

○ ____________________

○ ____________________

○ ____________________

3. 到网络上找一份商标实施许可合同，阅读其全文，会让你更深入了解商标是如何被实施许可的，你的权利和义务又有哪些。网络上样本虽然鱼龙混杂质量优劣不同，但数量很多，很容易找到。

尾　　声

结束，却是新的开始！

感谢您的阅读和支持！祝你与你的企业共同取得成功！

赶快登录“公司法律风险防范沙龙”（www.falvsalon.com.cn），欢迎提出问题，让我们一起探讨令人兴奋的知识产权现实问题。

附　　录

知识产权即刻行动计划

有些事情给人第一印象是“不可能”，可是当你坐下来写一张行动计划表，你就会发现，还有其他许许多多的可能性呢！

- **我的现状、目标、差距与行动**

我的姓名		
我的口号		
我现在在哪里	知识现状	
	技能现状	
	其他现状	
我的目标要求我在哪里	知识要求	
	技能要求	
	其他要求	
我的差距在哪里	知识差距	
	技能差距	
	其他差距	
我的行动计划	知识行动	
	技能行动	
	其他行动	

● 我的十项具体行动项目

○ ______

○ ______

○ ______

○ ______

○ ______

○ ______

○ ______

○ ______

○ ______

○ ______